U0909369

2020年江苏省公安厅公安理论及软科学项目——“公安机关人民警察荣誉制度建设研究”(2020LX006) 研究成果

JINGCHA ZHIYE RENTONG:LILUN YU SHIJIAN YANJIU

警察职业认同：

理论与实践研究

陈秋菊 著

江苏人民出版社

图书在版编目(CIP)数据

警察职业认同 ：理论与实践研究 / 陈秋菊著. -- 南京 ：江苏人民出版社，2023.3

ISBN 978 - 7 - 214 - 27584 - 4

Ⅰ.①警… Ⅱ.①陈… Ⅲ.①警察—职业道德—研究—中国 Ⅳ.①D631.19

中国版本图书馆 CIP 数据核字(2022)第 186100 号

书　　名	警察职业认同:理论与实践研究
著　　者	陈秋菊
责任编辑	陆　宁
装帧设计	黄　炜
责任监制	王　娟
出版发行	江苏人民出版社
地　　址	南京市湖南路 1 号 A 楼,邮编:210009
照　　排	江苏凤凰制版有限公司
印　　刷	江苏凤凰通达印刷有限公司
开　　本	718 毫米×1 000 毫米　1/16
印　　张	14　插页 2
字　　数	215 千字
版　　次	2023 年 3 月第 1 版
印　　次	2023 年 3 月第 1 次印刷
标准书号	ISBN 978 - 7 - 214 - 27584 - 4
定　　价	68.00 元

(江苏人民出版社图书凡印装错误可向承印厂调换)

前　言

在现代国家构建中，警察所代表的国家权力作为重要的“国家基础权力”，是对内维持政治安全和社会秩序、保证人民各项权利落实的基本条件。在当代社会运行中，公安机关作为执法机关和特殊的政府部门，在维护社会稳定、人民群众生活安全等方面发挥着不可替代的重要作用。警察工作是政府工作的重要组成部分，是直接与民众相关的“街头”工作；警察群体的表现和工作效能直接影响民众对整个行政体系的看法。而警察的职业认同作为反映警察在工作过程中是否积极并稳定地投入本职工作、是否有积极的工作情感体验的主观构建，会影响警察队伍整体的专业投入度、在职稳定性，最终影响政府的执政公信力。鉴于此，警察职业认同可看为提升警察执法效能、提升政府执政公信力的基础要素，应当在学理和实践上予以重视。

2019 年 5 月，习近平总书记在全国公安工作会议上指出：“和平时期，公安队伍是牺牲最多、奉献最大的一支队伍。对这支特殊的队伍，要给予特殊的关爱，政治上关心、工作上支持、待遇上保障，全面落实从优待警措施。要完善人民警察荣誉制度，加大先进典型培育和宣传力度，增强公安民警的职业荣誉感、自豪感、归属感。”那么，作为和平时期牺牲最多的一支队伍，虽有中央的优待精神，但是现实中对公安民警在政治上的关心、工作上的支持以及待遇上的保障是否到位？公安民警的职业荣誉感、自豪感、归属感到底如何？警察的职业认同现状又是如何？有哪些因素影响了警察的职业认同？有哪些维度构成？各因素间的逻辑机理怎样？这些问题在学术界并没有找到答案，理论的滞后和缺位也在一定程度上影响了警察职业化的实践发展。因此，本研究将基于警察职业认同的相关评论材料，运用扎根理论对警察职业认同的维度、影响因素以及运行机理进行探索性研究。

本研究借助知乎社区平台收集“警察认同如何”的回答评论资料，然后基于文本资料应用扎根理论提炼警察职业认同的维度、影响警察职业认同的重要因素并构建理论模型。研究发现:警察职业认同的维度主要有职业情感、职业声望、职业形象、职业信念、职业信仰五个方面,影响警察职业认同的主要因素为警察个体表现、工作生态、社会环境、组织制度四个方面。

通过各范畴的典型相互关系分析发现各影响因素的作用机理如下:个体表现并不直接影响警察职业认同,而是通过影响社会环境来间接影响警察职业认同;工作生态一方面直接影响警察职业认同,另一方面通过影响个体表现进而影响社会环境最后影响警察职业认同;社会环境一方面直接影响警察职业认同,另一方面对个体表现有“反哺”影响;组织制度首先直接影响警察职业认同,其次通过影响工作生态进而影响警察职业认同,最后还可能通过影响个体表现来影响警察职业认同。并且各因素对于警察职业认同各维度的影响程度也不同,其中工作生态因素对职业情感、职业信念的影响贡献度最大;社会环境因素对职业声望、职业信仰的影响贡献度最高;在职业形象中工作生态和社会环境构成了同等贡献度的两大影响因素。这些研究结论可以为公安机关认清警察职业认同状况,制定有效的警察职业认同提升策略提供理论基础和政策借鉴。

目 录

第一章 绪论

本部分从公安工作实际出发，结合公安民警的角色定位及职责使命，以及认同理论的发展现状，介绍本书选题的背景，研究的理论与现实意义，研究的技术路线，研究方法选择和创新点，并对本书的结构进行了安排。

第一节 选题背景

一、现实背景

人民警察作为维护国家长治久安、保障人民安居乐业、维护社会治安秩序的国之利器，肩负着厚重的历史使命和时代重任。然而，伴随着我国社会的转型发展，社会矛盾凸显，公安机关面临的环境越发复杂，职责范围不断拓展，工作任务量持续增加，“五加二、白加黑”成为公安民警的工作常态。一些公安民警产生了职业倦怠，离职现象时有发生且较前加剧。这些现象的存在直接影响了公安战斗力的生成。

2019 年 1 月，习近平总书记在中央政法工作会议上强调，“加快推进政法领域全面深化改革，加快推进政法队伍革命化、正规化、专业化、职业化建设”。2019 年 5 月，习近平总书记在全国公安工作会议上指出：“和平时期，公安队伍是牺牲最多、奉献最大的一支队伍。对这支特殊的队伍，要给予特殊的关爱，政治上关心、工作上支持、待遇上保障，全面落实从优待警措施。要完善人民警察荣誉制度，加大先进典型培育和宣传力度，增强公安民警的职业荣誉感、自豪感、归属感。”2020 年 8 月，习近平总书记在中国人民警察警旗授旗仪式上向中国人民警察队伍授旗并致训词。习近平总书记强调：“新的历史条件下，我国人民警察要对党忠诚、服务人民、执法公正、纪律严明，全心全意为增强人民群众获得感、幸福感、安全感而努力工作，坚决完成党和人民赋予的使命任务。"习近平总书记的训词字字千钧,给予了警察这支纪律部队充分肯定和极大鼓舞。公安民警应坚持政治建设,永葆"对党忠诚"灵魂,始终严格管理,巩固"纪律严明"本色,始终对标职责,履行"执法公正"义务,始终牢固宗旨,做出"服务人民"表率,以行动兑现承诺,以责任履行使命,永远做党和人民的忠诚卫士。同时,对于公安机关来讲也要进一步落实从优待警措施,把严格管理与真情关爱结合起来,把解决思想问题与解决实际问题结合起来,不断增强人民警察的职业荣誉感、自豪感、归属感。为贯彻落实习近平总书记的指示,切实提升公安队伍的战斗力,极有必要加强公安机关的队伍管理,提高公安民警的职业认同,激发公安民警的职业热情,提高公安民警的职业能力,挖掘公安民警的职业潜能,以更好地承担党和人民给予的职责使命。

在当前高度复杂化、高度不确定性的后工业化社会,警察又不仅仅是一种职业,它更是国家权力的执行者,体现着国家意志,是国家与民众连接的中心点。和平年代,公安队伍是一支牺牲最多、奉献最大的队伍,大家白加黑、五加二,没有节假日、休息日,几乎是时时在流血,天天有牺牲。根据公安部网站公布的数据,2021 年全国公安机关共有 261 名民警因公牺牲,2020 年全国公安机关共有 315 名民警因公牺牲,2019 年全国公安机关共有 280 名民警因公牺牲。同样通过公安部、人民警察网等网站搜索数据发现,2013 年至 2018 年全国公安机关民警每年的因公牺牲数据如下:2018 年 301 人,2017 年 361 人,2016 年 362 人,2015 年 438 人,2014 年 393 人,2013 年 449 人(上述数据不包括辅警)。可以说,警察用热血和忠魂捍卫着国家权威和安宁、人民生命和财产。同时,在我国发展的当前阶段,各种社会矛盾迸发,警察俨然成了社会矛盾的发泄点。当因为种种原因没有及时破案或解决问题时,大多数民众会将矛盾集中于警察,向其火力全开。可以说,警察不仅在身体上遭受长期的劳顿与辛苦,更在精神上饱受压力。

面对这些问题,大部分警察坚持不忘初心,选择默默忍受,也有些警察选择直接离职。警察在复杂的执法环境下,容易在精神和言行等方面呈现出消极、急躁等不良表现,进而引发疲惫感加重、精神极度紧张、工作效率下降,最终导致职业倦怠,职业认同感降低。如果公安机关不能增强警察的职业认同,则会影响警察个体的工作积极性,影响公安民警的长远发展甚至影响公安机关的警务效能。因此，在现实执法环境挑战以及人民警察的职能定位的前提下，研究公安机关人民警察的职业认同，已成为公安机关必须关注的问题。这为研究警察职业认同提供了现实的基础和土壤。

二、理论背景

人民警察作为公安工作的直接实施者，是决定公安机关警务效能的主要因素。目前对警察的研究，强调的是警察的工具性价值，主要从警察"外部"要求进行，即从执法规范化、专业化、正规化、职业化等方面来研究警察应该具备的知识、能力、行为等，如何更好完成警察职责。而对警察自我、警察态度、警察期望、警察价值观等警察"内部"素质的研究则相对较少。根据整体论的思想，警察是整体的人，警察的各个方面是一个有机的整体，忽视对警察本身的关注而仅从警察职业的外部要求来研究警察，是很难准确揭示警察的职业特征和提高警察专业素质的。

随着社会的发展，人们对关于自己和生活的认识发生了很大的变化，人们对自我发展和生活意义的理解日益重视。根据社会认同理论，社会认同是"社会中的个体将自己定义为某种社会类型的成员并且把这种类型的典型特征归于自己的自我心理表现和过程"(Tajfel & Turner，1979)。

对于职业认同，到目前为止，相关研究还处于初始阶段，而研究对象也多限于特定职业类别，比如教师、医护人员的职业认同形成过程，还未见对警察职业认同的全面研究成果。首先，从研究内容来看，相关研究涉及的变量仅限于离岗倾向、离职倾向、工作满意度等心理变量，较少涉及个体的工作行为变量。其次，从研究的深度来看，对于特定职类职业认同与这些变量之间的影响机制等鲜有研究探讨，更少见到关于警察职业认同的影响效应模型的研究。

基于警察整体研究的需求以及职业认同的研究趋势认识，国内外近年来也出现了对警察心理如警察心理健康、警察职业倦怠、警察工作满意度和警察职业承诺等方面的研究。其中，警察心理健康是对"作为人的警察"的心理的研究；警察职业倦怠、警察工作满意度和警察职业承诺是对"作为警察的警察"的心理的研究。对"作为警察的警察"的心理的研究，实质上是对警察职业心理的研究，又可以分为对警察消极职业心理的研究(警察职业倦怠）和对警察积极职业心理的研究（如警察职业承诺）。对警察消极职业心理进行研究，旨在探究警察出现消极职业心理的根源，寻求降低或消除这些根源的措施，以提高警察职业心理素质水平。对警察积极职业心理的研究，则可以根据其正向功能或影响因素等，寻求有效措施与积极支持，旨在使警察的积极职业心理在现有的基础上达到更高的水平。因此，应该加强对警察积极职业心理的研究。

综上所述，公安机关作为执法机关和特殊的政府部门，在维护社会稳定、人民群众生活安全等方面发挥着不可替代的重要作用。面对如此高的牺牲数，虽有中央的优待精神，但是现实中对公安民警在政治上的关心、工作上的支持以及待遇上的保障是否到位？公安民警的职业荣誉感、自豪感、归属感到底如何？作为和平时期牺牲最多、奉献最多的一支队伍，警察的职业认同现状又是如何？有哪些因素影响了警察的职业认同？有哪些维度构成？各因素间的逻辑机理怎样？这些问题在学术界并没有找到答案，理论的滞后和缺位也在一定程度上影响了警察职业化的实践发展。本书对警察职业认同的研究属于警察积极职业心理的研究，研究基于中国社会发展背景和公安工作实际对我国警察职业认同的内涵、结构、特点、影响因素等进行系统的研究，这也是我国警察职业化建设和警察教育研究共同面临的重要的新课题。

第二节　研究目的及意义

一、研究目的

为了全面深入推进公安改革，提升公安队伍战斗力，进一步明确公安队伍的现实状况，本研究从职业认同的视角进行分析与探讨，在分析收集掌握国内外相关文献资料的基础上，通过质性研究方法，对公安民警职业认同实际情况进行调查研究，透过深入的分析与讨论，以期达成如下三个目的：

一是客观掌握警察职业认同现状。职业认同程度影响着警察的工作态度、工作满意状况、自我效能感、离职倾向和群众工作的质量。公安民警工作压力大、警察职业倦怠现象存在是不争的事实。至于警察职业倦怠的原因则多种多样，客观原因既有公安工作所面临的各种复杂的社会环境，也有公安机关的队伍管理制度的影响；主观原因则是部分民警心理认同较低，有些民警还未将其作为一项事业。通过开展警察职业认同现状研究，客观把握警察职业认同的现状，为警察队伍建设规划提供现实依据，为警察个人职业生涯发展提供辅导支持，从而有效推动警察队伍的职业化、专业化发展。

二是深刻分析影响警察职业认同的主要影响因素。警察职业认同的产生、发展必然与人的内部因素和外部因素相联系，是内部因素与外部因素相互联系共同作用的结果。矛盾是事物发展的动力，人的认识活动和实践活动，从根本上说，就是认识矛盾和解决矛盾。警察职业认同是对职业逐步认识和实践的活动，个人价值观、政治理想信念、对职业的认知程度以及产生的职业情感和形成的职业意志等内部因素是内部矛盾即内因；职业的社会声望、群众的期望、国家政策的导向、组织给予的政策保障、福利待遇和激励机制等外部因素是外部矛盾即外因。外因通过内因发生作用，从而出现警察职业认同的高低。本研究通过理论分析与实证研究相结合，探讨影响警察职业认同的主要因素及其相互之间的作用机理，旨在创造影响职业认同的积极因素，改善影响职业认同的消极因素，为提出提升警察职业认同的对策找准落脚点。

三是提出提升警察职业认同的可行性对策。无论入职前警察的工作动机如何、职业认同度如何，尽快提升警察的职业认同有利于形成积极的工作态度，有利于提高工作的投入度，有利于提高自身工作能力，从而提高警察群众工作的质量和水平，促进良好和谐的警民关系。通过分析研究，提出提升警察职业认同的可行性对策，以营造良好的社会和组织环境与氛围，提供良好的物质条件和政策条件，不断提高警察的职业认同度，进一步加强公安机关队伍建设，加快人民警察职业化、专业化建设的进程。

二、研究意义

公安民警承担着特殊的任务，践行着特殊的使命，肩负着捍卫国家安全和维护社会稳定的重任。公安民警拥有特殊的权力，也意味着必须履行更多的义务。公安民警的职业认同水平事关公安队伍建设，直接影响公安工作的效率。2017 年 1 月，公安部印发《关于进一步加强和改进关爱民警工作的意见》，该意见指出为全面贯彻党的十八大和十八届三中、四中、五中、六中全会精神，深入贯彻习近平总书记系列重要讲话精神，按照全国政法队伍建设工作会议和中央政法工作会议的部署要求，进一步加强和改进从优待警、关爱民警工作，努力做到政治上激励、工作上支持、待遇上保障、健康上关心民警，不断增强广大民警的职业认同感、归属感和荣誉感，提升公安队伍的创造力、凝聚力、向心力和战斗力。2020 年 2 月 24 日，公安部政治部在疫情防控期间又印发了《关于采取切实有效措施进一步做好关爱公安民警辅警工作的通知》，该通知强调，要提高政治站位，抓好战时思想政治工作，加大干部考察和战时表彰奖励力度，强化典型宣传，热情讴歌先进典型和英雄事迹。要坚持科学用警，坚持“警力跟着疫情走”，科学部署勤务，合理安排休息，对长时间高负荷工作的一线民警辅警要安排强制休息，防止各条线多头重复向基层派任务。要关注身心健康，始终保持民警辅警旺盛的精力，全面掌握、时刻关注民警辅警身体健康状况，建立身体健康报告制度，认真组织落实体检制度，主动开展民警辅警心理健康评估，建立健全民警辅警快速救治机制，加强慰问抚恤工作，积极做好因疫情防控牺牲人员的烈士评定、英模追授、记功嘉奖等褒扬工作，做好困难家庭的照顾帮扶工作。考虑到公安工作现实状况以及特殊情境下的应急需要，中央层面一直比较关注公安队伍的职业关怀，可以说公安机关队伍建设工作的一个重中之重，就是提升公安民警的职业认同水平。结合公安工作的实际，通过多种渠道多种方式提升公安民警的职业认同是公安机关工作的主要目标之一。警察职业认同程度越高，公安队伍就越稳定，就容易实现队伍的职业化、专业化建设，就越有利于提高公安工作成效和促进警民关系建设。因此，开展公安队伍的职业认同研究具有非常重要的理论和实践意义。

（一）警察职业认同研究的理论意义

当前，国内外关于警察职业认同的概念及内涵的界定尚不统一，不同的学者从不同的学科角度进行了理论和实证研究。本研究的理论意义主要体现在：

一是可以丰富职业认同的理论研究内容。尽管国内外对职业认同进行了较为广泛和深入的理论与实证研究，但在职业认同内涵的认识上存在差异，因研究对象的不同而有所不同。本研究以多工作角色构成的人民警察为研究对象，因职业的特殊性、工作角色的复杂性，职业认同的内涵和结构维度必然有其独特之处。本研究在科学界定警察职业认同内涵的基础上，通过理论分析警察职业认同的结构成分并建构警察职业认同结构模型，可以丰富职业认同的理论内容。

二是可丰富警察职业认同的理论研究内容。警察职业认同研究刚刚起步，虽有一些成果，但数量很少、研究程度略低，现有的有关研究大多停留在理论分析和一般经验的总结上，主要运用经验总结和思辨方法泛泛而谈，尽管也有个别实证研究，但编制的职业认同调查问卷（量表）多是借鉴其他职业，比如“教师职业认同调查问卷”。警察职业的特殊性，以及工作的内容和特点与教师有很大的差异性，现有的警察职业认同调查问卷的维度和内容上存在缺陷。因此本研究在总结借鉴前人研究成果的基础上，综合运用社会学、心理学、管理学、马克思主义的相关理论进行分析，科学界定警察职业认同的概念、内涵，通过对文本材料的质性分析，建构警察职业认同的维度及影响因素作用机理。对丰富警察职业认同的理论研究具有重要意义。本研究成果还可以为当前的公安队伍建设提供理论支持。

（二）警察职业认同研究的实践意义

公安部已明确提出公安队伍职业化、专业化发展的目标，目标的实现必须经历实践过程，因此本研究的实践意义表现在以下方面：

一是有利于促进警察的职业化、专业化发展。警察职业认同程度低，既不利于公安队伍的稳定和职业化、专业化发展，也不利于提高公安工作质量。工作的绩效既与素质和能力密切相关，更重要的是取决于职业认同的程度，这是工作的动力源泉。通过实施本研究提出的提高职业认同的对策，既可以促使人民警察更加爱岗敬业和稳定队伍，促进警察职业化、专业化发展，又可以提高公安工作质量，还可以改善和优化和谐的警民关系，是一举多得。因此，本研究对公安机关加强和改进公安民警的思想政治工作、提高公安工作质量、提升群众服务能力，以及公安队伍建设具有重要的实践意义。

二是对公安机关建立公安队伍建设长效机制具有重要参考意义。本研究可以改进公安队伍规范管理工作机制，为组织改善支持政策提供参考依据；实施提升警察职业认同的对策，有利于提高警察的职业认同，促进警察队伍的稳定和可持续发展。因此，本研究对建立公安队伍发展的长效机制具有重要的实践指导意义。

三是有助于降低公安民警职业压力和职业倦怠带来的负面影响，进一步提高公安工作质量。随着警察职业认同度的提高，警察的工作态度会更加积极主动，自觉地增加工作投入，主动地完善自己的知识结构、规范自己的执法程序、提升自己的执法能力以更好地满足维护国家安全、社会稳定和服务群众的职责挑战，进而更好地促进公安队伍稳定发展和维护国家长治久安。

第三节　研究方法及研究思路

一、研究方法

本研究以马克思主义的唯物史观和辩证唯物主义认识论为指导，采取社会调查法、文献分析法、规范分析与实证分析结合的方法、扎根理论研究方法等相结合的方法开展研究。

1. 社会调查法。本研究用调查研究的方法来分析警察职业认同的实际状况、特点、原因。为深入了解警察职业认同的基本情况，深化对样本的分析，多次与公安民警进行交流。

2. 文献分析法。从现有研究成果出发，在对国内外研究文献进行综合分析基础上，了解研究进展及其研究价值，找到研究的可切入点和文献空白之处，确定研究的内容和视角。本研究在大量分析了国内外学者职业认同研究文献的基础上，选择警察的职业认同为研究对象，在研究的过程中大量借鉴现有的研究成果，在此基础上对本研究相关问题进行论述。

3. 规范分析与实证分析结合的方法。规范性分析方法是在一定的价值标准的前提条件下回答“应该是什么”的问题。而实证性分析则是回答某种社会现象“实际是什么”的问题，是在观察基础上对现实的描述。本研究以这些价值观念和标准作为前提条件，详细论述了国内外学者对职业认同的研究理论，以规范性分析为基础，以警察职业认同的文本为分析依据，运用质性研究对我国警察职业认同进行规范推理和论证,并通过对所收集的相关统计资料和数据、调研资料进行实证研究,对警察职业认同实际如何的问题进行说明、描述与解释。

4. 扎根理论研究方法。借助 Nvivo 分析工具对有关警察职业认同的网络文本进行扎根的质性分析,以归纳式方法论为指导,根据相应的理论指导进行编码抽象,进行从下往上建立实质理论,即在系统性收集资料的基础上寻找反映警察职业认同的核心概念,然后通过相关概念之间的联系建构出警察职业认同的维度及影响因素作用机理模型。

二、研究思路

本研究的基本思路是:

第一,在学习借鉴前人对职业认同的概念、内涵、构成成分以及影响因素等研究成果的基础上,从理论层面深入分析警察职业认同概念的内涵和结构维度。

第二,根据研究主题,收集相关的网络文本,运用扎根理论进行三级编码,最终形成体现警察职业特色的职业认同维度和影响因素作用机理模型。

第三,阐释模型,并结合前人的研究成果以及公安民警职业认同现状进行理论检验和实践检验。

第四,围绕影响警察职业认同的主要因素,结合调查结果和现实情况,提出警察职业认同的对策建议。

第二章　警察职业认同相关研究综述

上一章我们主要分析和介绍了本研究的背景、研究意义和目的、研究方法及研究思路。本章会就国内外警察职业认同的相关研究进行评述，追溯警察职业认同研究的产生和发展。

第一节　国外研究现状

一、认同的内涵研究

"认同"是警察职业认同的元概念。在人文社会科学研究领域中，认同一直是一个比较热门的话题，小至个人心理，大至民族国家，基于认同问题所展开的讨论无处不在。心理学、社会学、哲学、人类学等几乎全部的社会科学都涉及认同及其相关研究，其中社会学和心理学对认同及其相关问题的关注程度最高，而由这两个学科交叉演化而成的社会心理学，更是将认同作为核心的学科概念之一。① 鉴于这一概念内涵之丰富性和理论取向之多元性，不同心理学分支及相应研究中又各自对认同研究进行了丰富和深化，形成了"既有借鉴又有差异"的现状。②

认同(identity)的拉丁文词根"idem"，意为 "同样的"，最早被用于形式逻辑的同一律中，其最初含义即等同、同一。17 世纪，笛卡儿提出了身心二元论，"我思故我在"的哲学思想体现了其认为心灵是主体的本质特征，而二元之对立促使笛卡儿去思考主体与自我在时空中的同一性问题。③ 英国哲学家约翰・洛克是第一位以"连续的意识"来定义自我概念的哲学家，与笛

---

① 周晓虹. 认同理论：社会学与心理学的分析路径[J]. 社会科学，2008(4)：46－53.
② 赵静，王莉萍. 认同的三种理论取向概述[J]. 牡丹江大学学报，2009(12)：98－100.
③ 李灿金. 认同理论研究多学科流变[J]. 贵州大学学报(社会科学版)，2014，32(1)：103－108.

卡儿不同，洛克认为个体的思想并不是与生俱来的，他在其著作《人类解释论》中引用了同一性（identity）的概念，以说明主体与其自身同一；而同一时期的英国经验主义哲学家休谟则质疑同一性的概念，认为没有任何主体在时间之流中是不间断的、恒定不变的，使得同一性（identity）成为一个具有相对性的概念。

1897年，弗洛伊德（Freud）在关于癔症（一种人格障碍）的研究中首次提到了“认同”一词，他将认同视作一种思维方式，认为癔症患者的肌肉强直问题和内收问题都和“认同”有关，认同作用是癔症的症状机制中的一个重要因素。1900年，弗洛伊德又在其著作《梦的解析》中提出了“梦认同”的概念，并指出梦认同可以表现共有的因素、表现共同的欲望。由此可见，早期弗洛伊德所讨论的认同是一种临床现象或防御机制，多指个体从心理上在某些方面变成或者成为另一个人。这种认同的特点是：在个体欲望被压制的前提下，无意识地认同另一个人。1915年，弗洛伊德引用“内投射”这一概念来讨论自我与客体之间的关系，自我把客体合并到自身中的过程即为认同。随后，弗洛伊德在其另一部著作《精神分析引论》中讨论了认同与理想自我（ideal ego）的关系，认为理想自我缘于父母、师长乃至社会的影响。对这些“模范”的认同形成了理想自我。

弗洛伊德将认同视为一种更为普遍的心理过程和被激发的思维形式，认同作用并不仅是单纯的模仿，而更接近于一种同化（assimilation）作用。认为“认同”是围绕着“一个人成为或者变得像另一个人”的“愿望、动机、行为、防御”，且认为认同有助于个体“个性的发展与自我的形成”。

心理学领域的另一重要代表人物——埃里克森认为弗洛伊德的古典精神分析不足以解释和解决社会中的各种问题，同时认为精神分析学派在强调社会文化因素之重要性时，缺乏对个体精神内部机制的重视和理解。因此，他开创了其以强调自我的适应和发展为中心的精神分析理论和发展心理学理论。埃里克森把心理社会自我（psychosocial self）界定为“自我认同”（ego identity），认为“自我认同”是指个体将自身内在的感觉、自我意识与外部评价等加以综合，形成其在职业、宗教、价值观等方面的自我评价及自我定位，以此来回答“我是谁”这一问题。在埃里克森的思想体系中，关于认同（同一性）的研究一直处在核心地位。他认为认同的形成贯穿个体的整个生命周期，且这是每一个个体固有的适应和进步过程。他将认同视作一个“逐渐形成的结构”，这一结构是个体对生命周期各个阶段所发生变化的内驱力和社会压力的反应，并断言不完整的和不连续的认同意识会导致人格崩溃。基于这一观点，埃里克森分别讨论了自我认同在个体生命周期中不同八个阶段的表现和意义，形成了著名的“人格发展八阶段论”。该理论把个体的一生分为八个发展的阶段，每个阶段都面临着不同的发展任务，同时每个阶段都需要克服不同的挑战，而个体的发展任务就是努力解决每个阶段的“发展危机”。当每个阶段相应的核心发展任务得到恰当的解决，个体就会获得较为完整的同一性；相反，某阶段的核心发展任务未完成或处理的不成功，则会导致个体同一性残缺、不连贯的状态。值得注意的是，埃里克森还专门探讨了认同与环境的关系。鉴于任何认同本质上都由认同者（the identifier）和被认同对象（the identified）两方面构成的，伴随着个体不断成长，其面临的环境也越来越复杂，同时也会接触到越来越多的认同对象，因而所有认同或多或少都是社会的。当环境发生变化，个体的认同也会相应受到影响，必须强化已经获得的认同或者主动寻求一种新的认同。

美国心理学领域的另一位巨匠威廉·詹姆斯则认为“自我”是一种社会结构，关注个体与外界之间的交往和在此背景下所产生的“社会性自我”。在这个过程中，个体通过与社会及他人的互动，从而确认和定义出“我是谁”。这个“自我”建构的过程既有外界的强迫性、制约性，又有个体内在的主动性、选择性。即“一方面社会能够对个体进行重建或修改；另一方面个体也同时会对社会进行有意识的重建或修改”。沿着詹姆斯的思路，库利进一步指出“自我”是一个过程，是个体在与他人互动过程中，理解对方的看法并根据他人的看法认识自己的过程。每个“他人”都是“自我”的一面镜子，而每种社会关系也都反映着自我，即“镜中我”的概念。随后，米德在上述詹姆斯和库利的研究基础上，构建了符号交互理论，即认为“自我”由主体自我——I 和客体自我——me 两部分构成。主我“I”是行为的一种个体自发倾向，而宾我“me”是“有组织的社区或社会群体”给予个体的自我的统一性。“自我”的确认和获得，是通过扮演角色来实现的，角色是社会影响个体认识自我的核心机制。自我认同理论从两方面汲取了符号互动论的思想：其一，个体对自我的认知是导源于人们在社会中扮演的各种角色，即自我是一种“多重社会建构”；其二，个体在社会生活中的每一种角色位置，都对应着不同的自我概念，即所谓的角色认同。

在上述前人研究的脉络下，当前学术界对于认同的内涵主要机制特征和功能角度进行了界定。从机制特征角度进行的界定，如泰威斯顿（Twiselton，2004）认为“认同的建构被看作不仅仅是个体的过程，而是通过社会互动和对一系列社会文化群体的参与而发生的”。瓦塔（Wah Tan，1997）认为“自我的认同可以被看作通过在社会情境中的磋商或通过个体所内化的社会角色来建构或维持”。美国《心理学百科全书》对认同则做了如下解释：“认同是精神分析理论中的一个核心概念，指的是主体同化、吸收其他人或事，以构建自身人格的过程。”在荆其诚（1991）主编的《简明心理百科全书》中，认同即“把自己看成是所期望的对象，并表现出与对象类似的态度和行为，又称自居。这是一种将对象内投的心理机制”①。在顾明远主编的《教育大词典》中“认同即自居作用，是把自己亲近的人或尊重的人作为行为榜样进行模仿或内投自身的过程”②。

从功能角度进行的界定，麦克卢尔（Maclure，1993）指出“认同不应该被看作是固定的实体——人们拥有的什么东西——而应是他们用来判断、解释和搞清楚他们自己与别人及他们工作的情境的关系的东西”，“认同可以作为一种论据——人们用来解释、判定和搞清楚他们与别人的关系以及与整个世界的关系的一种资源”。弗洛雷斯等（Flores et al.，2006）也指出“认同作为一个正在进行的、充满活力的过程，承担了弄清楚或解释或重新解释他们自己的价值观和经验的任务”③。在朱智贤主编的《心理学大词典》中，认同是“社会化过程中个体对他人的整个人格发生全面性、持久性的模仿学习”，它是“一种防御性机制，指由于某种动机而有选择地模仿别人某些特质的行为，如模仿他所崇拜或羡慕对象的某些行为”④。沙莲香认为“认同是心理学中用来解释人格结合机制的概念，即人格与社会及文化之间怎样互动

① 荆其诚.简明心理百科全书[M].长沙：湖南教育出版社，1991：397.

② 顾明远.教育大词典[M].上海：上海教育出版社，1990：390.

③ FLORES M A, DAY C. Contexts which shape and reshape new teachers' identities: a multi-perspective study[J]. Teaching & teacher education, 2006, 22(2): 219－232.

④ 朱智贤.心理学大词典[M].北京：北京师范大学出版社，1989.

而维系人格的统一性和一贯性","认同是维系人格与社会及文化之间互动的内在力量,从而维系人格统一性和一贯性的内在力量,因此这个概念又用来表示主体性、归属感"①。

综上所述,认同可以看成是指向一定对象的,这个对象可以是自我,可以是自己的某些特征(比如社会角色)等,也可以是自己欣赏、接纳的他人或事物,认同涉及的是认同主体与认同对象的"同一""一致""协调"等。②

二、职业认同的内涵研究

"职业"是社会分工体系中的一种劳动角色类别,美国学者阿瑟·萨尔兹把"职业"定义为人们为了获取持续性的收入所从事连续性的特殊活动,职业是人们在社会分工体系下获取的一种劳动角色类别。职业认同作为一个专有名词诞生于20世纪中叶,是在社会认同理论的基础上发展起来的概念,是个体对所从事职业的肯定性评价,因此,群体内部成员对职业的认同必定会遵循社会认同的基本规律。

由于研究视角的差异和研究的特定指向性,人们对职业认同有多种不同表述。米勒(Miller,1963)从结构的角度对职业认同进行了界定:认同就像一个包括了三个同心区域的抽象整体:中心领域包括防护的和应付的自我;中间是多重社会次自我领域,其中包括职业次认同;边缘领域,是"表现出来的自我"。休铂(Super,1963)③认为在某种意义上,职业认同的确立是青少年整合他们的自我概念,将过去的自己和现在的自己统合成一体的重要媒介。阿什福斯等(Ashforth et al.,1992)④认为,组织中个体具有多重的、复合的群体特征,比如个体所认同的实体可能是工作单位或者子单位,然而也有可能是某组织或专业团体。加泽尔(Gaziel,1995)⑤认为,职业认同类似于一系列项目,用于表现职业各个方面的相关特征。古德森等

① 沙莲香.社会心理学[M].北京:中国人民大学出版社,2002:2.

② 魏淑华.教师职业认同研究[D].重庆:西南大学,2008.

③ SUPER D E. Career Development: Self-concept theory [D]. Princeton, New Jersey: College Entrance Examination, 1963.

④ ASHFORTH B E, MAEL F A. Social identity theory and the organization[J]. Academy of Management Review, 1989, 14(1): 20 - 39.

⑤ GAZIEL H H. Sabbatical leave, job burnout and turnover intentions teacher[J]. International journal of lifelong education, 1995, 14(4): 331 - 338.

(Goodson et al. ,1994)①从建构的角度定义了职业认同,认为职业认同类似于职业现实。摩尔等(Moore et al. ,1998)②则从职业认同所包含的成分对职业认同进行了界定,认为职业认同是个体在多大程度上认为自己的职业角色是重要的(向心性)、有吸引力的(性价或价值)、与其他角色是融洽的(协调性)所作的总体评价。

综合国外学者关于职业认同的研究成果,主要有以下四种认识:

第一,职业认同的建立和发展是以自我概念为基础,由自我认同中的心理成分推论职业认同,包括职业认知、职业控制和职业体验(Mayer,1999③;Steeley,2005④;Sleeger & Kelchtermans,1999)。这一领域的研究者,还有:梅耶斯(Meijers,1998)⑤认为职业认同是心理发展过程中逐渐构建和成熟的概念,个体使用这个概念来将自己的兴趣、能力和价值观与可接受的职业目标联系在一起,同时,这个概念也会随着不断的社会学习过程而发生改变。福盖特等(Fugate et al. ,2004) ⑥认为职业认同通常为各种不同的职业经历和愿望提供了一个较为连贯清晰的解释。作为职业领域内的同一性,可以将职业认同认为是个体选择用“未来想从事的职业”或“现在正在从事的职业”来回答“我是谁”这个问题。可见,在他们的理论中都比较强调职业认同是个体在与职业环境的互动中对自我的认识过程,这个过程是不断发展变化的,并且很关注形成某种状态的原因。乔铂等(Chope et al. ,2008)⑦在动荡世界中的职业认同研究中指出:职业认同指的是经验、技能、兴趣、价值观和个性特征的一体化。

---

① GOODSON I F, COLE A L. Exploring the teacher[J]. Teacher education quarterly,1994,21(1):85-105.

② MOORE M, HOFMAN J E. Professional identity in institutions of higher learning in Israel [J]. Higher education, 1998, 17(1): 69-79.

③ MAYER D E. Building teaching identities: implications for preservice teacher education[C]. AARE, 1999.

④ STEELEY S L. Language, culture, and professional identity: cultural droductions in a bilingual careerler training program[D]. Fairfax:George Mason University, 2005.

⑤ MEIJERS F. The development of a career identity [J]. International journal for the advancement of counselling,1998,20(3):191-207.

⑥ FUGATE M, KINICKI A J, ASHFORTH B E. Employability: a psycho-social construct, its dimensionsand applications [J]. Journal of vocational behavior, 2004,65(1): 14-38.

⑦ CHOPE R, JOHNSON R A. Career identity in a turbulent world [J]. Perspectives in education, 2008, 26(3) :65-77.

第二，职业认同单要素说：单一心理构成，即个体对某一职业的相对稳定的态度或者行为倾向（Kelchtermans，2000[①]；Dworet，1996）。持这一观点的还有：霍兰德等（Holland et el.，1993）[②]认为的职业认同是个体对自己的职业兴趣、天赋和目标等方面稳定和清晰的认识。古德森等（Goodson et al.，1994）[③]认为职业认同类似于职业现实，这种现实的建构是一个正在进行的个体的和情境的互动解释过程。

第三，职业认同是个动态概念，是不断动态变化，不断建构的。贝扎德（Beijaard，1995）[④]的研究发现，职业认同是动态的，会随着时间的改变，通过相关的人、事和经验进而发生改变，同时，职业认同还可以通过职业的相关特征来表征。柯龙德等（Coldron et al.，1999）[⑤]认为，职业认同不是一个稳定的实体，不能被解释为静态的或单一的。还有一些学者持类似的观点：认为职业认同是一种流动的、动态的建构，受到多种因素的影响（Ashforth et al.，2008[⑥]；Brown，2015[⑦]；Miscenko & Day，2016[⑧]）。

第四，职业认同是个体对从事职业的看法，这种看法通过多种原因和路径才能形成。库博（Cooper，1996）认为，职业认同是多维的，历史、社会、心理和文化的因素都会影响个体的职业认同。福尔科曼等（Volkmann et al.，1998）[⑨]认为，职业认同是一个复杂的、个体多种角色动态平衡的过程。科萨

---

① KELCHTERMANS G. Telling dreams: a commentary to newman from a european context [J]. International joumal of educational research, 2000, 33(5): 209 - 211.

② HOLLAND J L, JOHNSTON J A, ASAMA N F . The vocational identity scale: a diagnostic antreatment tool [J]. Journal of career assessment, 1993,1(1): 1 - 12.

③ GOODSON I F, COLE A L. Exploring the teachers professional knowledge: constructing identity andcommunity [J]. Teacher education quarterly, 1994,21(1): 85 - 105.

④ BEIJAARD D. Teachers' prior experiences and actual perceptions of professional identities [J]. Teachors & teaching 1995,1(2):281 - 294.

⑤ COLDRON J, SMITH R. Active location in teachers'construction of their professional identities [J]. Journal of curriculum studies. 1999, 31(6)711 - 726.

⑥ ASHFORTH B E, et al. "How can you do it?": dirty work and the challenge of constructing a positive identity[J]. Academy of management review, 1999,24(3): 413 - 434.

⑦ BROWN A. Identities and identity work in organizations[J]. International journal of management reviews, 2015,17(1):20 - 40.

⑧ MISCENKO D, DAY D V. Identity and identification at work[J]. Organizational psychology review, 2016,6(3): 65 - 80.

⑨ VOLKMANN M J, ANDESON M A. Creating professional identity: dilemmas and metaphors of a first-yearchemistry teacher [J]. Science education, 1998(82): 293 - 310.

真(Korthagen,2004)[①]从职业认同采用的形式的角度进行了界定,他认为"职业认同常采用格式塔的形式,关于需要、形象、感觉、价值、角色模型、先前的经验和行为倾向的无意识的整体,共同创造了一种认同感,这个格式塔会影响信念、能力和行为等外在的层面。生命路径和故事讲述等方法可以帮助学生意识到这个格式塔"。沃森(Watson ,2006)[②]认为,职业认同这一概念的重要性在于它与专业知识、行为之间的关系,而这一联系是复杂的。

三、职业认同的构成维度研究

关于职业认同的维度,从心理学视角,职业认同的构成维度主要有单维、双维和三维等几种观点。布劳(Blau,1988)[③]在态度理论的基础上提出了单维的职业认同,他认为职业认同是一种心理构念(单一要素),这种心理构建更多地从职业情感的角度来理解和阐述职业认同,即职业认同是继续留在目前职业的愿望以及对现有职业的喜欢程度。伦敦(London,2011)[④]依托组织行为学中的动机理论提出了职业认同的二维观,其借鉴的是职业动机的维度,将职业动机的工作动机和管理动机测量方法应用到关于职业认同和职业承诺的相关研究中。梅耶等(Meyer et al. ,1993)[⑤]则将职业认同分为职业的情感认同、持续认同和规范认同三个维度;情感认同是个体由于情感上对职业的依恋、认同和心理投入而形成的维持某一职业的愿望;持续认同是个体如果离开某一职业就必须承受某种成本和代价而不得不继续从事该职业的感知;规范认同指个体从职业中获得利益、出于互惠原则而形成的对职业的忠诚感,或职业忠诚的规范而形成的认同感。斯里格斯和凯

① KORTHAGEN F. Insearch of the essence of a good teacher: towards a more holistic approach inteacher education[J]. Teaching teacher education, 2004, 20(1): 77 - 97.

② WATSON C. Narratives of practice and the construction of identity in teaching [J]. Teachers and teaching: theoryand practice, 2006,12(5):509 - 526.

③ BLAU G. Further exploring the meaning and measurement of career commitment [J]. Journal of vocational behavior,1988,32(3):284 - 297.

④ LONDON M. Relationship between career motivation,empowerment and support for development [J]. Journal of occupational & organizational psychology,2011,66(1):55 - 69.

⑤ MEYER J P, ALLEN N J, SMITH C A. Commitment to organizations and occupations: extension and test of a three-component conception[J]. Journal of vocationd behavior, 1993 (4): 538 - 551.

茨特曼斯(Sleegers & Kelchtermans,1999)[①]认为职业认同是在自我概念基础上发展而来的,由自我认同中的心理成分推论职业认同包括了职业自我认知、职业自我体验和职业自我控制。另外,还有些学者在对特定的职业进行职业认同的研究中,也有不同的多维度分析。在专门研究教师职业认同的学者中,克里默和霍夫曼(Kremer & Hofman,1981)[②]认为,教师职业认同包括职业向心性、职业价值、职业团结、自我表现四个维度。布雷克森(Brickson,2000)[③]提出了教师职业认同包括个人认同、集体认同和相互认同三个因素,每个因素中又包含了认知、情感、行为和社会四个方面。有些学者在进行护士职业认同量表的编制与实证研究中,认为护士职业认同包括"工作中的自信""对职业生活的认同""他人的反馈和自尊""适应和认定这项工作"和"将工作和生活结合"五个维度(Negishi,et al.,2010)[④]。

四、职业认同的影响因素研究

在对职业认同影响因素的研究方面,可以归纳为三个方面:个体因素、家庭因素和环境因素。个体因素又可以分为个体特征因素和个体经历因素;环境因素又可分为社会环境因素和组织内部环境因素。首先,个体因素方面,学者们发现一些个体特征,特别是一些人口统计学变量,如性别、年龄、教龄、职称、工资等因素对教师职业认同有显著的差异。彼加得(Beijaard,1995)[⑤]研究认为性别的差异对于职业认同影响较为显著。杰克森和奈维乐(Jackson& Neville,1998)[⑥]研究认为由于男女性在自我发展上

① SLEEGERS P, KELCHTERMANS G. Inleiding op het themanummer: professionele identiteit van leraren[J]. Pedagogisch tiidschrif, 1999 (24):369 - 373.

② KREMER L, HOFMAN J E. Teachers' professional identity and job-leaving inclination[J]. Education resource information center:1981(5):17 - 19.

③ BRICKSON S. The impact of identity orientation on individual and organizational outcomes in demographically diverse settings[J]. Academy of management review, 2000 (1):82 - 101.

④ NEGISHI K, ASAHARA K, YANAI H. Developing a professional identity scale: identifying factors related to professional identity of government-employed public health nurses[J]. Japanese journal of public health, 2010, 57(1): 27 - 38.

⑤ BEJAARD D. Teachers' prior experiences and actual perceptions of professional identity[J]. Teachers and teaching. 1995,1(2): 281 - 294.

⑥ JACKSON C C, NEVILLE H A. Influence of racial identity attitudes on African American collegestudents. vocational identity and hope[J]. Journal of vocational behavior, 1998,53(1): 97 - 113.

并不同步，造成年龄和性别化职业认同发展上呈现出交互效应。其中，人口统计学变量方面的影响，随着个体年龄越来越大，经历的职业选择方面的思考越来越多，职业认同水平也会越来越高。

家庭在一个人的成长过程中扮演着至关重要的角色，对一个人的价值观以及职业选择有着重要的影响。一些研究表明，家庭因素也是影响人们职业认同的重要因素。哈格罗夫、英曼和克兰(Hagrove，Inman & Crane，2005)①的研究发现民主型和独裁型家庭风格是职业认同的一个显著预测因素。他们的研究将家庭关系区分为融洽型、表现型、冲突型、社交型、理想型等几种类型后，发现在表现型家庭关系中成长的个体职业认同水平较高，而在冲突型家庭关系中成长的个体职业认同水平较低。贝利亚斯-艾莉森(Berrios-Allison，2005)②同样也认为家庭环境和个体的职业认同是有着密切联系的，家庭环境在很大程度上影响个体职业认同的形成和发展。

还有一些学者认为任职年限会影响个体的职业认同。普拉特等(Pratt et al.，2006)③研究发现，职业认同可能会在职业生涯的生命周期中发生变化；梅思科和达伊(Miscenko & Day，2016)④研究发现，一个人的整个职业生涯中职业认同的变化，是来自职业的反馈、个人层面和组织因素之间多种因素复杂互动的产物。研究教师职业认同的学者中，布罗姆(Bloom，1988)研究发现，随着教师年龄的变化，教师倾向于丧失他们的动机和承诺以及奉献精神，彼加得(Beijaard，2000)研究发现，教师对职业认同的感知会随着教师职业生涯的发展而出现显著差异。

以往的相关研究中，也有学者认为职业形象、工作价值观、工作自主性、组织承诺等因素会对职业认同产生影响。研究特定职业的学者证实了这一点，诺里斯和尼布尔(Norris & Niebuhr)以会计师事务所的会计为研究调查

---

① HAGROVE B K，INMAN A G，CRANE R L. Family interaction patterns，career planning attitudes，avocational identity of high school adolescents[J]. Journal of career development，2005,31(4):263 - 278.

② BERRIOS-ALLISON A C. Family influences on college students. occupational identity[J]. Journal of career assessment，2005,13(2)，233 - 247.

③ PRATT M，ROCKMANN K，KAUFMANN J. Constructing professional identity：the role of work and identity learning cycles in the customization of identity among medical residents [J]. Academy of management journal，2006,49(2)：235 - 262.

④ MISCENKO D，DAY D V. Identity and identification at work [J]. Organizational psychology review，2016,6(3):215 - 247.

对象，通过研究发现，他们的工作自主性正向影响他们的职业化，两者之间存在显著的正相关关系，班贝尔和利耶尔（Bamber & Lyer）通过对审计师的研究也证实了这一观点，他们研究发现审计师职业的形象、工作自主性对职业认同产生显著影响。

宏观方面的环境因素如历史因素、社会因素、文化因素等都会对职业认同形成过程产生影响。专门研究教师职业认同的不少学者探究了之间的影响关系。其中，古德森和科尔（Goodson & Cole，1994）[①]认为教师的认同发展是确立在个体和职业的共同基础之上的，教师作为个人和职业者，他们的生活和工作会受到教师内外环境条件的深刻影响。凯德蒙和史密斯（Coldron & Smith，1999）[②]认为教师的职业认同是在教师与他们所处的宏观或微观环境的互动过程中逐渐建构起来的。布里克森（Brickson，2000）[③]提出了认同形成的三因素模式（个人的、集体的和相互的），他认为认同的形成是在个体与环境的相互作用中构建的，认同的确立是这三个方面达成动态平衡的过程。

五、警察职业认同

国外文献中专门研究警察职业认同的文献较少，相关的研究主要集中在警察的职业倦怠、警察的工作满意度等主题上。

在西方国家中，为了适应社会的需求，警察的职能也随着社会的发展不断演变，警察职业的定位在“专制”导向的控制者和“社区”导向的合作者之间徘徊（Bayley & Shearing，1996[④]；Kelling & Moore，1988[⑤]；Trojanowicz，

① GOODSON I F，COLE A L. Exploring the teachers professional knowledge：constructing identity and community [J]. Teacher education quarterly，1994，21(1)：85－105.

② COLDRON J，SMITH R. Active location in teachers construction of their professional identities [J]. Journal of curriculum studies，1999，31(6)：711－72.

③ BRICKSON S. The impact of identity orientation on individual and organizational outcomes in demographically diverse setting [J]. Academy of management review，2000，25(1)：82－101.

④ BAYLEY D，SHEARING C. The future of policing [J]. Law and society review，1996，30(3)：585－606.

⑤ KELLING G，MOORE M. From political reform to community：the evolving strategy of police [J]. Community policing：rhetoric or reality，praeger，1988，25(1)：3－25.

1971[①])。这两者之间的徘徊导致了严重的警察职业的角色冲突(Schaible & Gecas, 2010[②]; Schaible & Six, 2016[③]),所以在西方的警察局中,警察群体虽然也有着强烈的警察身份认同,但是却有着不同的、常常是相互冲突的价值观(Lonnie,2018)[④]。

部分学者关注了警察工作中的职业认同问题,有学者认为警察的职业认同能带来积极的影响:较强的警察职业认同能带来更高的警务绩效(DeCarufel & Schaan, 1990[⑤]; Diefendorff et al., 2002[⑥]; Lambert et al., 2015[⑦])。还有的学者认为,警察职业认同感越强,越能投入警察工作,并持有创新改革的警务价值观,对于警察中的越轨行为进行举报的可能性越大,警察队伍的腐败程度越低(Haarr, 1997[⑧];Lambert et al., 2015[⑨])。

与警察的职业认同相对,更多学者比较关注警察的职业倦怠,有学者认为,当警察被要求执行与其自我定义不符的职责时,他们很可能产生懈怠。巴克和赫芬(Bakker & Heuven ,2006)[⑩]研究发现情绪失调,即警察感觉的情绪和需要的表现之间的差异,会导致更高程度的倦怠。具体来说,患有情绪失调的警察在工作中的绩效下降,情绪耗竭增加。同样,沙伊博勒等

① TROJANOWICZ R C. The policeman's occupational personality [J]. Journal of criminal law, criminology, and police science, 1971, 62(4):551-559.

② SCHAIBLE L, GECAS V. The impact of emotional labor and value dissonance on burnout among police officers [J]. Police quarterly, 2010, 13(3):316-341.

③ SCHAIBLE L M, SIX M. Emotional strategies of police and their varying consequences for burnout[J]. Police quarterly, 2016, 19(1):3-31.

④ LONNIE, M. The impact of the police professional identity on burnout [J]. Policing: an international journal of police strategies & management, 2018 (1):129-143.

⑤ DECARUFEL A, SCHAAN J. The impact of compressed work weeks on police job involvement [J]. Canadian police college journal, 1990, 14(2):81-97.

⑥ DIEFENDORFF J, BROWN D, KAMIN A , et al. Examining the roles of job involvement and work centrality in predicting organizational citizenship behaviors and job performance[J]. Journal of organizational behavior, 2002, 23(1): 93-108.

⑦ LAMBERT E, QURESHI H, HOGAN N, et al. The association of job variables with job involvement, job satisfaction, and organizational commitment among Indian police officers[J]. International criminal justice review, 2015, 25(2):194-213.

⑧ HAARR R. Patterns of interaction in a police patrol bureau: race and gender barriers to integration[J]. Justice quarterly, 1997, 14(1):53-85.

⑨ LAMBERT E, QURESHI H, HOGAN N, et al. The association of job variables with job involvement, job satisfaction, and organizational commitment among Indian police officers[J]. International criminal justice review, 2015, 25(2): 194-213.

⑩ BAKKER A, HEUVEN E. Emotional dissonance, burnout, and in-role performance among nurses and police officers[J]. International journal of stress management, 2006, 13(4):423-440.

(Schaible et al. ,2010)[①]研究发现如果警察个人的价值观与重要参照群体(公众、主管、指挥人员等)的价值观之间强烈不一致，特别有可能导致更大的情绪耗竭。迪克(Dick,2005)[②]的研究应用批判性话语去阐述了警察如何在"污化工作"(dirty work)中维持积极的自我形象。她发现，警察使用了许多策略来缓冲自己的污名，特别是撤退到集体身份以获得社会支持。

对于警察职业认同的影响因素，亚文霖(Järvinen,2009)[③]认为警察组织结构或管理的变化会影响警察职业认同。朗尼(Lonnie ,2018)[④]表示警察价值观与职业认同之间的相互作用是复杂的，既不完全支持也不完全不支持现有的身份理论。

通过对国外有关职业认同研究现状进行梳理，为科学界定警察职业认同的内涵、分析警察职业认同的结构成分和探讨影响警察职业认同的影响因素提供了理论支撑和借鉴。

第二节 国内研究现状

在国内，关于职业认同研究的起步较晚。以"职业认同"为主题，通过CNKI中国知网"指数"检索，发现最早对职业认同进行研究始于2002年，是有关"法律职业共同体"的研究。截至2022年6月6日，在"中国知网"全文期刊数据库中，以"职业认同"主题，搜索引用率在10次以上的期刊论文，共找到论文821篇，其中教师职业认同406篇(包括辅导员和师范生)，占总体量的49.5%，医护职业认同181篇，占总体量的22%，警察职业认同18篇，不足总体量的1%。上述数据从一个侧面可以看出，近年来，关于职业认同的研究有所发展，但基本还是集中在特定专业领域——教育和医疗领域，其他专业领域涉及较少。

---

① SCHAIBLE L M, GECAS V. The impact of emotional labor and value dissonance on burnout among police officers [J]. Police quarterly, 2010,13(3):316 - 341.

② DICK P. Dirty work designations: how police officers account for their use of coercive force[J]. Human relations, 2005,58(13):1363 - 1390.

③ JÄRVINEN J. Shifting NPM agendas and management accountants'occupationalidentities[J]. Accounting, auditing & accountability journal, 2009 (8) :1187 - 1210.

④ LONNIE M. The impact of the police professional identity on burnout [J]. Policing: an international journal of police strategies & management, 2018 (1):129 - 143.

一、关于职业认同内涵的研究

国内学者对于职业认同的研究多为国外学者研究成果的总结。1986年，心理学家王极盛在其发表在《管理世界》上的《当前改革的心理学问题》一文中，首次提及了职业认同的概念，这也是国内第一次将国外社会科学研究中的重要概念——职业认同引入国内。20世纪90年代后，有少数学者开始对特定的职业——教师、护士等典型的专业性职业的任职者的职业认同问题展开讨论（李建平，1990；刘晓明等，1998）。直到进入21世纪以来，学术界对职业认同的研究才逐渐深入，研究成果呈明显增加趋势，研究对象也不仅限于教师、医护等职业群体，研究范围也不断拓展。通过梳理当前的研究成果，发现对于职业认同的界定主要集中在以下两个方面：

第一种观点认为，职业认同是任职者对自己职业的主观看法或态度。严玉梅（2010）①认为职业认同是任职者对自己职业角色以及职业相关特征的感知，具体而言是对自己所从事职业的认识、情感、期望、意志、价值观以及对自己职业技能的感知。高艳等（2011）②将职业认同界定为“个体逐渐从成长经验中确认的自己在职业世界中的自我概念”，个体在不同发展阶段的自我概念清晰程度和确定性也不相同。赵元（2012）③从心理学的角度出发认为职业认同是认同主体对职业的主观看法。于承杰（2015）认为职业认同是个体对于所从事职业的使命、社会价值、地位及其他因素的看法，与社会对该职业的评价及期望的一致，即个人对他人或群体的有关职业方面的看法、认识完全赞同或认可。职业认同会影响员工的忠诚度、向上力、成就感和事业心。

第二种观点认为，职业认同既是一个过程，也是一种状态，国内学者比较认可此观点。如魏淑华（2008）④在研究教师职业认同问题时，分析了职业认同的性质。她认为职业认同既是一个过程，即个体从自己的经历中逐渐发展、确认自己的职业角色的过程；同时职业认同也是一种状态，指个体对

① 严玉梅. 大学教师职业认同现状的调查与分析[J]. 高校教育管理，2010(1)：51-54.

② 高艳，乔志宏，宋慧婷. 职业认同研究现状与展望[J]. 北京师范大学学报，2011(4)：47-53.

③ 赵元. 论高校专家型辅导员及其塑造[J]. 中国成人教育，2012(14)：46-48.

④ 魏淑华. 教师职业认同与教师专业发展[D]. 曲阜：曲阜师范大学，2008.

自己所从事的职业的认同程度。张炳武(2008)①从心理学的角度认为职业认同是个体对于所从事职业的肯定性评价,既是一种过程,也是一种状态。过程是强调个体从自己的经历中逐渐发展、确认自己角色的过程;状态强调个体对所从事职业的认同程度。张丽萍等(2012)②认为教师职业认同是指教师个体在将自己的职业角色内化为自我一部分的过程中,内化的职业角色和自我其他部分建立一致性关系的过程及其结果。

二、关于职业认同的构成维度研究

随着职业认同研究在国内的兴起,国内学者对职业认同的构成维度进行了一些探索,根据国外学者提出的不同维度观点,结合自己的认识,提出自己的职业认同结构维度。

在教师职业认同领域,方明军等(2008)③在我国大学教师职业认同现状的调查与分析中,确定了职业认同的四个维度:职业价值认同、职业情感认同、职业能力认同、职业社会地位认同。魏淑华(2008)④认为教师职业认同包括职业认识、情感、期望、意志、价值观以及对自己职业技能的感知等六个维度。魏淑华等(2013)⑤在后续的研究中,又将教师职业认同划分为职业价值观、角色价值观、职业归属感、职业行为倾向四个维度。宋广文等(2006)通过对中小学教师的职业认同进行研究,自己编制了问卷,问卷结构包括职业认知、职业技能、职业意志、职业情感、职业期望和职业价值观六个部分。该问卷在国内得到较多采用。孙利和佐斌(2010)⑥以中小学教师为对象,认为职业认同包括职业认知、职业情感、职业价值三个维度。王鑫强(2010)研究了准教师——师范生教师职业认同,认为职业认同包括职业意愿与期望、职业意志、职业价值和职业效能四个维度。李建中(2011)⑦通过深度访谈从

① 张炳武.高校辅导员职业认同分析[J].合肥工业大学学报(社会科学版),2008(6):44-47.

② 张丽萍,陈京军,刘艳辉.教师职业认同的内涵与结构[J]湖南师范大学教育科学学报,2012(3):104-107.

③ 方明军,毛晋平.我国大学教师职业认同现状的调查与分析[J].高等教育研究,2008,29(7):56-61.

④ 魏淑华.教师职业认同与教师专业发展[D].曲阜:曲阜师范大学,2008.

⑤ 魏淑华,宋广文,张大均.我国中小学教师职业认同的结构与量表[J].教师教育研究,2013,25(1):55-60.

⑥ 孙利,佐斌.中小学教师职业认同的结构与测量[J].教育研究与实验,2010(5):80-85.

⑦ 李建中.大学英语教师职业认同感的调查研究[J].海外英语,2011(2):1-2,6.

开放式问卷中筛选了影响教师职业认同的因素，编制了“高校英语教师职业认同调查问卷”，共32个题项，包含职业热情、职业满意度和职业乐趣三个维度。汤国杰等(2011)[①]根据Meyer等人的三维模型认为教师职业认同包括情感认同、规范认同和持续认同三个部分组成。张丽萍等(2012)认为教师职业认同是阶梯结构，包括职业—物质我、职业—社会我和职业—精神我。其中职业—物质我，反映教师职业角色和物质自我之间的一致性关系；职业—社会我，反映教师职业角色和社会自我其他部分之间的一致性关系；职业—精神我，反映教师职业角色和精神自我之间的一致性关系。刘世勇(2014)[②]通过专家咨询、问卷调查等方式，编制了高校辅导员职业认同量表，认为高校辅导员职业认同包括职业认知、职业情感、职业意志、职业信念和职业行为五个维度。虞力宏等(2011)[③]在研究高校体育教师职业认同时，编制了包含30个题目的高校体育教师职业认同测评量表，研究发现体育教师的职业认同包括情感收益感、职业动力感和自我规范感三个维度。高敬(2019)[④]认为，学前教育师范生的职业认同结构是“知情意行”的统一体，包含职业认知、职业情感、职业意志、职业行为倾向四个维度。李笑樱等(2018)[⑤]构建了教师职业认同感模型并将其分为教师职业价值观、职业归属感、职业效能感三个维度。

在护士职业认同领域，赵红等(2010)[⑥]探讨了日本学者研发的护士职业认同量表在中国情境下的适用性，并指出护士职业认同包括把握感、一致感、有意义感、自我效力感、自我决定感、组织影响感、患者影响感等七个维度。刘玲、郝玉芳和刘晓虹(2011)[⑦]认为护士职业认同包括五个维度：职业认知评价、职业社会支持、职业社交技能、职业挫折应对、职业自我反思。

---

① 汤国杰，高可清. 普通高校体育教师职业认同量表的信效度分析[J]. 杭州师范大学学报(自然科学版)，2011，10(3)：285-288.

② 刘世勇. 高校辅导员职业认同研究[D]. 武汉：中国地质大学，2014.

③ 虞力宏，汤国杰，高可清. 高校体育教师职业认同与工作投入的关系研究[J]. 中国体育科技，2011(6)：136-141.

④ 高敬. 教育实习对学前教育师范生职业认同的影响：“幼有所育”政策背景下的研究[J]. 教育发展研究，2019(8)：58-66.

⑤ 李笑樱，闫寒冰. 教师职业认同感的模型建构及量表编制[J]. 教师教育研究，2018(2)：72-81.

⑥ 赵红，路迢迢，张彩云，等. 护士职业认同量表中文版的信度与效度研究[J]. 中国护理管理，2010，10(11)：49-51.

⑦ 刘玲，郝玉芳，刘晓虹. 护士职业认同评定量表的研制[J]. 解放军护理杂志，2011，28(2A)：18-20.

此外，一些学者还探讨了其他职业群体职业认同的维度。例如，杜娟(2009)研究了导游职业群体，认为导游职业认同包括认同心理和认同行为两个方面。王惠卿(2013)研究了社会工作者的职业认同，认为社会工作者职业认同包括自我认同和社会认同两个范畴，具体包括统一性职业自我认同、连续性职业自我认同、情感性职业社会认同、价值性职业社会认同四个因子。李志、布润、李安然(2020)①通过对760名基层公务员的问卷调查发现：基层公务员职业认同包括职业行为投入、职业发展认同和职业价值认同三个维度。

三、关于职业认同的影响因素研究

通过梳理发现，当前关于职业认同影响因素的研究主要涉及两个方面：个体因素、环境因素。其中，个体因素又包括人口统计特征、个性、能力等方面的内容；环境因素则可区分为家庭环境、组织环境和社会环境等方面。

个体因素方面，一些研究者注意到人口统计学变量对职业认同有着影响，但是性别、年龄、工龄、教育程度等对职业认同的影响在不同的研究中有着不同的结论。例如，赵红等(2011)②在针对护士职业认同的一项研究中指出，工龄＞15—20年和＞20年的护士得分较高；在自己决定感和组织影响感维度，工龄＞20年护士得分明显高于其他工龄段护士。李春英和丛培江(2011)发现中小学教师职业认同在职称、教龄、学历等人口学特征上差异均不显著。温艳红(2009)的研究发现不同年龄段、不同职称、不同工资水平教师的职业认同水平有较大差异。董秀成、吴明证(2010)通过调查杭州、宁波、金华等地18所高校380名辅导员以及150名普通高校专业教师发现，辅导员和专业教师在职业认同上存在显著差异。辅导员的规范认同低于专业教师，而持续认同则高于专业教师。而汤国杰(2012)③对高校体育教师职业认同的一项研究则认为，工作年限在2年以内的教师的情感认同和情感承诺

---

① 李志，布润，李安然.基层公务员职业认同特征及其对工作绩效与离职倾向的影响研究[J].重庆大学学报(社会科学版)，2020(3)：176-188.

② 赵红，张彩云，路坦坦.6所三级甲等医院护士职业认同状况调查[J].护理学报，2011，18(4A)：27-30.

③ 汤国杰.职业认同与职业生涯规划的关系机制：基于普通高校体育教师的实证分析[M].杭州：浙江大学出版社，2012：56.

显著高于3—10年和10年以上组教师。可见，由于研究对象、研究样本的差异，以及对职业认同测量方法的多样化，使得人口统计学变量对职业认同的影响研究有着多样化的结论。姚鑫（2019）通过研究发现不同年级、性别、生源地的师范生在职业认同水平上有明显不同。关锐（2020）对低年级本科护士的认同现状、影响因素进行实证研究，提出职业认同受到对所学专业的喜欢程度、学校设置课程是否满意的影响。王晓红（2019）对城市广电媒体从业者的职业认同进行研究，提出性别、入行时间、薪酬、学历、职称级别等个体特征因素对城市广电媒体从业者的职业认同产生显著影响。除了人口统计学变量的影响，个体因素还包括：生活经历（蹇世琼、饶从满，2017）、心理资本（王钢等，2014）、心理契约（董旭婷等，2013）、人格特质（穆桂斌、张春辉，2012）、入职动机（韩颜华、王晓辉，2010）、价值观（李恺、罗丹，2015）、胜任力（杨惠兰，2015；吴文辉，2016）、自我效能（张欣等，2015；丁刚，2014；赵宏玉，2016；张晓辉等，2017）。

环境因素涉及家庭环境因素、组织环境因素和社会环境因素。家庭环境对一个人的成长和职业选择有着重要影响，所以家庭因素是职业认同研究的重要的前因变量。一些研究者指出，家庭关系会对个体的职业认同产生影响。张敏（2006）认为，教师的社会背景在教师职业认同形成中扮演着重要的角色，而教师的个人经验受到生活其间的家庭以及其他重要的或扩展的家庭影响。滕缓（2012）认为家庭因素显著影响个体的职业选择及认同。宋广文和魏淑华（2006）认为，由于城市人尊重教育和教师，容易满足城市中小学教师的社会自尊，因此城市中小学教师的职业情感因素得分高于农村教师。同时，在中国传统文化环境的影响下，对男性的成就期望一般要高于女性，女性教师的成就期望较能得到满足，因而导致中小学教师中女教师的职业认同程度比男教师的职业认同度高。张军凤（2007）认为营造合作型教师团队文化，建立教师对新课程改革的协商与认同机制可以促进教师的职业认同。李正东（2018）通过对上海社会工作从业人员的职业认同水平展开调查研究，分析得出职业特征与服务对象反馈、团队认同程度、工作条件、工作回报都是影响职业认同水平的因素。除此之外，组织和社会方面的环境因素还包括：社会支持（王国文等，2015）、组织支持（王晶，2015；何双双，2015）、岗前培训（宗秋梅，2016）、工作压力（杨玲，

2016)，等等。

四、关于警察职业认同的研究

国内学术界对于警察职业认同的学术研究起步较晚，以“警察职业认同”为主题词通过 CNKI 指数检索发现最早研究警察职业认同的文献出现于 2008 年，是发表在《政法学刊》上的一篇《论警察职业认同》(于洋、何睿)①，首次探讨了警察职业认同概念，讨论了当时警察职业认同的危机。此后，学界对此关注度不断提升，截至 2022 年 6 月 6 日，通过中国知网(CNKI)以“警察职业认同”为主题词进行搜索，总共有 55 篇期刊文献，但研究层次较低，限定核心、CSSCI 后只有 6 篇，通过搜索还发现有 39 篇硕士论文涉及此主题。主要的研究成果集中在：

(一) 警察职业认同的内涵研究

张佳佳(2012)认为警察的职业认同，是指警察在社会生活中对自己所从事职业的内在接纳。一个形成了职业认同的警察能够成功扮演警察的角色，以履行人民警察的神圣职责，用不懈的工作去换取社会的安定和人民群众的安居乐业，并感受工作带给他的成就感、满足感以及幸福感。王金凤、魏冰(2016)从社会心理学的角度认为警察职业认同是警察对自己所从事职业的积极的态度、正向的情感、对职业价值观的内在接纳，并符合公众对警察职业角色的期待。换言之，一名职业认同水平高的警察能够感受警察职业带给他的成就感、满足感，角色定位准确。与此相反，低职业认同水平的警察在工作中则可能表现出角色定位不清、角色失调与冲突，甚至产生行为偏差，由此影响到警察职业形象和执法服务效能。岳珺雅(2016)②认为警察职业认同感是警察对自己工作的各个方面产生的认可和赞同的评价。较高的职业认同感能够帮助警察用积极乐观的心态完成工作，对未来的职业发展具有不可估量的重要意义。林虹萍(2016)③认为警察职业认同是民警在

---

① 于洋，何睿. 论警察职业认同[J]. 政法学刊，2008，25(5)：99－102.

② 岳珺雅. 基层民警职业认同感弱化的原因与对策：以泰州市公安局为例[J]. 法制与社会，2016(4)：184－188.

③ 林虹萍. 基层民警职业认同构成及调查研究：以江苏省南京市为例 [J]. 中国人民公安大学(社会科学版)，2016(5)：129－133.

公安工作过程中，通过与同事、领导、人民群众的交互作用而形成的对自身职业的积极的主观体验，包括情感认同、持续认同和利益认同等构成要素。胡雪梅(2017)从社会生态学认为人民警察的职业认同就是指人民警察对所从事的职业价值的肯定性评价，形成自觉的警察意识，对警察职业精神接纳、理解、忠诚并自觉践行的心理感受。张莉(2018)①认为警察的职业认同是人民警察在社会生活中对于自己所从事公安工作的认可和接纳的心理过程，是内化于心的思想和外化于行的自觉。李欧(2018)②认为警察职业认同是警察个人对职业内在属性的认可程度，这种认可主要表现为：一方面对该职业的认知程度；另一方面是伴随认知过程产生的情感体验。王万青(2019)③通过剖析公安民警的特点，认为公安民警职业认同为公安民警对公安工作乃至公安事业的一种肯定性理解、评价、自信与坚守，公安民警职业认同是提升公安民警公安工作的积极性、主动性与创造性的助推器。刘帅(2020)④认为公安民警职业认同是公安民警在职业生涯中对公安民警将职业角色、职业要求、职业价值逐步内化并与社会期望相一致的肯定和接纳，以及对公安民警职业的持续性热爱与忠诚的一种积极心理感受。

（二）警察职业认同的构成维度

通过梳理发现，对于警察职业认同的维度的研究方面，曹卓(2014)⑤认为认知、情感和行为倾向是组成警察职业认同感的三个方面。林虹萍(2016)⑥借鉴梅耶、艾伦和史密斯的研究成果，将警察职业认同的维度确定为情感认同、持续认同和利益认同。刘志宏等(2016)⑦编制了警察职业认同问卷，认为警察职业认同的维度包括：职业价值、职业权益、职业情感、自我调节效能和职业规范遵守效能五个维度。李云昭、黄晓平、刘亚虹(2016)⑧

① 张莉. 试述如何提高公安民警的职业认同感：基于A省民警职业认同感有关情况的调查[J]. 江西警察学院学报，2018(5)：124-128.

② 李欧. 警察职业认同量表的编制[J]. 中国健康心理学杂志，2018，26(2)：268-271.

③ 王万青. 公安民警职业认同研究[D]. 北京：中国人民公安大学，2019.

④ 刘帅. 社会支持对公安民警职业认同的影响作用研究[D]. 北京：中国人民公安大学，2020.

⑤ 曹卓. 警察职业认同感探析[J]. 山西警官高等专科学校学报，2014(10)：48-52.

⑥ 林虹萍. 基层民警职业认同构成及调查研究：以江苏省南京市为例[J]. 中国人民公安大学(社会科学版)，2016(5)：129-133.

⑦ 刘志宏，曹卓，叶向阳. 公安民警职业认同感问卷的编制和信效度检验[J]. 中国人民公安大学学报(社会科学版)，2016(5)：122-128.

⑧ 李云昭，黄晓平，刘亚虹. 云南省公安民警职业认同感调研报告[J]. 云南警官学院学报，2016(2)：78-82.

认为警察职业认同的测量维度包括从警动机、职业自豪感、警察职业情感、职业稳定性、职业理想、职业评价六个方面。张佳佳、王鑫强(2017)①编制了警校在校预备警官的职业认同量表，即《公安院校大学生警察职业认同感调查问卷》，维度包括：职业效能、职业价值、职业意志和职业意愿。李欧(2018)②认为警察职业认同的维度包括角色认知、职业自豪、职业价值观、职业自尊。王蒙、程文亮(2018)③以公安大学改革试点班为研究对象，研究公安大学改革试点班不同性别、年级、实习经历和求学意愿等变量的警察职业认同感，将职业认同划分为认知认同、情感认同、行为认同、适切认同等四个维度，通过实证方式得出警察职业认同感显著影响从警意愿。

（三）警察职业认同的影响因素

通过文献梳理，在现有的研究成果中，对警察职业认同的前因变量一般归为两方面的因素：

1. 个体因素，分为个体人格因素和个体经历因素。个体人格因素可以归结为个体层面的性别、警龄、学历、警种、从警动机、个体价值观、自身角色冲突、个体职业倦怠等方面的内容，而且随着个体特征的不同，警察职业认同的水平也有所不同。如张佳佳关于性别与认同水平关系的研究发现，警察院校男生的职业认同水平在各个维度上均高于女生，且差异显著。于洋、何睿等认为警察的心理特质对其职业认同水平也会有较大的影响，如好恶、情绪、意志、专业素养等都对警察职业认同水平有较大影响。徐玉明等对警察职业人格特征的研究表明，责任感、独立敢为、人际开放、情绪性和机警性等人格特质应与警察职业具有较高的匹配度。个体经历因素是指警察个人在家庭成长和工作过程中所经历的，对职业认同的建立有重要影响的因素，如在公安院校的专业学习经验、公安工作中的实战经验、对所经历事件的不同认知理解等。研究指出，这些个体经历因素会在不同程度上提升或弱化警察职业认同水平。

2. 环境因素，分为组织环境因素和社会环境因素。组织环境中的组织

---

① 张佳佳，王鑫强. 职前警察职业认同感量表的编制及信效度分析[J]. 四川警察学院学报，2017，29(3)：106－111.

② 李欧. 警察职业认同量表的编制[J]. 中国健康心理学杂志，2018，26(2)：268－271.

③ 王蒙，程文亮. 改革试点班学生警察职业认同感影响从警意愿实证研究[J]. 中国人民公安大学学报(自然科学版)，2018(2)：95－98.

管理方式(考核体系、组织规章制度、选人用人制度、激励奖惩机制、福利待遇、组织政治工作)、组织氛围、组织内聚力、警察文化、警察职业本身的职业性质(警察工作任务繁重、人身伤亡风险高、被炒作风险高、问责压力大、职业发展空间狭窄)等对考察职业认同有较大的影响。社会环境因素即国家和社会方面的,如社会的过高要求、媒体管理的失范、社会价值观异化、国家对警察职责的定位模糊不清、社会将警察全能化、媒体将警察妖魔化。

比较有代表性的研究有:李云昭等(2016)①认为个体层面的学历层次、警种、工作态度,组织层面的人力管理制度、组织工作保障,社会环境层面的执法环境等因素影响了警察的职业认同。于洋、何睿(2008)②从宏观角度分析了警察职业认同存在危机的原因,他们认为在中国经济处于转型的大背景之下,社会问题与矛盾不断凸显,处于社会治安问题最前沿的公安队伍承受着巨大的压力,警察职业认同因此会受社会环境、执法环境以及媒体管理失范等外部影响。曹卓、孙菲菲(2014)③认为个体层面的从警动机、个体价值观、自身角色定位,组织层面的工作性价比、组织管理方式、警察文化,以及社会层面的过高期待要求、组织管理僵化、媒体管理失范等因素共同影响警察的职业认同。胡雪梅(2016)④则指出,警察执法受到的过多约束、尚不健全的民警保障机制、负面舆论的影响以及有限的晋升空间在很大程度上正在削弱警察群体的职业认同。

第三节　研究现状评析

纵观国内外对职业认同的研究,国外的研究相对起步较早,国内学者受国外影响较为明显,并且研究的主体主要集中在专业性很强的职业群体,如教师、医护人员等。总体而言,国内外对警察职业认同的研究都处于起步阶段。在国外,警察职业认同领域的研究还比较零散,主要涉及三方面的内容:一是以社会发展为背景,探讨警察职业认同的形成过程;二是对警察关

① 李云昭,黄晓平,刘亚虹.云南省公安民警职业认同感调研报告[J].云南警官学院学报,2016(2):78-82.

② 于洋,何睿.论警察职业认同[J].政法学刊,2008,25(5):99-102.

③ 曹卓,孙菲菲.警察职业认同感探析[J].山西警官高等专科学校学报,2014,22(4):48-52.

④ 胡雪梅.人民警察职业认同的社会生态学解析[J].辽宁警察学院学报,2017,19(1):102-105.

于职业的某方面特征的感知程度的研究;三是集中在警察职业认同的结果效应上:正向的工作满意度以及负向的职业倦怠。

在国内,职业认同、警察职业认同虽然也引起了不少研究者的注意,多以不同类别、层次的教师等为研究对象,进行了积极的探索研究,在内涵的界定、结构维度的构建方面,取得了一些成果,但研究中仍存在一些不足,欠缺理论联系实际,深入系统研究较少,需要后续研究者进行深入研究。

一、研究存在的主要问题

1. 国内对职业认同的理论的研究还不够深入,最基础的职业认同的内涵至今还没有形成较公认或统一的观点,多数停留在泛泛研究层面。

2. 对警察职业认同的研究,同样概念内涵还没有统一,有些界定没有突出警察的职业特点和工作特性。

3. 对于警察职业认同构成维度的研究,测量量表也多借鉴其他职业的问卷或量表进行,并且出现了各种各样的警察职业认同测量量表和问卷,缺乏警察职业针对性及权威性,并且每个问卷或量表的侧重点不同,导致研究结果差异明显。

4. 国内对警察职业认同前因变量的研究还不够,有些粗略,并且缺乏实证材料的支撑,虽已有学者验证了性别、年龄、入职动机等个体特征会对警察的职业认同产生显著的影响,然而较少涉及其他影响因素,系统性研究较差。

5. 关于警察职业认同研究,多数突出了“个人本位”的思想,没有结合中国国情,没有结合警察职业特点,运用马克思主义的理论去分析,做到坚持“以人为本”与“社会为本”思想并重。

国内对警察职业认同较为分散的研究使得国内对警察职业认同的关注度不够,重要性认识不足。现有研究主要关注警察职业认同测量量表的编制、认同形成的过程等方面,然而对警察职业认同的影响效应,特别是对警察自身的影响、警察行为的影响等方面缺乏系统的研究。在中国政治文化背景下,我国的警察职业认同必须立足于中国的国情,需要考虑中国特有的价值观、文化等因素,考虑中国警察的职业特点,结合中国公安机关的实际具体情况来开展研究。

二、研究的发展趋势

1. 关于警察职业认同模型的研究。目前国内尚没有学者构建警察职业认同模型,有专门研究其他领域的构建了职业认同模型,这个职业认同模型是否适合警察群体值得商榷。因此,警察职业认同模型值得学者们去深入研究。

2. 研究内容上应突出警察职业认同的结构要素探索。近几年随着职业认同的研究逐渐成为心理学、教育学等领域的热点,国内对于警察职业认同的研究也开始出现。然而通过分析发现,这些成果存在着研究视角单一、研究工具不够准确等不足,警察职业认同是一个单维还是多维结构?警察的职业认同是否存在社会文化背景的差异?警察职业认同形成的过程有什么特征?这些都需要系统的研究。

3. 在研究方法上质性研究应更受重视,因为职业认同既是一个状态,也是一个过程。警察的职业认同是警察不断反思自己的职业,对职业的生存和发展所进行的深层追问、理解和定位,并最终谋求自我价值实现的过程。这就决定了职业认同的动态性和个体主观意识在其中的作用。所以,对于职业认同的研究仅靠量化研究是不够的,质性研究可以更深入地探讨职业认同的形成过程和特征,警察的叙事研究也有着重要的意义和价值。

本章从认同、职业认同、警察职业认同等概念内涵,职业认同、警察职业认同的维度及影响因素等多个方面对有关警察职业认同的研究进行了详细的回顾,为开展本书的研究奠定了坚实的“前车之鉴”。

第三章 警察职业认同研究的理论基础及基本概念

上一章我们主要分析和介绍了本研究文献基础,在前文研究的基础上,本章将详细梳理本研究开展的相关理论基础,并在理论研究的基础上结合公安民警工作实际界定警察职业认同的概念及特点。

第一节 理论基础

一、马克思主义相关理论

马克思主义学说涉及政治、经济、文化、宗教、生态等方方面面,是一个科学、宽广、宏大、厚重的理论体系,而关于政治的学说无疑是其中的精华所在。

职业认同过程是个体在社会环境中通过认知、体验和行为而逐步形成对自身从事职业主观看法的过程。在警察职业认同形成过程中,马克思主义的国家学说阐明了警察的职业本质,马克思主义主体论为警察职业认同指明了主体特性,马克思主义认识论是警察职业认同的认知路径,马克思主义利益论指明了警察职业认同的外驱动因,马克思主义人的发展理论指明了警察职业认同的内驱动因。因此,进行警察职业认同研究具有丰厚的马克思主义理论基础。

(一) 马克思主义国家学说

"阶级性"是国家的根本属性,因为"国家无非是一个阶级镇压另一个阶级的机器,而且在这一点上民主共和制并不亚于君主制"[①]。国家不仅具有

① 马克思,恩格斯. 马克思恩格斯选集:第三卷[M]. 2 版. 北京:人民出版社,1995:13.

政治统治职能，也具有社会管理职能，两者相辅相成。正如恩格斯所指出，“政治统治到处都是以执行某种社会职能为基础，而且政治统治只有在它执行了它的这种社会职能时才能持续下去”①。警察伴随国家而生，“警察是和国家一样古老的”②，作为国家统治的暴力机关，其职能由国家的职能而定，从这个意义上说，警察是国家行使专政职能和管理职能的重要工具。从本质上看，“警察是一种政治制度设计，它为国家而生，为国家和社会关系和谐而生，为社会的安宁和秩序而生”③。关于警察的源起，马克思主义唯物史观认为，警察不是自然产生的，也不是人类一出现所固有，而是人类社会发展到一定的历史阶段，随着阶级和国家的产生而产生，是国家的“附属品”。④

警察与国家的发展相生相随。恩格斯在《家庭、私有制和国家的起源》一书中认为，国家的产生遵循这样一个过程：生产力发展——剩余产品——私有制——阶级——国家，其中，社会分工被视为私有制和阶级产生的基础，也是国家产生的前提条件。在原始社会，受生产力水平的制约，为生存下去，氏族成员之间的关系是平等的，产品是平均分配的，没有多余的产品，相应的就没有产生阶级和阶级压迫，在氏族首领维持社会秩序的原始社会，国家和警察没有其建立的经济和政治基础。然而，随着生产力水平的逐渐提高，社会分工和阶级开始出现，社会阶级结构也发生了变化，为了经济利益，“这个社会陷入了不可解决的自我矛盾，分裂为不可调和的对立面而又无力摆脱这些对立面”，这个时候，需要一种强制力量对有产阶级和特权给予保护，国家由此产生。所以，“国家并不是从来就有的，曾经有过不需要国家，而且根本不知国家和国家权力为何物的社会。在经济发展到一定阶段而必然使社会分裂为阶级时，国家就由于这种分裂而成为必要了”⑤。因而，国家这种形式，就其本质而言是维护统治阶级利益的工具，而经济利益和阶级本质则是国家起源的关节点。

随着国家的产生，警察作为镇压被统治阶级的力量也随之产生，以维护国家统治的需要。在马克思看来，国家是为调和阶级矛盾而产生，统治阶级

---

① 马克思，恩格斯. 马克思恩格斯文集：第九卷[M]. 北京：人民出版社，2009：187.
② 马克思，恩格斯. 马克思恩格斯选集：第四卷[M]. 2 版. 北京：人民出版社，1995：116.
③ 王智军. 警察的政治属性[M]. 北京：社会科学文献出版社，2009：62.
④ 张兆端. 警察文化学[M]. 北京：中国人民公安大学出版社，2010：26.
⑤ 马克思，恩格斯. 马克思恩格斯选集：第四卷[M]. 2 版. 北京：人民出版社，1995：174.

因此而获得镇压被统治阶级的权力与手段。因此,警察的政治角色主要体现在政治压制性和强制力,其主要职责就是忠诚于统治阶级的意志,或者代表利益集团的诉求,这往往是通过暴力镇压被统治阶级实现的。同时,警察承担着国家的管理职能。国家的本质特征被恩格斯概括为:“和人民大众分离的公共权力。”①这种公共权力体现在国家对公共事务的管理上,即国家既有专政的一面,又有管理与服务的一面。当国家产生后,阶级之间和阶级内部之间的矛盾和冲突在所难免,警察的管理职能就以维护社会秩序的正常运转而存在。因此,为了维护阶级统治,需要警察这种依法维持社会秩序的强制性力量,警察权力的行使,既是警察的行为,也是国家的行为,体现了国家的统治性,这是警察具有政治性的一面。

马克思在研究国家与社会之间关系的过程中,从不同的角度论证国家与社会的矛盾与对立,但国家也具有相应的社会管理职能,这是它们统一的一面,同时也体现了警察的政治性和公共性的统一。警察既有维护统治阶级权威的政治属性,又有维护国家内部秩序的社会管理职能,通过表达和执行国家的意志而体现,其实质是对统治阶级的忠诚。警察的权威实质上是国家的权威,并以遵守法律来实现,而不是靠威望或神授的力量。警察无论执行专政职能还是管理职能,都来源于对公共权力的行使。为防止警察滥用权力,以使警察的行为真正体现国家的意志,国家又以法律来约束警察的行为。

新中国成立后,毛泽东认为,由于阶级斗争还将继续存在,人民的军队、警察和法庭作为国家的机器还要继续存在,行使专政和管理职能,他们是“阶级压迫阶级的工具”②。“公安机关是无产阶级手里的一把刀子”,它能打击敌人,保卫人民,这是毛泽东对公安机关在人民民主专政国家中的地位和作用的概括。作为人民民主专政工具的公安机关,既有民主的职能,又有专政的职能,其主要职责为“打击敌人,保护人民”,是维护国家政权的重要力量。公安机关应该牢记自身的使命,将人民群众的利益始终放在首位,全面落实依法治国基本方略,遵守宪法至上的理念,维护社会的公平正义,不断

① 马克思,恩格斯.马克思恩格斯选集:第四卷[M].2版.北京:人民出版社,1995:116.
② 毛泽东.毛泽东选集:第四卷[M].2版.北京:人民出版社,1991:1474.

将忠诚品质落到实处。公安机关的政治性和社会性，意味着警察职业和其他的社会职业有本质的区别，既是社会服务者又是法律执行者。作为服务者，提供的服务以法律的强制性权力为后盾，作为执法者，通过执行法律保障社会安全，为社会提供服务。所以，从根本上说执行法律与提供服务的共同目的就是建立和谐的社会秩序。警察职业的特殊性也意味着应该建构体现警察特色的职业认同维度。

（二）马克思主义主体论

人民主体论、人类主体论和个人主体论是马克思针对不同问题提出来的三种主体论思想。“人民主体论”强调人民的历史主体性，反对英雄史观和官僚主义；“人类主体论”强调人类对于自然界的主体性地位，反对神本论、自然决定论等贬低人类的理论；“个人主体论”揭示了个人主体性与社会历史发展的内在联系，主张尊重个人的主体地位及发挥个人的主体性。其中，“个人主体论”强调个人应该在与客体和他者的相互关系中摆脱依附性，确立主体地位，形成独立人格，个人应该充分发挥主体性，即个人作为活动主体在与客体及他者的相互作用过程中表现出来的能动性、自主性和创造性。马克思这一个人主体论蕴含于其社会历史理论之中，他深刻揭示了个人主体的生成和个人主体性的发挥与现代社会的生成发展之间的密切联系。

根据马克思主义主体论，警察个人主体性是公安机关队伍建设的现实依托，公安民警个人主体的充分发展是实现警察职业认同和促进警察职业发展进步的必要前提，充分调动公安民警的积极性，发挥其工作自主性和主观能动性，尊重其创造性，才能使其深刻认识到其职业价值。

（三）马克思主义认识论

马克思主义认识论即辩证唯物主义认识论，主张从人的实践活动出发解释世界，而不是依据作为客观规律的辩证法，强调人和世界的关系是实践关系，强调物质对意识的优先性，认为认识从实践中产生，随实践而发展，认识的根本目的是为了实践，认识的真理性也只有在实践中得到检验和证明；认为认识的发展过程是从感性认识到理性认识，再由理性认识到能动地改造客观世界的辩证过程；一个正确的认识，往往需要经过物质与精神、实践与认识之间的多次反复，社会实践的无穷无尽决定了认识发展的永无止境。

马克思主义还认为非理性因素在认识过程中产生积极的作用。作为认识的主体,人是一个有意志、有情感并有认识能力的统一体,人的非理性因素会参与到认识活动中,对认识的形成与发展发生作用。人的求知欲、兴趣、好奇心,都同人的情感有密切关系。当人们的情感与其所从事的认识活动发生共鸣时,认识就会得到情感的激化,从而激发人的认识潜能,加速认识的进程。同时,马克思主义哲学反对非理性主义,强调非理性因素要受理性因素的制约,强调人应在理性因素的主导下发挥非理性因素的积极作用。

根据马克思主义认识论,警察的职业认同离不开公安工作的具体实践,通过工作实践可加深职业认知、培养职业情感、坚定职业信念,进而表现出积极的职业行为,其职业认同也逐步深化。因此,公安民警可在工作实践中不断提高自己的职业认同。

(四) 马克思主义利益论

尊重利益是马克思主义利益观的一个基本原则。马克思主义与唯心史观最主要区别之一是对现实生活中的物质利益问题。马克思深刻地指出人们奋斗所争取的一切都同他们的利益有关,建立了马克思主义关于利益问题的理论。马克思主义认为,追求利益是人类一切社会活动的动因,利益使个人与其他自然的关系有了目的性,从而构成了人们行为的内在动力。利益离不开一定的社会条件,都是在一定的社会关系条件下进行的,是由生产活动创造出的物质生活条件。生产物质生活资料的活动在生产过程中创造了人们所需要的利益,也产生了利益关系,从这个道理上讲,每一既定社会的经济关系首先表现为利益。而社会存在决定社会意识,从这个道理上讲,利益是思想的基础,利益决定思想、决定社会政治权力和社会政治活动。任何思想理论都有它的利益诉求,建立在一定的现实的利益基础之上并为之服务。

根据马克思主义利益论,对于利益的追求是一切人类活动的基本动因,警察群体亦是如此。只有保障和不断提高公安民警的个人基本利益,才能维护其生存和发展状态,激发其工作动力,做出积极的职业行为,提高职业认同。

(五) 马克思主义人的全面发展理论

马克思主义很重视人的发展,认为要在社会发展中更好地实现人的发展,并对人的发展内涵作了科学阐释。马克思主义认为人的发展是指个人的发展，包括人的智力、体力、个性和交往能力的发展等，可以从三个方面来衡量，即自由发展、全面发展、充分发展。自由发展重点是从自主性上谈人的发展，指人自主、自觉自愿地发展自己的才能，实现人的本质，施展自己的力量。全面发展是广度上讲人的发展，指人的各个方面才能和禀赋都能得到发展，都能协调发展，形成健全的人。充分发展则是从程度上谈人的发展，指人的才能和能力的发展要向着更高的程度迈进，不断深入和深化。在人的发展理论中，马克思主义突出强调"全面发展"。人的全面发展与充分发展并不矛盾，和自由发展也不矛盾。它并不排除某个或某些方面的特殊才能的发展，并不否定人的个性特点，并不是要把人都模型化，所谓千人一面，没有个性，而是要做到个性发展与全面发展的统一。

根据马克思主义人的全面发展理论，公安民警职业信仰、职业理想、职业信念的确立和强化、知识技能的提升都是走向全面发展、自由发展和充分发展的过程，也是公安民警实现职业化、专家化，实现"一专多能"和提高职业认同的内部驱动力。

二、社会心理学相关理论

职业认同是个人心理社会化的过程，开展警察职业认同研究不能脱离社会认同理论、社会交换理论、社会角色理论、激励理论等社会心理学理论的指导。

（一）社会认同理论

社会认同理论产生于解释群体间行为的种族中心主义(ethnoentrism)——"内群体偏好"和"外群体歧视"现象，即从研究偏见和刻板印象开始，强调社会比较（social comparison）和社会类化（social categorization）过程，以"心理群体的形成(psychological group formation)"作为关键，①试图解释个体所获得的对自己所在群体成员身份的认识，是如何影响他的社会知觉、社会态度和社会行为的。最初是由泰弗尔(Tajfe)等人提出，其最初的研究成果主要集中在概念的界定与内涵分析、理论研究假设的提出和主要内容、基本观点的阐述上，后面逐渐扩展到几乎社会心理学

① 杨宜音.社会认同的理论与经验研究[J].社会学研究，2005(4)：240－242.

的大部分领域,直至形成比较系统和完整的体系。社会认同理论的发展过程可以大致分成三个阶段:20 世纪 70 年代欧洲社会心理学家泰弗尔(Tajfe)的开创阶段;80 年代中晚期的第二代理论——特纳(Turner)的自我类化理论;90 年代中期,社会认同理论进一步丰富和系统化,形成由若干小型理论组成的第三代理论,如"最优特质理论""群体动机理论"或称为"主观不确定降低理论"等。

社会认同理论认为,社会认同是由社会分类(social-categorization)、社会比较(social comparison)、积极区分(positive distinctiveness)三阶段建立。

社会分类:1963 年,泰弗尔(Tajfel)通过实验发现"加重效应"(accentuation effect),"加重效应"的存在解释了一定环境中个体模式化、群体化的现象。根据"加重效应"原理,他对社会认同理论进行了补充,并于 1985 年提出了著名的自我归类理论(self-categorization)。该理论认为,人们在认识社会的过程中,会自动地将遇到的各种事物进行分类。所以,在进行分类时个体也会将自我进行分类,这样,就自动将事物区分为外群体和内群体,并将内群体的特征赋予个体自身,并不断感知内群体的特征对自我的意义。

社会比较:一般在社会中,人们总是通过将自己与他人相互对比,抑或将自身看作是某些或者某一重要群体的成员的方式来获得自尊,将内群体与外群体进行比较,从而意识到自我的价值、意义。即把包括权力、地位、名誉等各方面在内的群体属性与其他群体进行比较,凸显社会分类的意义,满足个体获得积极自尊的需要,在进行社会比较时,个体倾向于给予内群体及内群体成员更加积极的评价,并夸大群体间的差异,从认知、情感和行为上认同所属群体,歧视外群体,因此也就产生了不对称的群体评价行为。

积极区分:社会认同理论的一个重要假设,这个假设认为所有的行为——人际的和群际的,都是基于自我激励这一自我需求激发。自我尊重在社会认同水平上,是以群体成员之间的关系为中介的,该理论认为个体为了满足自己的尊严需要而主动突出某些方面的特长。因此,个体自我激励的动机使个体在群体比较的有关维度上表现得更为出色,这即是积极区分。社会认同理论认为,一般情况下个体会更加倾向优化自己所在的群体,在心中认为它胜于其他群体,并且在寻求积极自尊和社会认同中去体验群体之间的不同，但是这样往往引起群体之间的歧视、冲突和敌意。

社会认同理论在很大程度上揭示了群体行为发生的心理机制，社会认同理论的提出，对心理学的相关研究奠定了重要的理论基础。该理论认为个体可以将自我在不同的层次进行分类，不论是个体层面、团队层面，还是物种层次，不同的个体将自我归于不同的社会类别之中，比如职业、性别、组织、宗派、年龄等。因此，个体对某一职业领域或专业领域的认同，属于社会认同的范畴，关于职业认同甚至一切认同的研究都要建立在社会认同理论的基础上。

根据社会认同理论，警察作为一个内群体，能体会到群体带给他的情感和价值意义，并通过社会认同来提高其自尊，并通过勤奋工作努力提高社会认同来维护自尊，当自尊得不到满足时会降低对自己所在群体的认同，采取社会流动的方式进入新的群体。要提高警察职业认同，必须保护警察群体的自尊，因此公安机关必须采取积极的措施维护警察群体的利益。

（二）社会交换理论

社会交换理论（the social exchange theory）是美国当代社会学理论的主要流派之一，由于它特别强调和突出人类行为中的心理因素，因此，又称为行为主义社会心理学理论。该理论认为人类的所有行为都是受到交换活动的支配，并且，处于支配地位的交换活动是能够带来报酬和奖励的。所以，人类的一切的社会活动都可看作是一种交换，人们在交换中所形成的社会关系都可看作是一种交换关系。这一理论最早有乔治·霍曼斯（George Homans）提出，并在20世纪50年代风靡全球。其后的主要代表人物是彼得·布劳（Peter Blau）和理查德·爱默生（Richard Emerson），他们在完善和发展这一理论的基础上，分别提出社会结构交换理论以及社会交换网络体系理论。此后社会交换理论被视为研究员工与组织关系中最具代表性的理论框架，员工以个体劳动和付出换取组织给予的报酬，个体对于组织的忠诚换来组织对于个体的支持与关心；与此同时，员工的努力付出，促进组织的发展和取得绩效；员工和组织间这种彼此产生的依赖关系即是一种社会交换关系（Rhoades & Eisener，2002）①。

① RHOADES L，EISENBERGER R. Perceived organizational support：a review of literature [J]. Journal of applied psychology，2002，87(4)：698－714.

根据社会交换理论，在一个组织中，员工的忠诚和努力工作与组织给予的经济利益和社会奖赏有很大关系。警察职业与普通的社会职业不同之处在于警察具有典型的政治性，对党、对组织忠诚是必须要求，不能以经济利益来衡量。但是，在对党、对组织绝对忠诚的前提下，公安民警的执法投入行为还受到组织保障、群众认可等"交换因素"的影响。关注组织层面的管理制度、后勤保障以及警民关系等因素有利于提升公安民警的职业认同感。

（三）社会角色理论

"角色"一词原本是戏剧中的一个习惯用语，主要是指在戏剧中扮演的人物。20 世纪 20 年代，乔治·米德(George Mead)首次将"角色"引入心理学领域，用来说明人们交往的不同情境下个人行为方式的不同。具体来说，社会角色理论(social role theory)是用来分析个体行为者在社会中扮演不同社会角色及其规律的理论。该理论认为个人在社会生活中扮演一定的角色，个人的角色扮演受社会的制约，社会的运作依赖于各种角色的扮演。角色是在任何特定场合，作为文化构成部分提供给行为实施者的一组规范，不同的社会地位体现不同的权利与义务关系，当个体在行使权利或履行义务的时候，他就在扮演社会角色。同时，人们在扮演一定的社会角色时，要与人们的某种社会地位、身份相一致，由此形成的一整套权利、义务的规范与行为模式反过来又会影响个体的角色行为(Walters，2000)。因此，社会角色理论认为，人们的社会行为要受到其社会角色规范的影响和支配。当然，人们对某一特定社会角色的定义，在很大程度上也反映出人们对具有特定身份的人的行为期望，并进而构成社会群体或组织的基础。

在社会中，任何角色都不是孤立存在的，而是与其他角色联系在一起的，这样一组组相互联系、相互依存、相互补充的角色就是角色集。社会中的个体往往同时扮演着多种不同的角色，并在不同的角色情景下采取不同的行为方式。如本研究所关注的警察群体同时担负组织角色、社会角色、政治角色和职业角色等多重角色身份。在角色的互动冲突中，所扮演的不同角色间不同的认同感之间也会产生显著的相互影响。个体的不同社会角色扮演是矛盾的统一体，在不同的情境中，既可能相互冲突，又可能相互促进。社会角色理论经过近 60 年的发展，已经成为社会心理学中一个不可忽视的重要理论，使社会心理学作为社会学和心理学的交叉学科的特点，更为明显和突出。一方面，社会角色理论可以很好地解释社会行为的产生、发展和变化以及社会关系的运作。另一方面，又可以很好地解释个人人格的发展过程，以及个体的心理特点对其行为发展变化的作用。

根据社会角色理论，在社会运行中，个体扮演着不同的受到社会制约的角色。从警察职业本身来讲，警察既是执行者，又是管理者、服务者，这些也是警察个体在工作中充当的角色。另外，警察个体还会有一些家庭角色，多种角色的互动冲突会影响警察的职业认同感。

（四）激励理论

激励（motivation）通常和动机连在一起，主要指人类活动的一种内心状态。是针对人的行为动机而进行的工作，即通过建立一种引导机制，持续激发人的动机。在各种客观因素的刺激之下，人的内在驱动力被引发和增强，从而使外部的刺激转化为人的自觉行为，进而实现组织目标或个人目标。应用到管理领域，激励是指如何调动人的积极性。在适度的刺激下，个体的意志力和主观能动等因素会因既定目标而处于高度激发状态，从而最大限度地激发个人潜能，加速目标的达成。“激励”会激发一个人是否努力及其努力的程度；奖励要以绩效为前提，不是先有奖励后有绩效，而是必须先完成组织任务才能导致精神的、物质的奖励；工作的实际绩效取决于能力的大小、努力程度以及对所需完成任务理解的深度；奖惩措施是否会产生满意，取决于被激励者认为获得的报偿是否公正。而自身需要的满足、关于公平的感受、奖励认可的程度都会影响警察的职业认同。所以有关警察职业认同的激励理论主要有：

1. 需要层次理论

美国社会心理学家亚伯拉罕·马斯洛提出这一理论，并已在组织中各类员工的激励实践中得到广泛应用。该理论认为，人类由低到高具有生理需要、安全需要、社交需要、尊重需要、自我实现需要等五种层次的需要。衣食住行等最基本的生理需要是人类最低也是必须满足的需要；人身、财产安全等属于安全需要；社交需要指社会交往和情感交流的需要；尊重的需要分为两类，自尊和受人尊敬；自我实现需要是一种最高层次的需要，即发挥潜能实现自己的理想和抱负，是一种自我的要求和内在的激励。马斯洛认为，通常来说，这五种需要有层次之分，个体需求遵循逐层递进的规律，当低级也就是最基础层级的需求被满足之后,较高层级的需求才会占据主导。但也有可能同时存在多种需要,此时要看哪种需要最为强烈,最为强烈的需要最可能产生现实的行为动机。

需要层次理论在一定程度上反映了人类行为和心理活动的共同规律。根据马斯洛的需要层次理论,警察职业认同的基础是满足自己的需要,包括保障基本生活的低一级需要和实现自身人生价值的高级需要,这些需要能够得到满足,警察就会对职业产生认同。

2. 期望理论

期望理论由美国学者弗鲁姆首次提出。这一理论对人的行为及最终获得的效价进行了分析和预测。期望理论认为只有当人们预期某一行为能给个人带来有吸引力的结果时,个人才会采取特定的行动。人们在组织的行动态度依赖于努力—绩效的联系、绩效—奖赏的联系以及奖赏—个人目标的联系。在这三种关系的基础上,人们工作的积极性或努力程度(激励力)是效价和期望值的乘积:激励力=效价×期望值。当人们有需要并预测到可以获得符合预期的特定成果,即预测和判断到目标有实现的可能时,才会采取积极主动的行动。行为产生的动力,与预期价值和期望值的大小成正比,激励动力越大,效价越高。达成目标的信心越强,激励的期望值也就越高。

期望理论的基础是自我利益,它认为每个个体都在寻求获得最大的自我满足。期望理论的核心是双向期望,在管理学中表述为员工管理者期望员工的行为,员工期望管理者的奖赏。在警察职业认同的研究中,期望理论可表述为"三方期望",公安组织和人民群众期望公安民警的行为,公安民警期望组织给予的"奖赏"、期望人民群众给予的"肯定"。三方的期望能够得到满足,警察的职业认同感就会很高。

3. 公平理论

美国心理学家亚当斯提出了这一理论,也称为社会比较理论。该理论的基础在于:员工不是在真空中工作的,他们总是在进行比较,比较的结果对于他们在工作中的努力程度有影响。比较的参照物包括"其他人""制度"和"自我"。该理论认为"相对报酬"是激励员工行为的重要因素,报酬分配是否公平、合理将极大影响员工的积极性,个体并不以自身获得报酬的绝对量作为唯一评判标准，而是会参照自身和他人的付出而估计所获报酬的相对量，在横向比较中判断自身的回报率和公平性，进而确定回报是否合理和符合预期。公平理论是个体衡量自身价值的重要指标，直接影响员工的工作积极性。

警察作为和平时期牺牲人数最多的职业，付出是其他职业所不能比的，在公平理论的视角下，不仅要建立警察特色的管理制度，还要建立体现社会比较公平，提升公安民警“相对报酬”满足感的职业保障制度，只有这样，才能提升警察的职业认同感。

4. 强化理论

美国心理学家斯金纳提出这一理论，也称为行为修正理论。该理论认为人的行为是其所获刺激的函数，如果这种刺激对他有利，则这种行为就会重复出现；若对他不利，这种行为就会减弱直至消逝。强化分为正强化和负强化。正强化对能产生积极或令人满意结果的行为表示肯定，并促使其再次发生，负强化的作用是将再次产生消极或令人不满意结果的行为要素尽量降低，降低其发生的可能性。

因为警察是国家权力中直接面对人民群众最基础的“街头官僚”，警察职业直接面对群众性也决定了人民群众对于警察的认可与否会影响警察的职业行为，人民群众的信任与否会正强化或负强化影响警察的职业认同。

第二节　基本概念界定

对警察职业认同进行定义不是一件容易的事情，一是“identity”一词内涵丰富，除了“相同”“同一”（the same）之意外，还涉及“确认”（identification）、“归属”（belongingness）之意。二是对“identity”的研究涉及哲学、社会学、心理学等多个领域，研究内容非常广泛。因此，本节有必要首先介绍警察职业认同研究的由来和概念。

一、认同的内涵

“认同”一词为译词，源于拉丁语“idem”（相同的事物），对应的英文为“identity”，直译意为“本身、身份”，“一致（性）、相同（性）”；在社会学中，通常翻译为“认同”；在人格心理学中，被译为“自我同一性”。《韦氏词典》中“identity”指：① 不同环境中，在特质和属性上存有的同一性或者在无论何时何地个体或事物的同一性；② 个体或事物自身具有的区别性特征或由心理认同建立的一种关系。可以看出，“identity”既强调对个体特质和属性的确定，又强调对个体和群体关系的认同。从“认同”的形成来看，可从三个层面来理解。

（一）哲学层面理解

在希腊哲学史上，“同一性”问题的提出可以追溯到古希腊哲学家赫拉克利特（Heraclitus）。他提出了著名的同一性命题“人不能两次踏进同一条河流”，他还认为“这个世界对一切存在者都是同一的，它不是任何神所创造的，也不是任何人所创造的；它过去、现在和未来永远是永恒的活火，在一定分寸上燃烧，在一定分寸上熄灭”①。这样一种同一是一种整体的同一，万物的同一，因而对具体的存在者及其变化没有做出规定。

“认同”问题源自作为社会主体的个人对其自身生存状况及生命意义的深层追问。“我是谁？”“从哪里来？”“往何处去？”这一涉及人的安身立命的思索是哲学中认同问题的核心。人的认同问题是伴随着人类的诞生发展而不断发展完善的。哲学家苏格拉底（Socrates）的“认识你自己”完全可以被看作是一个关于认同的经典哲学命题。加拿大哲学家查尔斯·泰勒（Charles Taylor）认为回答“我是谁”这个问题，“就是理解什么对我们具有关键的重要性。知道我是谁，就是知道我站在何处。我的认同是由提供框架或视界的承诺和身份所规定的，在这种框架和视界内我能够尝试在不同的情况下决定什么是好的或有价值的，或者什么应当做，或者应赞同或反对什么。换句话说，这是我能够在其中采取一种立场的视界”②。

狄尔泰（Dilthey）则认为：人的生存方式是对意义的追寻，那么，意义就是生命的体验，是生命的本质力量在克服一切障碍，创造属于人世界中的自我肯定和自我确证。人的自我认同建基于对生命意义的探求。

---

① 北京大学哲学系. 古希腊罗马哲学[M]. 北京：商务印书馆，1982：21.

② 泰勒. 自我的根源：现代认同的形成[M]. 韩震，王成兵，乔春霞，等译. 南京：译林出版社，2012：37.

由上可见，哲学视野中的认同问题是一个从根本上关乎一个人的生存状态的哲学问题，它与人的生命意义和自我价值感高度相关，是对生命个体基本价值、意义的不断探寻与确认。它既是对人类自然家园和精神家园的探究，更是对生命意义的终极关怀。从这个意义上说，哲学视野中的认同问题就是指人们对“我是谁”“我在哪里”“我有什么用处”的不断追问，在此基础上人们逐渐认识自己的身份，意识到自己的价值的过程。而这种自我身份感的确认，也就是自我价值感、自我意义感的确认。

（二）心理学层面理解

在心理学界，“认同”兼有名词和动词之意，强调个体与他人或个体与社会之间建立的某种情感联系中介方式，强调认同与个体人格形成过程的关系。具体来说，认同具有下列几种含义：

第一种将认同等同于“自居”，是个人与他人建立联系的一种情感动力，是一种寻求心理安全的需要。弗洛伊德把“identity”译为“自居”，是个体潜意识地向他人、群体或被模仿人物在情感上、心理上趋同的过程，使个体产生归属感，认同是个体与他人建立原初情感联系的一种形式。① 我国心理学家荆其诚认为：认同（identification）即同一化，是把自己看成是自己期望的对象，并表现出与对象类似的态度和行为，又称自居。这是一种将对象内投的心理机制。②

第二种观点将认同等同于“自我概念的建立过程和结果”，即个体人格自我形成的过程，是指青少年或儿童在道德领域的心理适应机制。艾里克森（Eriksson）用“同一性”来描述认同的形成过程。同一性是指人对自己的身份或角色的确认，如回答“我是谁”或“我的身份是什么”的问题。他进一步将认同的主观层面解释为：一是认同诸对象的自我统合过程，二是确认自己在团体、社会中所承担角色的过程，并认为人如果不能达到认同诸对象，不能正确认识自己所承担的社会角色，就会使个人的方向迷失，产生同一性危机。一旦产生同一性危机，而又不能得到积极有效的解决，人就会因感觉不到自身的存在而处于混乱状态，从而导致诸多心理问题。③

① 车文博．弗洛伊德主义原理选辑[M]．沈阳：辽宁人民出版社，1988：375.
② 荆其诚．简明心理学百科全书[M]．长沙：湖南教育出版社，1991：397.
③ 艾里克森．同一性：青少年与危机．[M] 孙名之，译．北京：中央编译出版社，2018：113－121.

(三)社会学层面理解

社会学视野下"认同"聚焦于"身份认同",指向群体意义上的心理稳定感,具有社群性;强调个体身份地位与整个社会结构之间的关系。在我国,汉语中动词又作名词的"认同",就侧重于从社会学层面的理解,根据《辞海》的解释:①共同认可;一致承认。如:这一理论,得到学术界多数人的认同。②在社会学中泛指个人与他人有共同的想法。人们在交往过程中,为他人的感情和经验所同化,或者自己的感情和经验足以同化他人,彼此间产生内心的默契。分有意的和无意的两种。③亦称"自居"。精神分析理论术语,个体通过潜意识模仿某一对象而获得心理归属感的过程。[①]

在社会学视野中对认同的界定多强调其社会制约性,如乔治·米德认为,认同是主体选择性与社会关系的互动过程,个体只有融入社会团体并与该团体的其他成员进行交往,才能实现个人的认同。[②] 英国社会学家安东尼·吉登斯则认为,"一般说来,认同与人们对他们是谁以及什么对他们有意义的理解有关。这些理解的形成与先于其他意义来源的某些属性有关。认同的一些主要来源包括性别、性别倾向、国籍或民族以及社会阶级"[③]。

社会学意义上的认同强调社会"范畴化",从"自我范畴化"转化为群体,形成"内群"和"外群",强调的是个体对自身在特定的社会等级系列中所占据的位置的确认,也即对"身份"的确认,是被社会所认可的自己、所确立的自我形象。因此,社会学界多从社会角色、地位、利益等方面对认同予以考察,就产生了社会认同、民族认同、国家认同、文化认同等。社会学视野中的认同关注个体与群体、社会环境之间的相互作用,认为认同不仅是个体的感觉或态度,还存在社会性、可塑造性和可共存性。

二、职业认同的内涵

职业认同是认同理论的延伸,研究主要围绕两个角度,一是心理学的角

---

① 辞海:第5卷[M].第6版典藏版.上海:上海辞书出版社,2011:520.

② BEIJAARD D, MEIJER P C, VERLOOP N. Reconsidering research on teachers professional identity. [J]Teaching and teacher education, 2004. 20:107 - 128.

③ 吉登斯.现代性与自我认同:现代晚期的自我与社会[M].赵旭东,方文,译.北京:生活·读书·新知三联书店,1998:122.

度，即重视个体的内在情感体验和内在价值的形成过程，如梅耶和史密斯（Meyer & Smith）认为个体对从事职业的看法是通过多种原因和路径才能形成的，并由此提出职业认同应包括不同层面心理内容的理论假设，即职业认同由情感认同、持续认同和规范认同构成。米勒（Miller）等认为职业认同包括了同心领域的中心领域、中间领域和边缘领域①。霍兰德（Holland）认为职业认同是个体对自己的职业兴趣、能力所长和职业价值目标等方面的较稳定和清晰的认识②。国内学者高艳等认为，职业认同是个体逐渐从成长经验中确认的自己在职业世界中的自我概念，是个体在职业世界中的定位；③魏淑华认为职业认同属于认同中的自我相关客体认同（认同分为自我认同和客体认同，客体认同分为自我相关客体认同和完全客体认同）。李志、布润等认为公务员职业认同是指公务员个体对公务员职业的认识、评价和行为倾向④。张丽萍、陈京军等从自我同一性出发，认为教师的职业认同要达到职业角色和自我的其他部分的协调一致。⑤ 安秋玲从心理学角度出发，认为职业认同是个体在了解自己所从事职业特性的基础上，把个体与职业的联系看作是一种“心理契约”，将自己的个人目标与职业发展要求相融合，积极投入工作并获得积极情感体验认同的过程。⑥ 二是社会学的角度，即通过自我与他人和社会环境的交互关系，更多地强调社会规范与社会角色认同。如摩尔和霍夫曼（More & Hofman，1981）从向心性、价值和协调性的角度来定义职业认同，认为职业认同是个体对自己所从事的职业角色的重要性（向心性），吸引力（性价或价值），与其他角色的融洽性、协调性所作的总体评价。迈克尔·A. 豪格（Michael A. Hogg）认为认同尤其是社会认同，和群体是不可分割的，之所以这样说，是因为某人对于“我是谁”的

① MILLER V D, ALLEN M, CASEY M K, et al. Reconsidering the organizational identification questionnaire [J]. Management communication quarterly, 2000 (4): 626 - 658.

② HOLLAND J L, DAIGER D C, POWER P G. My vocational situation[M]. California: Consulting Psychologists Press, 1980: 1 - 5.

③ 高艳，乔志宏，宋慧婷. 职业认同研究现状与展望[J]. 北京师范大学学报（社会科学版），2011(4): 47 - 53.

④ 李志，布润，李安然. 基层公务员职业认同特征及其对工作绩效与离职倾向的影响研究[J]. 重庆大学学报（社会科学版），2020 (3): 176 - 188.

⑤ 张丽萍，陈京军，刘艳辉. 教师职业认同的内涵与结构[J]. 湖南师范大学教育科学学报，2012(3): 104 - 107.

⑥ 安秋玲. 社会工作者职业认同的影响因素[J]. 华东理工大学学报（社会科学版），2010(2): 39 - 47.

概念或定义（即某人的认同）在很大程度上是由自我描述而构成的，而自我描述是与某人所归属的群体的特质联系在一起的。认同某个群体，与被指派到这个或那个社会范畴是完全不同的一种心理状态。[①] 妮新(Nixin)认为，职业认同是用具体特定工作条件对某个职业群体的特征进行描述。[②]

既有职业认同研究虽然对职业认同的概念没有统一的界定，但是人们普遍认为职业认同具有能动性与塑造性。职业认同不是静态的，而是一种动态的发展过程和对自身职业的认可状态。高水平的职业认同犹如催化剂，在个体与工作之间产生良好的化学反应，促进个体与工作深度融合，拥有更高水平更有质量的获得感。具有高水平职业认同的个体能够更加积极和从容应对工作上的变化，反之低水平的职业认同者对快速变化的适应性更低，容易处于被动状态。

三、警察及警察职业

（一）警察

恩格斯说“警察与国家一样古老”，警察与国家同源，其产生与国家统治权的行使在内在机理上是相互伴生的，作为一种统治的手段，与军队、法庭、监狱等其他国家机器一样是产生于社会又凌驾于社会之上的暴力工具。[③] 作为一种公共权力，在其诞生之初便是“国家基础权力”的组成部分，享有国家授予的在国家领土范围内使用暴力的一般权力。[④] 随着社会的发展警察除了是国家展现暴力的工具，是国家维护统治的装置和技术，它更应具体化为警察对违法犯罪行为的克服，具体化为警察对公民自由和权利的限制和保护，即警察是秩序的人格化——它的存在以对公民自由和权利的限制为基础，而以所有公民的自由和权利加以保护并进而实现整个社会的秩序为目标。[⑤]

---

① 豪格. 社会认同过程[M]. 高明华，译. 北京：中国人民大学出版社，2010：56.

② NIXIN J. Professional identity and the restructuring of higher education[J]. Studies in higher education，1996，(1) ：5 - 16.

③ 胡建刚. 论当代中国警务模式之嬗变与重构[D]. 南京：南京大学，2014：56 - 60.

④ 兰沃西，特拉维斯 Ⅲ. 什么是警察：美国的经验[M]. 尤小文，译. 北京：群众出版社，2004：5.

⑤ 王智军. 警察的政治属性[M]. 北京：社会科学文献出版社，2009：17.

在学术界，对于警察的界定一般也秉持法律中采取的"职权＋人员"的方式。《布莱克法律词典》将警察界定为："负责维持公共秩序，维护公共安全，预防和侦缉犯罪的政府部门及其工作人员。"其对警察的界定方式也是学术界定义警察的通行做法：先界定警察的任务，再提出完成这种任务的人就是警察。甚至在很多著作中，将警察和由警察组成的警察机关混用，这种做法还是在强调警察的机构属性。

英国学者罗伯特·雷纳（Robert Reiner）以警察和警务的区分为视角，对警察进行界定。"警察"是指一种特定的社会机构，而"警务"是指带有特定社会功能的一系列过程。"警察"并不一定在每一个社会中都能找到，警察组织和警察人员都具有各种各样的不同形式。然而，"警务"在任何社会中都需要，它由大量不同机构，采用不同程序来执行。① 美国学者黄锦就认为，警察是国家正式的社会控制机关，警务是社会控制的正式或者非正式功能。王智军教授从两个方面来理解警察：警察内涵的动态理解是指特定的国家机关或力量维持秩序和治安的过程和行为，这既包括警察在特定时间、特定场合用特定手段维护国家安全、保证国家意志的实现，也包括警察这一组织依照法律授予的权力制止、预防公民个体的违法犯罪行为，避免和阻止个体公民对他人权利的侵夺和妨害等；警察内涵的静态理解是指警察是维护社会秩序和治安的组织和个体的总称。从事警察事务的机关和成员本身也被称为警察，作为一种将这一角色和其他社会角色区别开来的名称，对警察的称谓表达恰是用了这一群体的职责和功能来指称。②

不同学者对于警察的界定角度不一，综合各家之言结合公安工作实际，本书认为，警察是代表政府，通过国家强制力限制公民自由、维护社会秩序的组织及组织中个体的总称。

（二）警察的属性

关于警察角色的争论伴随着警察功能争论，对于警察的功能，一直聚焦在两个焦点上：警察是否应该被认为是一种暴力，其功能是执行刑法，还是一种服务。争论的最初点是从经验上"发现"警察（和流行的神话相反）不仅

① 雷纳．警察与政治[M]．易继苍，朱俊瑞，译．北京：知识产权出版社，2008：1．

② 王智军．警察的政治属性[M]．北京：社会科学文献出版社，2009：20．

仅作为犯罪的打击者和法律的执行者，而且也是社会公众服务的提供者。对警察是单纯的暴力机构还是服务角色争论，很长时间内一直停留在一个错误的二分法观念中。然而，警察作为法律执行者和提供服务的角色并不是完全二分的，并且大部分的警察工作是两种角色融在一起相互影响的。也就是说，更准确而言，大部分警察的工作既不是社会服务也不是执行法律，而是维持秩序——用各种方式解决冲突而不是正式的执行法律。① 并且维持秩序需要依靠警察的一种被毕特纳称为“决定性行动的能力”(the capacity for decisive action)，这种能力既不是法律赋予的强制权力也不是社会工作技能，而是在处理可能需要使用武力的紧急状况下，能够不使用武力而通过其他方式解决紧急状况的能力。这种特殊的能力与警察属性承担有极大的关系，具体来说，警察的属性有：

1. 政治属性

警察伴随着国家的起源产生，作为国家及其意志役使的武器，国家授予其最有力的武器：合法暴力使用权。国家建立之初，警察的政治性在占有、影响、控制、垄断等权力中体现得淋漓尽致。随着政治社会的演进，公民民主权利意识逐渐觉醒，警察让渡出了部分权力，以使得其权力具有更多的正当性基础和社会认可性，因此，警察的权力此时除了合法暴力使用权，也具有了人权保障以及社会服务的新内容，即警察有了限制权力和保护权利两面性的政治特性。除了限制和保护的特性，从行政的角度来说，警察作为一个个体是公民的一分子，因为警察不过是穿上制服的公民而已，其个人特殊利益也是公共利益的一部分。因此，警察的政治性杂有浓厚的民众利益成分，这也是其新的政治角色的特殊之处。

在现代社会，与警察角色的传统政治性不同，警察的政治性具有了新的根源。这种根源基于社会价值多元和利益多元，从而导致包括警察在内的行政人员的角色发生交织和冲突。“现代社会中的社会关系和个人身份认同变得越来越复杂。人们不再将自己的身份认同为某一个或某一类角色，而是复杂的网络系统中的相互关联的角色群，每一种角色都有自己的行为

① 雷纳. 警察与政治[M]. 易继苍，朱俊瑞，译. 北京：知识产权出版社，2008：29.

方式。"[①]在两种甚至多种互相对立的利益冲突中，警察政治性的内在机制被发动、催生以致显现。"角色多元与异质性是公共角色具有政治性的主要原因。多元角色中的每一个都代表着一系列的义务和利益。"[②]行政角色的政治属性就根源于这种紧张关系。当我们放弃自己的利益以换取我们为之工作的组织单位的利益(或者相反)时，行政角色的政治属性就具备了形成的动力。因此，即使在后现代社会，尽管存在行政从政治中分离，行政人员价值中立，行政角色相对独立的趋势，然而，并不能忽视警察等行政人员扮演政治角色的现实，也不能无视警察的政治属性，尽管警察的政治性已经被掩盖、稀释以及淡化。

2. 组织属性

警察可以是一个组织概念，也可指具体的警察个体。警察个体也需要以警察组织在背后的支持为要件，否则单凭警察个人很难完成警务活动，即警察是处于警察组织体系中受组织管理规定以及组织文化的显性或者隐形影响的组织人或者"单位人"。将警察机关视为一个整体，用来指称政府的一个下属部门。因而，警察个人对于警察机构具有依附性，其行使的权力也是代表警察机构。这决定了其不仅是法律执行者，也是在特定职业关系中的"被执行者"。警察组织不仅在组织体系上对警察形成了管理、监督、调整、奖惩的压力，而且，在组织文化理念上，也对警察具有内化的作用。当然，这也不能说明警察完全受制于警察组织，因为其权力直接来自法律的宣示以及国家的授予，特别是其自由裁量权的获得以及其在现代社会特别权力关系中的新的法律地位使警察组织中的警察具有了一定的自我支配性。

3. 法律属性

现代社会的治理已经实现了制度化，通过分工明确的国家机关各司其职。法律就是社会治理制度的集合。正如我国要求在立法、执法、守法三个方面做到"有法可依，有法必依，执法必严，违法必究"。警察作为国家执法者理应符合这几个方面的要求。从立法来看，立法机关应当通过制定法律，使得警察在执法过程中要实现"有法可依"。警察权的法定性首先就需要立

---

① 库珀. 行政伦理学[M]. 张秀琴，译. 北京：中国人民大学出版社，2010：46.
② 库珀. 行政伦理学[M]. 张秀琴，译. 北京：中国人民大学出版社，2010：55.

法机关出台法律明确警察的权力边界。从执法来看,警察应当做到“有法必依,执法必严”,这也意味着警察权的运行必须符合法律的规定,尤其是警察权的运行动辄关系到他人的自由甚至生命,这更需要警察执法符合法律规定。从法律的监督方面来看,警察也是法律监督的对象,受到法律的限制。

警察的法律角色表现在以下几个方面:第一,警察的职权由法律明确规定。警察在行使职权过程中动辄限制或剥夺人身自由,甚至还会产生剥夺生命的后果。按照社会契约理论,法律的目的是以保障个人自由和权利为根本,公权力应当尽可能地减少对个人自由和权利的侵犯。第二,警察是执法机关。我国的《刑事诉讼法》《治安管理处罚法》等多部法律中,公安机关是唯一的执法机关,也是唯一可以直接运用强制力限制公民财产、自由,甚至剥夺生命的政府部门。警察权是经法律授权的。在通过法律控制社会的语境中,警察执法占据了首要位置。第三,警察也是法律调整的对象。有限政府论要求运用法律限制国家公权力,警察权受限就成为理所当然。如果将政府视为“必要的恶”,那么警察必然位居“首恶”。更应当将其关在制度的牢笼里。

4. 社会属性

社会是由一个个单独的个人组成的。人类形成社会就是为了彼此获利,弥补各自不足。“在社会中,每一成员都放弃了依靠私力惩罚他人的自然权利,把所有不排斥他可以向社会所建立的法律请求保护的事项都交由社会处理。”①从警察权的角度来说,处理保护社会成员人身安全、预防侵犯他人的行为就成为警察权运行的主要内容。社会对警察权具有反作用,警察权的运行与社会相协调是决定警察权是否有效的重要因素,因而警察权本身也要有所改革和发展,对社会的需求做出回应。警察的社会角色表现在:第一,警察是维护社会秩序的主要力量。为了维护社会秩序,必须形成有效的政府,警察正是为了秩序维护而存在的。预防犯罪,是为了防止社会秩序遭到破坏;处置违法违规行为,就是为了维护社会的稳定,打击犯罪、实现秩序也是为了恢复被犯罪行为破坏的社会秩序。为了实现这一目的,警察必然要与社会形成互动,依靠警察权的运行来管理社会,并且与社会的自

① 洛克.政府论:下篇[M].叶启芳,瞿菊农,译.北京:商务印书馆,1964:53.

治形成良性互动。因而，社会秩序就成为考量警察权有效性的重要指标。然而，对于社会而言，社会秩序不仅仅是法律意义上的社会秩序。警察实际完成维持社会秩序任务过程中，不仅仅需要行使法定权力，还需要社会的配合。从严格意义上来说，基于法律的警察权本身具有法律属性。但是，警察使用的非法律性的权力，则是社会赋予的，使得警察体现了社会角色。第二，社会对警察有塑造作用。在不同的社会中，警察的内涵也有所不同。从这个意义上来说，社会情况可以决定警察的内涵。社会问题的出现，会影响警察权的内涵和外延。在警察权的历次改革过程中，都伴随着让警察备受质疑的事件的发生：冤假错案让警察在刑事办案中权力受限；孙志刚事件推动收容审查制度被废除……警察权在面对这些问题时都有所回应，最终达到警察和社会的协调。正是因为警察具有社会属性，使得公安机关不得不将“社会效果”（安全感）、“社会评价”（满意度）作为考量自身合法性的标准。

四、警察职业认同

（一）警察职业认同内涵的界定

认同是个体心理过程，是在与他者发生关系的过程中形成的行为模式，个体在社会中所处的位置具有多重性，因此认同是多重的、流动的，认同既可以是“个体”概念，也可以是“群体”概念，认同具有社会性、可塑造性和可共存性等基本特点，认同的重要表现形式是对某群体的长期承诺，认同具有层次性。

认同根据指向对象的不同，可以分为自我认同和客体认同。自我认同，又称自我同一性，是指个体对自我在时空跨度中的整体性、一致性、连续性、独特性等的认同，其内涵相当于埃里克森所讲的“自我同一性”的第一个侧面，“‘自我同一性’是指在过去、现在和将来这一时空中‘自己是谁’‘自己还是原来的自己’‘自己自身是同一实体的存在’等对自我同一性的主观感觉或意识。也就是说，这一概念重视主观的意识体验，强调的是‘自我同一性感觉’及自己自身内在的不变性和连续性”①。客体认同，是指个体对自我之

① 张日昇.同一性与青年期同一性地位的研究：同一性地位的构成及其自我测定[J].心理科学，2000，23(4)：430-434，510.

外的他人或事物的认同,根据认同对象与认同主体之间的关系,又可以分为自我相关客体认同和完全客体认同。自我相关客体认同,是指对与自己关系密切的对象比如自己身为其中一员的群体的认同,表现为认同主体对认同对象"接受"或"赞赏"的基础上,以认同对象"自居",把认同对象内化到自我概念中,比如"国家认同""民族认同""组织认同""职业认同""身份认同""性别认同"等。完全客体认同,是指对与自己关系不密切或与自己没有关系的对象的认同,表现为认同主体对认同对象的"认可""接受"或"赞赏"。①

基于对认同含义的认识,警察职业认同也必然是一个心理过程,这种心理过程最终会表现为当下警察个体对自己所从事的警察职业的认同程度——对警察职业的认知、情感、信念、意志和具体行为,从而表现出特有的行为模式。至于警察职业认同的内涵界定,在为数不多的文献里也是见仁见智。大多数学者是在心理学视角下强调警察个体对警察职业的内心接纳和认可,认为警察职业认同是警察个体对其所从事的警察职业的正向的、肯定性的主观体验(林虹萍)、心理状况(罗鹏②)、心理感受(胡雪梅③)、内在接纳(张佳佳④)、认可程度和情感体验(李欧⑤)。少数学者结合社会学的视角来理解警察职业认同,兼顾内在认知同外部社会对该职业的评定一致。如王金风、魏冰结合心理学视角和社会学视角,认为警察职业认同是警察对自己所从事职业的积极的态度、正向的情感、对职业价值观的内在接纳,并符合公众对警察职业角色的期待。

从职业特性上来说,警察职业作为一个特殊的、社会化的职业,而警察一方面是国家的执法者,国家权力的象征,代表着政府,具有社会公正公平的形象;另一方面又是服务者,其行为与人们的社会生活息息相关,处处受到大众的监督,即可以概括为个人理想信念与社会期待统一的"特殊性"和职业内容与人们社会生活息息相关的"社会性"。这种"特殊性"和"社会性"决定了警察职业认同要兼顾警察个体的内在情感价值和社会规范、群众的期待认可。所以,警察职业认同既可以是个体概念也可以是群体概念,体现

---

① 魏淑华. 教师职业认同研究[D]. 重庆:西南大学,2008.
② 罗鹏. 青年民警职业认同研究[D]. 衡阳:南华大学,2015:35-46.
③ 胡雪梅. 人民警察职业认同的社会生态学解析[J]. 辽宁警察学院学报,2017(1):102-105.
④ 张佳佳. 对提高警察职业认同感的思考[J]. 湖北警官学院学报,2012 (7):157-159.
⑤ 李欧. 警察职业认同量表的编制[J]. 中国健康心理学杂志,2018 (2):268-271.

个人对警察职业认同的则是个体认同，主要表现为个体间的差异性；体现警察群体对警察职业认同总体情况的则是集体认同，主要表现为警察群体职业认同的总体状况，表达出群体的某些相似性。警察职业认同也具有社会性、可塑性和共存性等特点，是可以通过个体和组织采取对策共同提升的；组织承诺或离职倾向性是衡量职业认同程度的一个重要指标。

从事物的发展角度来说，警察职业认同既是一种过程，也是一种状态。"过程"是说，警察职业认同是个体自我从自己的经历中逐渐发展、确认自己的警察角色的过程；"状态"是说警察职业认同是当下警察个体对自己所从事的警察职业的认同程度。从过程的意义上来讲，警察职业认同是一个警察个体与警察职业两方面持续地动态地相互作用的过程。警察的职业认同过程一般开端于个体从事警察职业之前（有的开始于进入警校成为一名预备警官之日，有的开始于接受新警培训之日，有的则更早，例如从小就有理想想当警察的人），加速发展于警察的专业生活中，且始终伴随警察职业生涯的全过程。在这个过程的每一时间点上，警察职业认同的程度是各异的。从状态的意义上讲，警察职业认同是警察对自己的"警察特征"的认同状态，是警察对自己职业的信仰、情感、期望、意志、价值观及对自己职业技能的感知。

从主客体的角度来说，马克思主义认为，如果从人的活动中去考察人与世界的关系，就具有主体和客体两个哲学范畴。主体是指从事着社会实践活动和认识活动的人，实践的主体可以是个人主体，也可以是集体主体；客体是指实践活动和认识活动所指向的对象，它可表现为自然形式、社会形式和精神形式。考虑到警察职业的特殊性和社会性，警察的职业认同的主体既包括警察个体又包括警察职业客体（如执法对象、服务对象等），警察职业认同的客体，首先是"职业"，即"警察职业"。其次，由于作为认同对象的"警察职业"与作为认同主体的"警察个体"之间的关系非常密切，"警察职业"是"警察个体"自己所从事的职业，"警察个体"是从事"警察职业"工作的人，是警察群体中的一员；"警察"是"警察个体"的一种社会角色，因此"警察个体"所内化的"职业角色"也是"警察职业认同"的对象，即警察职业认同的客体（对象）既包括警察这一"职业"本身又包括"警察个体"所内化的"警察职业角色"。综合主体及客体，可以看出警察职业认同应该属于魏淑华分类中的客体认同（包括自我相关客体认同和完全客体认同）：个体对自我之外的他人或事物的认同，其中“个体”即警察个体及警察职业客体，“事物”即“警察职业本身”及“警察职业角色”。也就是说，警察职业认同可分为两个层次，即自我职业认同（警察内化职业角色）和外在职业认同（组织层面、群众对警察的客体认同）。自我职业认同是关乎内部视角和个体层面的，反映的是个体对警察职业的认同；外在职业认同是关乎外部视角和组织层面的，反映的是组织、社会对警察职业的认同，体现在警察职业的社会声望上。

基于此，兼顾社会学视角和心理学视角，即从社会心理学的角度认为警察的职业认同是公安民警对警察职业（包括目标和社会价值）以及内化的警察职业角色的积极的综合体验和认知，以及社会公众对警察群体的认可和期待，并强调二者的一致性。不管是自身的综合体验和认知，还是社会公众的认可和期待，都是在与警察职业行为持续互动中产生的一种状态体现。即，警察职业认同是在警察个体、社会公众在与警察职业、执法环境的相互作用中建构和发展出来的。警察职业认同对警察个体、公安组织、他人、社会影响重大，良好的警察职业认同是警察个体、公安组织以及社会所期望与趋向的状态，三者利益也由此交织而实现。

警察职业认同是一个动态发展的概念，其功能主要体现在两个方面。一方面，警察职业认同具有促进个体发展的功能。职业认同能够保障个体的“职源性”心理健康，使个体保持良好的职业心态。已有研究表明，职业认同与个体的生命意义密切关联，且能够显著预测个体的生命意义。① 另一方面，警察职业认同具有促进组织发展的功能。职业认同能够有效消解个体与组织之间的“角色—身份”冲突，使个体在“角色—身份”的重塑过程中快速融入组织，增加组织的凝聚力与吸引力。

（二）警察职业认同的特征

根据警察的性质、警察职业的特点，警察职业认同的特征可以归纳如下：

① 王鑫强，张大均，薛中华. 免费师范生职业认同感与生命意义的关系[J]. 心理学探析，2012(3)：277-281.

1. 警察职业认同的多重性

如前文所述，警察是个特殊的象征国家权力的执法者，又是个面向大众的服务者，警察职业认同兼顾“外部性”和“内部性”，包括警察个体对自身职业的感知和内在情感，也包括社会公众对警察职业的感受和认可程度，既包括警察群体内部的自我职业认同又包括社会公众的客体认同。

2. 警察职业认同具有明显的个人特征

警察的职业认同没有统一路径和统一表现形式，其过程和状态带有典型的“人格化”。虽然警察的工作性质要求警察群体具备基本的职业素养和行为专业技能，但职业认同并不能仅仅通过采用规定好的包括知识、技能、态度等的职业特征来实现。警察根据价值观的不同，在处理具体事务上的方式上是不同的，因此带来的结果不同，并伴随不同的社会效益，所以，警察职业认同是一个多面体，警察个体在职业认同的形成过程中因经历各异、体验各异，职业认同的呈现状态也不同。

3. 警察个体是职业认同的重要因素

警察个体是职业认同的重要因素，不管是对于自身的自我职业认同还是对于社会公众的客体认同都至关重要，意味着警察在职业发展的过程中必须是积极主动的。警察应该通过参与对话、知晓做事的多种途径和方式，利用多种资源、分享观点以定位自己。将自我职业认同和客体认同的一致性追求作为警察在职业认同形成中的积极定位。

4. 警察职业认同的动态复杂性

警察职业认同由于警察的个体差异导致认同的结果不一样，这与其家庭环境、教育背景、性格特点、岗位职责等各方面有着密切的关系，并且职业认同是一个不断发展变化的过程，呈现动态趋势。随着工作岗位、环境、自己工作能力、社会环境等各个方面因素的变化，警察对于职业的认同都会有所不同。

第四章　研究设计及模型建构

上一章详细梳理了本研究进行的理论基础，并在详细阐述认同、职业认同等概念的基础上结合公安民警实际界定了警察职业认同的内涵及特点。本章将在概念界定的基础上，结合研究主题搜集有关的网络文本，并运用扎根理论进行编码分析，从情境的实践材料中提炼建构理论模型。

第一节　研究设计

一、研究方法：扎根理论

扎根理论是管理学研究的一种重要的质性研究方法，来自社会学。最早是在 1967 年由格拉泽（Glaser）和施特劳斯（Strauss）在《扎根理论的发现》一书里共同提出。后来随着二者对扎根理论的不同理解，学术方向分离，催生了不同的扎根理论学派。① 1978 年，格拉泽以独立作者身份出版了《理论触角》一书，从此成为经典扎根理论（classical grounded theory）的代表；1987 年，施特劳斯以独立作者身份出版了《质性数据分析》，标志着程序化扎根理论（proceduralised grounded theory）的诞生。此后，格拉泽的经典扎根理论和施特劳斯的程序化扎根理论分别得到了发展与推广。2000 年，凯西・卡麦兹同时吸收和借鉴了经典扎根理论中有关归纳、对比、涌现和开放性的方法以及程序化扎根理论中的因果假设逻辑，形成了建构型扎根理论（the constructivist's approach to grounded theory）②，认为研究者可以通过参与以及与情境、视角和研究实践的互动而建构自己的扎根理论。

---

① 贾旭东，衡量. 扎根理论的"丛林"、过往与进路[J]. 科研管理，2020，41(5)：151－163.

② CHARMAZ K. Constructivist and objectivist grounded theory [M]. CA：SAGE Publications Ltd，2000.

扎根理论强调扎根于材料，通过对事件与事件、事件与概念之间的不断比较，使数据概念化，从而自然呈现更多的范畴及其特征，不断比较、数据概念化的过程也称为编码过程，上述扎根理论三大学派的不同也主要体现在方法论的不同，即编码环节的差异。经典扎根理论强调客观、强调实证主义，编码过程分为：开放性编码（open coding）、选择性编码（selective coding）、理论性编码（theoretical coding）。程序化扎根理论强调后实证主义，逐渐趋向建构主义，[①]编码过程分为：开放性编码、轴心编码（axial coding）、选择性编码。[②] 建构型扎根理论强调理论是对材料的解释性分析，是建构出来的，编码过程分为：初始编码（initial coding）、聚焦编码（focused coding）、轴心编码和理论编码。

本书的研究是基于三大流派中的建构型扎根理论，原因在于"任何研究都有被批判的可能"，三大流派的扎根理论本身是没有对错之分的，关键在于如何用它去解释研究的问题，建构型扎根理论认为研究是研究者对被研究对象行为的一种解释，这种解释分析的过程都具有情境性的，都处于特定的时间、空间、文化与环境之中。[③] 由于警察群体的特殊性、工作环境的复杂性以及警察职业认同的多重性，使得建构型扎根理论更具有契合性。因此，本书选择构建型扎根理论对获取的数据进行不断反思以解释分析现象。

由于扎根理论方法旨在通过一系列的整理、分析、比较资料，不断反思和转化，进而建构或发展理论，适用于微观活动机理研究。[④] 编码过程采用的是建构型扎根理论所主张的初始编码、聚焦编码、轴心编码和理论编码四个过程，本研究将这四个过程划分为范畴构建阶段（包括初始编码、聚焦编码和轴心编码）和实质理论构建阶段（理论编码），其中范畴构建阶段通过基于材料不断持续比较，提炼出核心概念与范畴，并逐步厘清不同概念与范畴之间的逻辑关系；实质理论构建阶段则对已构建的核心范畴进行典型关系

---

① 吴刚. 工作场所中基于项目行动学习的理论模型研究[D]. 上海：华东师范大学，2013.

② STRAUSS A L. Qualitative analysis for social scientists[M]. Cambridge: Cambridge University Press，1987：16－20.

③ CHARMAZ K. Constructing grounded theory- a practical guide through qualitative analysis[M]. CA：SAGE Publications Ltd，2006：31－35.

④ LAYDER D. Grounded theory and field research ：new strategies in social research [M]. Cambridge ：Cambridge Polity Press，1983：20－26.

分析，通过不断地理论比较，构建出“警察职业认同维度及影响因素模型”的理论模型。

二、数据选取

扎根理论的数据抽样属于一种目的性较强的非概率抽样，抽样往往具有主观性、目的性的特点，尽量选择有限的且具有代表性的数据做研究，本研究所用资料来自知乎社区。知乎连接各行各业的用户，为用户提供社区服务，使用户能围绕着某一感兴趣的话题进行相关的讨论，同时可以关注兴趣一致的人，在知乎里，把有共同兴趣和话题的人圈在一个社区里，是一个真实而严谨、友好且理性的网络问答社区，各行各业的精英汇集于此，其用户并非简单浏览，而是彼此分享知识，实现自身价值。同时，知乎社区源源不断地提供高质量的知识，既满足用户的知识需求，又推动其分享知识。根据本研究的研究主题，选取知乎社区中符合研究主题的话题，并对知乎社区中的帖子进行综合筛选，选出有关警察职业认同的问题：“职业是警察是怎样的体验？”“当警察是怎样的一种体验”等热帖进行跟踪分析，选取了用户答帖获赞数排名靠前以及有效回复10次以上（每两个用户之间的评论有对应回复便记为1次有效回复）精选回答，所用数据均为答帖的精选回答（见表4-1和表4-2）。

表4-1 数据来源

主题	话题1：职业是警察是怎样的体验？
创建时间	2015年12月3日
问题描述过程	2015年12月3日至2019年9月18日：如何正确看待警察这个职业？ 2019年9月18日至2020年1月17日：职业是警察是怎样的一种体验？（问题修改者在修改后的补充说明为“经常听见对于警察这个职业的负面消息，所以想问问一些从事这方面工作的人有什么看法”。）
关注者	2312（截至2020年1月17日）
被浏览	1740152（截至2020年1月17日）
回答	340个（截至2020年1月17日）
最高获赞数	9102（截至2020年1月17日）
最多评论数	384（截至2020年1月17日）

表 4-2 数据来源

主题	话题 2:当警察是怎样的一种体验?
创建时间	2015 年 3 月 12 日
问题描述过程	当警察是怎样的一种体验?(补充说明警察的一天都干些什么?是可以辞职的吗?)
关注者	1388(截至 2020 年 1 月 18 日)
被浏览	1220601(截至 2020 年 1 月 18 日)
回答	142 个(截至 2020 年 1 月 18 日)
最高获赞数	3746(截至 2020 年 1 月 18 日)
最多评论数	430(截至 2020 年 1 月 18 日)

在知乎社区,每个注册用户都有一个 PR(person rank,个人评分),用户每次操作将直接影响个人 PR 值。在查阅答帖时,知乎对提问者、回答者、旁观者分别使用不同的答案排序算法,对提问者以保证权威性和参考投票为主,对回答者以提升回答积极性为主,对旁观者以保证内容新鲜度、时效性为主。答帖顺序按赞同数排序,赞同数相同时按个人 PR 值排序,系统会折叠被认为无效的答帖或评论,这在一定程度排除了无效数据。从答题中选取赞同数比较高、评论数较多的答主,然后在评论中同样选取赞同数较高的评论,最终在抓取的答题内容中通过采用 ROST News Analysis Tool 进行社会网络与语义网络分析,过滤掉答题和评论内容中的无意义词组,最终选择 196 名身份为警察的回答、123 名明确身份为非警察者的回答、43 名身份为警察家属的回答(每个知乎用户的回答因为有相应的评论,最终的评论数有 4000+),文本资料达 20 余万字。采集的数据是参与者在无外界干预下对自己感兴趣的"课题"发表的真实言论,与访谈或调查问卷法收集的数据相比更加客观。

第二节 文本编码分析及模型建构

一、扎根理论编码过程

扎根理论编码是要形成理论整合的"骨架"中的骨头,其不只是一个开始,而是形成了一个分析框架。编码是搜集数据和形成解释这些数据的生成理论之间的关键环节。通过编码，我们可以定义数据中所发生的情况，开始反复思考它们的意义。[①] 这些代码一起形成了初始理论的要素。扎根理论编码至少包括两个主要阶段：① 一个初始阶段，包括为数据的每个词、句子或片段命名；② 聚焦和选择的阶段，使用最重要的或出现最频繁的初始代码来对大部分数据进行分类、综合、整合和组织。在进行初始编码的时候，你要通过挖掘早期的数据来寻找能够进一步指引数据搜集和分析的分析性观念。初始编码能使你进一步深入阅读数据。在初始编码中，目的是对所有可能的、由数据阅读所指出的理论方向都保持一种开放的状态。接下来，你要通过聚焦编码在一大堆数据中发现和形成最突出的类属。理论整合从聚焦编码开始，通过接下来的所有分析步骤继续发展。

通过分析数据所进行的实际研究，很可能和你最初在研究设想中所计划的非常不同——至少一定程度上是不同的。通过研究数据，我们会不断学习。质性编码引导着我们的学习。通过它，我们开始理解我们的数据。我们对数据的理解形成了接下来的分析。对编码的认真关注使我们能够更多地从研究对象的角度理解行动和表述、场景和感受、故事和沉默。我们想知道，在这个环境中、在人们的生活中以及在我们数据记录的字里行间发生了什么。因此，我们努力去理解研究对象的立场和处境，以及他们在环境中的行动。

扎根理论编码的逻辑和量化研究的逻辑不同，量化研究是把预先设定的类属或代码应用到数据之中，而扎根理论是通过定义我们在数据中所看到的东西来生成代码。在我们仔细审查数据，并定义数据中的意义时，代码就出现了。通过积极地编码，我们可以和数据一次一次地进行互动，并提出许多有关它们的不同问题。最后，编码可能会把你带入意想不到的领域和新的研究问题。

对于如何编码以及编什么样的码，语言发挥了关键作用。经验世界并不会脱离人的经验以某种自然的状态出现在我们面前。我们是通过语言和我们所采取的行动来认识经验世界的。在这个意义上，没有哪个研究者是中立的，因为语言在被观察现实的基础上传递着形式和意义。语言的特殊

① CHARMAZ K. Constructing grounded theory- a practical guide through qualitative analysis[M]. CA：SAGE Publications Ltd，2006：31 - 35.

使用反映了研究者的观点和价值。我们和同事分享着一种语言，而和朋友可能分享着另一种语言；我们把意义赋予特定的词语，拥有自己的视角。我们的代码来自语言、意义和视角，通过代码，我们理解自己的经验世界和研究对象的经验世界。编码推动我们对研究对象用来分析世界的语言提出疑问。编码不仅应该激发我们检验研究对象暗含的假设，也应该激发我们检验语言使用中所隐藏的假设。

编码包括初始的、简单的定义和标签——来自扎根理论家的行动和理解。但是，编码的过程是发掘代表资料的概念，然后再根据它们的属性和维度形成概念，可以将编码看作是“挖掘”(mining)资料，过程是互动的。通过互动研究他们的陈述、观察到的行动以及对我们认识他们的场景的回忆，我们会一次又一次地多次和他们互动。当我们定义代码，并不断完善代码时，我们试图从他们的视角来理解他们的观点和行动。这些视角通常所假设的远远不只是看上去的那么明显。我们必须挖掘数据，来解释研究对象默认的意义。对编码的密切关注会有助于我们做到这一点。编码过程会在分析性见解和描述性事实之间、静态话题和动态过程之间以及在研究对象的世界和专业人员的意义之间产生一定的张力。

本研究遵循凯西·卡麦兹的建构型扎根理论，采用四级编码(初始编码、聚焦编码、轴心编码和理论编码)的方法进行数据分析。

（一）*初始编码*

初始编码是对数据及相关信息所做的第一次整理，初始编码应该紧紧贴着数据，努力在每个数据片段中看到行动，而不是把已有的类属应用到数据上。尽量用能够反映行动的词语来编码。初始编码的第一个特点是相对开放：开放的要求并不意味着“空洞”，研究者总是持有一些先在的概念和技巧。对于你在编码中了解到的东西，以及它要带你去的地方，要保持开放的态度。第二个特点是临时性：初始编码要给接下来的编码留下空间，并形成最适合数据的代码，需要体现出比较性并扎根于数据，初始编码形成的代码是临时的，可以通过后期的编码不断修改提高它们的契合度，这里的契合是要让你的代码去契合你的数据，而不是强制数据去契合代码。初始编码的代码基本要求是保持开放、贴近数据、简短而精确、比较数据。基本的做法包括：一是逐词编码，通常用于处理档案文献或转瞬即逝的信息类型，比如网络数据，对于这些数据逐词编码可能特别有效。二是逐行编码，意味着对你所记录的每行数据进行命名，一行并不必然是一个完整的句子。对数据进行编码时，“发现”的逻辑变得很明显。逐行编码迫使你要重新看待数据，帮助我们把数据分成不同的类属，并观察这些过程。三是逐个事件编码。当需要不断通过事件进行比较来建构理论，就需要通过对逐个事件的对比编码。

初始编码的优点在于从一开始，认真地逐字逐句、逐个事件编码会使你逐步实现扎根理论分析的两个标准：契合（fit）和相关（relevance）。当你建构代码，并使你的代码成为能够使研究对象的经验具体化的类属时，研究就契合了经验世界。当你提出了一种清晰的分析框架，能够解释发生了什么，能够在固有的过程和可见的结构之间建立联系时，它就是相关的。认真编码也会有助于防止你把自己的动机、恐惧或未解决的个人问题放到你的研究对象身上，放到你搜集的数据中。编码迫使你以新的不同于研究对象的解释方式来思考材料，你分析的视角以及学科背景会使你以他们从未想到的方式来看待他们的陈述和行动。通过研究数据，你会使基本的过程更加清晰，使隐藏的假设变得直观，给研究对象以新的洞见。托马斯（Thomas，1993）说，研究者必须选择熟悉的、常规的和世俗的事物，并使它们变得陌生和新鲜。在初试阶段，会产生原生代码，有时也译成本土代码，即研究对象自己的一些独特的词语。原生代码有助于我们在编码时保留研究对象自己观点和行动的意义。在你进行编码时要注意语言。原生代码会成为研究对象谈话和意义的符号标志。它们是否会在后来更加整合性的分析中提供有用的代码，要看你怎样分析性地对待它们。像其他代码一样，它们需要服从于比较和分析。原生代码尽管容易让人记住，但是在坚实的扎根理论中它们并不能自己独立存在，而必须被整合进理论中。原生代码一般有三种：一是人人知道，标记了密集而重要的意义的一般术语；二是研究对象自己创造地表达了某种意义或经验的术语；三是缩写词语中反映了某一特殊群体观点的特殊术语。

（二）聚焦编码

聚焦编码基于初始编码的出现频率，判断哪些初始编码最能充分地反映数据，作为建构型扎根理论编码第二个主要阶段。这些代码要比逐字逐句、逐个事件的编码更加具有指向性、更有选择性和概念性（Glaser，1978）。在你通过开始的逐行编码确定了一些重要的分析方向后，你就能够开始聚焦编码，综合和解释更大范围的数据了。聚焦编码意味着使用最重要的和/或出现最频繁的初始代码，用大量的数据来筛选代码。一个目的就是确定那些代码是否充分反映了数据。聚焦编码要求判断哪些初始编码最能敏锐地充分地分析你的数据。

但是，从初始编码到聚焦编码不完全是一个线性的过程。一些回答者或事件梳理者会使早期陈述或事件不清晰的地方变得清晰。一种豁然开朗的经验会提高你对早期数据的研究。然后，你可能会返回早期研究对象那里，探究那些可能被你草草略过的问题或者探究那些可能不太清晰以至于早期不能识别或无法表述的问题。扎根理论编码的力量来自对过程集中的、积极的处理。你要按照数据的指示进行行动，而不是消极地阅读它们。通过你的行动，新的分析线索就会变得清晰起来。你以前从未想到的事件、互动和视角都会成为你所分析的范围。聚焦编码会检验你对问题的先入之见。

和扎根理论的逻辑一致，聚焦编码是一个生成的过程。意料之外的想法会生成，而且会不断地生成。在对一组数据进行编码之后，要对照一下你的代码和数据。你所建构的契合事件或表述的一个信息丰富的代码可能会解释另一个代码。前一个事件可能会提醒你看到具有深刻意义的下一个事件。通过数据间的比较，我们形成了聚焦代码，然后，我们比较一下数据和代码，这有助于我们完善这些代码。

（三）轴心编码

轴心编码把类属指向更高层次的亚类属，使得聚焦编码中的类属和亚类属联系起来，将类属的属性和维度具体化，重新排列你在初始编码中分裂了的数据，给生成的分析一种连贯性。初始编码使数据分裂为不同等级和不同类型的代码。轴心编码是施特劳斯和科尔宾（Strauss & Corbin，1998）把数据再次恢复为连贯整体的策略。施特劳斯和科尔宾认为，轴心编码回答关于“哪里、为什么、谁、怎样以及结果如何”这些问题。有了这些问题，研究者就能够更加充分地描述被研究的经验了，虽然科尔宾和施特劳斯认为，在类属之间建立联系要在概念的水平上，而不是在描述的水平上。对于他们来说，分析数据意味着把文本转化为概念，这是施特劳斯和科尔宾使用轴心编码的目的所在。这些概念使得更大类属的维度具体化了。轴心编码的目的就是把类属和亚类属联系起来,并探究它们是如何联系起来的。

在进行轴心编码时,施特劳斯和科尔宾使用了一套科学术语来建立可见类属之间的联系。他们把研究对象的表述聚合起来,使其成为结构框架的组成部分。在这样的结构框架中,施特劳斯和科尔宾包括了这些内容:① 条件,形成被研究现象结构的环境或情境;② 行动互动,研究对象对主题、事件或问题的常规性或策略性反应;③ 结果,行动/互动的后果。施特劳斯和科尔宾用"条件"去回答为什么、哪儿、怎样发生以及何时等问题(Strauss & Corbin,1988)。"行动/互动"用谁和怎样的问题来回答。"结果"回答诸如由于这些行动/互动"发生了什么"这样的问题。

轴心编码为研究者提供了一个应用的框架。这个框架是扩展还是限制你的视野,取决于你的主题和你忍受模糊状态的能力。那些喜欢在一个预置的结构中工作的人,会欢迎这样的框架。那些喜欢简单、灵活原则的人能够忍受模糊状态,并不需要轴心编码,他们会追随他们在经验材料中定义的线索进行行动。但是,对于大多数研究来说,还是有必要在研究中了解类属所代表的经验,发展类属的亚类属,并展示它们之间的关联。

按卡麦兹(Charmaz)观点,轴心编码可能有助于研究者探究数据,但也鼓励他们应用分析框架去处理数据,在这个意义上,依赖轴心编码可能会限制研究者对他们所研究世界的了解和认识的方式,从而会限制他们所建构的代码。所以在扎根理论的编码过程中,轴心编码的过程需要研究者发挥轴心编码有助于搞清楚并扩展想法的好处,又要规避轴心编码的分析框架的束缚。

(四) 理论编码

理论编码是你在聚焦编码过程中选择了代码之后所进行的复杂水平上的编码。你在聚焦编码中形成了类属,而理论代码就是让这些类属之间可能的关系变得具体化。格拉泽(Glaser,1992)认为,这些代码排除了轴心编码的必要性,因为它们"把支离破碎的故事重新聚拢在一起了"(Glaser,1978)。在该阶段,卡麦兹对格拉泽、施特劳斯的理论编码原则持开放态度:既不排斥格拉泽提出的 18 种基模的理论呈现方式,也不排除施特劳斯基于"6c"因果关系下的理论表达形式。认为理论代码是整合性的,它们给你所收集的聚焦代码赋予了形式。这些代码可以使你的分析性的故事具有连贯性。因此,这些代码不仅会使实质代码之间的关联形式概念化,也会使分析性的故事开始变得理论化。和轴心编码类似的是,需要注意,理论代码可能会给分析带来客观性的味道,但是代码本身并不代表客观标准,不代表学者们会同意或者不加批判地去应用。当你进行分析时使用理论代码有助于澄清和加强你的分析,但要避免把强制性框架施加在它身上。它有助于你反思,这些理论代码是否解释了所有的数据。

卡麦兹的初始编码、聚焦编码、轴心编码和理论编码四个过程如图 4-1 所示。

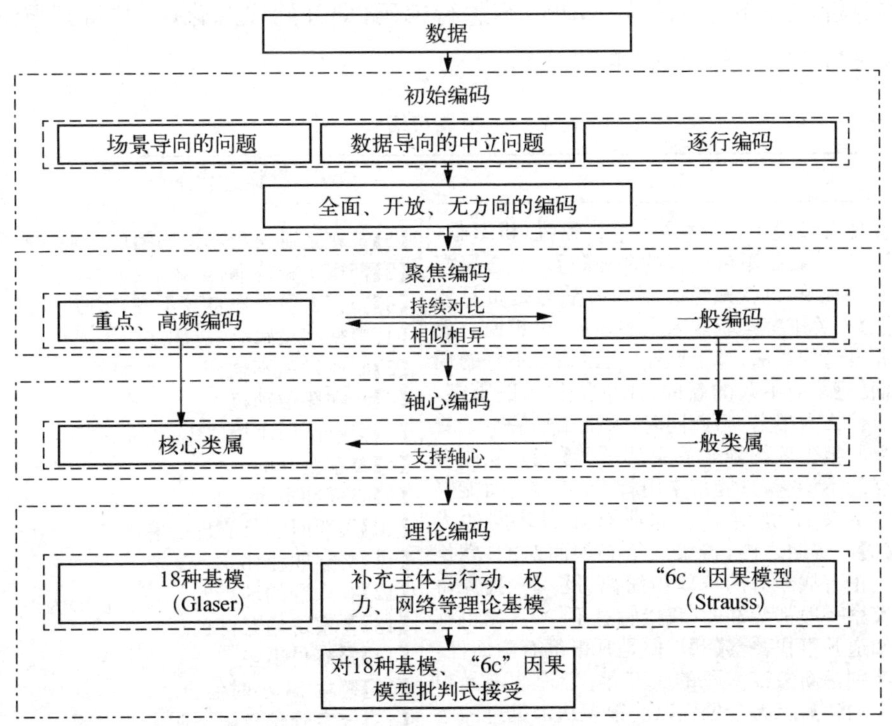

图 4-1 建构型扎根理论编码流程图

二、本研究扎根理论编码过程

本研究对收集到的数据根据卡麦兹的扎根理论,借助 Nvivo12 软件将数据自底向上进行 4 种编码过程:初始编码、聚焦编码、轴心编码和理论编码，通过初始编码、聚焦编码和轴心编码最终形成有从属关系的由最底层到最顶层的5级节点（包括主范畴、副范畴以及下属的范畴、概念），通过选择编码挖掘"核心范畴"（core category），分析核心范畴与主范畴及其他范畴的联结——典型关系结构，再将联结以"故事线"（story line）形式描绘整体现象，完成"故事线"后也就发展出新的实质理论构架。具体过程如下：

（一）初始编码

初始编码将个人的见解摒弃，拆分原始资料，并将出现频次高、特征显著的行为概念化，完成初始编码。具体过程如下：

首先，将网络文本数据导入Nvivo12，逐字逐句、逐个事例、逐行展开审查分析，在句尾加入初始编码内容进行编码，即开始概念化，一共得到概念化条目1491条。如表4-3所示。

表4-3 数据与编码示例

数据	概念化条目
在现有环境下，警察是一个讲牺牲，讲奉献，讲付出，就是不讲回报的职业【1】。看看警察的工资单，也就知道警察的劳动力是贵是贱【2】。关于警察职业未来的发展，也想说一点儿自己的想法，整个职业，正面临着不好的局面【3】。前不久的新闻，北京招收人民警察，没什么人报名，与此同时，大批年轻警察拿着辞职报告等待领导签字那一天【4】。职业发展的不均衡，只能带来用脚投票【5】。而能坚守下来的，是对警察职业有强烈认同的人【6】。短期之内，警察队伍必须面对的，就是真正有战斗力的群体纷纷离开【7】。我觉得警察一般都蛮好的，我接触过不少，大家也都知道凡事找警察【8】。但是凡事都有两面性，特别是新警察入职的头三年，心理冲击是很大的【9】，因为会见到以前很多从未见过的不堪入目冲击底线的事情，后面慢慢地就会麻木【10】。我倒挺喜欢警察这个职业，尤其是能拿下大案子的，找回被盗物品，抓获逃犯，还社会公平公正，虽说都是工作我觉得挺伟大【11】。此生无缘了，如果有来生，先从军，再入警【12】。希望国家可以多用我们纳税人的钱提高警察、武警、消防和部队基层人员的工资福利待遇【13】。毕竟你们是可以为了保	【1】警察是讲付出不讲回报的职业 【2】警察工资待遇低 【3】警察人员素质良莠不齐 【4】警察招录尴尬，辞职多 【5】职业发展不均衡 【6】坚守职位动机 【7】警察队伍困境 【8】警察蛮好的 【9】心理冲击大 【10】入职时间长心理会麻木 【11】警察职业伟大 【12】有入警的理想 【13】警察待遇有待提高 【14】警察付出多 【15】警察24小时值班 【16】警察管辖权限不明 ……

续表

数据	概念化条目
护普通百姓而去拼命的人，我们作为普通百姓纳税不希望国家去搞几十亿上百亿的足球，只希望让你们的青春和热血付出得值，谢谢你们【14】。基层两年，最大的愿望就是所有部门都能像公安这样24小时有人值班【15】。24小时让老百姓有地方提出申诉，并且该是自己部门管辖的事情不要推到公安，这样与民与警都有很大的帮助【16】……	

其次，本研究结合职业认同的概念和特点凝练信息点，如工作、情感、意愿、环境、组织等关键词，以使初始概念突出“职业认同维度导向”“职业认同影响因素梳理”“个体、社会层面行为”三个特点。依据典型性、准确性与相关性的要求，剔除重复和不显著的概念化条目，最后形成50个初始编码，如表4－4所示，数据概念化完成。受篇幅所限，每个概念仅列出一条代表性原始数据与相应的初始编码及频次。为了节省篇幅，对每个范畴我们只是节选了两条初始概念化条目。

表4－4　初始编码的形成与频次

概念化条目(部分)	初始编码	频次
警察应该有好的制度、体制来保障； 警察的执法权威受到攻击……	A1 权威保障	17
警察的工作量太大，警力又有限； 我国公安，管的东西太多，职责太丰富……	A2 权责不对等	20
其他政府部门的“垃圾桶”； 民众不信任政府，警察首当其冲……	A3 警察职责宽泛	12
绩效指标决定用警方向； 为了完成指标人头，回去办毒案……	A4 绩效考核	6
警察待遇低，没有得到他们应该得到的待遇； 警察的付出和回报严重不成正比……	A5 待遇保障	57
警察队伍中有些游手好闲的人； 社会上有人认为警察没有能力……	A6 素质低下	16
警察的素质也一般； 警察脱下警服也是普通人……	A7 素质一般	18

续表

概念化条目(部分)	初始编码	频次
警察大部分都不错的; 警察人员素质良莠不齐……	A8 参差不齐	38
警察队伍绝大部分都是很勇敢的人; 作为警察讲求奉献……	A9 认真负责	12
办案民警推脱不在他们的管辖范围; 警察对待案子不认真,搪塞报案人……	A10 不负责任	20
警察部门有官僚习气; 存在特权思想……	A11 官僚作风	3
从工作中获取自己的利益; 只为扩充自己的人脉……	A12 以权谋私	13
当警察有自豪感; 警察有很强的职业荣誉感……	A13 有警察荣誉感	13
不会让自己的子女做警察; 下辈子不再当警察……	A14 讨厌警察职业	15
警察的名声不好; 社会上大多数人觉得警察不怎么样……	A15 警察名声差	8
警察的目前威信差; 警察在早年也是有威严的……	A16 警察权威低	18
不执勤时,肯定换自己的便服,着警服战战兢兢; 着警服会被一些群众骂,警服就是原罪……	A17 做警察战战兢兢,工作之余不敢着警服	10
不管人民信不信任,警察始终忠诚; 父母(警察)工作兢兢业业,认真负责……	A18 警察始终忠于人民,忠于职责	4
很多警察不顾自己安危,义无反顾地守护人民财产; 警察不是服务业,但是在真正践行为人民服务……	A19 警察有责任感、使命感、全心全意为人民服务	39
很多警察坚持做警察的工作,是因为自己的初心所爱; 警察坚持入警誓言……	A20 坚持做警察是因为信仰和情怀	12
警察付出很多应该得到认可; 警察是人民安全的守护者……	A21 警察应该被爱戴、被认可	16

续表

概念化条目(部分)	初始编码	频次
警察是众多职业中的普通职业； 警察职业很普通，不期待群众说他伟大……	A22 警察是一个普通职业	7
警察属于社会的底层； 新闻上经常有警察被打，警察被群众围攻的事情……	A23 警察是弱势群体	5
作为警察无奈又失望； 做警察有时对于现实很无奈……	A24 警察对于现状无奈又失望	5
警察是讲牺牲，讲奉献、讲付出，就是不讲回报的职业； 警察是正义的化身……	A25 警察是个伟大的职业	8
警察是一个工作性质和一些工作手段较为特殊的职业； 警察是国家机器……	A26 警察是一个特殊的职业	4
警察有时候不被家人理解、不被人民理解，饱受委屈和辛酸； 上级领导不理解基层工作，群众也不理解，不支持……	A27 警察饱受委屈和辛酸	13
警察是这个时代最忍辱负重的职业； 警察只是一个外人看起来光鲜实际不光鲜的职业……	A28 警察很难当	17
和高危人群打交道的职业； 警察工作接触杀人犯、强奸犯、人贩子等社会黑暗面人群……	A29 客体复杂	31
父亲是警察，因抓罪犯，终身残疾； 警察工作危险，受伤是常事……	A30 工作危险	47
警察是执法者； 警察直接面对老百姓，处理老百姓利益相关的事……	A31 执法部门	13
考警察院校对成绩和身体要求都很高； 能力强，办事果断干脆……	A32 素质要求	12
警察用枪有严格的规定； 警察必须在法律规定的范围内执法……	A33 纪律约束	19

续表

概念化条目(部分)	初始编码	频次
资源有限,不可能全部破案; 工作量太大,警力又有限……	A34 资源有限	12
老百姓有问题就找警察; 无效警情很多……	A35 职责范围泛化	11
警察在网络的群体性盲目面前很无奈; 警察在指责和谩骂声中,心态难平……	A36 心理调适弱	3
警察家属被犯罪分子的家人报复; 监狱警察时刻做好最坏的准备:被罪犯袭击……	A37 报复风险	5
工作 12 年经历两次公务车祸,殡仪馆送过三次战友; 很多警察心理都有问题……	A38 工作性质导致心理压力	63
不定时地出任务,晚上不能休息; 基层警力短缺,两三组轮着值班……	A39 工作时间	57
警察的工作量普遍超标; 警察父亲常年 24 小时处于备勤状态……	A40 工作劳累	117
警察的工作很多,很杂; 警察工作非常烦琐……	A41 工作烦琐	12
警察被社会逼着辞职; 警察会被执法对象误解、曲解、刻意黑化……	A42 社会媒体、群众的曲解	18
支持警察坚持干下去的有受帮助者赞许的目光; 有群众支持,就感觉很值得……	A43 老百姓的认可能激发警察的工作热情	3
警察工作危险,但是看到求助者的眼神就不害怕了; 社会、群众对警察的认可肯定是警察甘于为人民奉献的最大动力……	A44 社会、群众对警察的认可是警察工作的最大动力	5
警察执法开枪会被一些人曲解、误会; 警察职业面临的执法环境还不尽人意……	A45 社会曲解	52
认为警察不务正业、以权压人; 不信任警察,颠倒黑白……	A46 社会偏见	66

续表

概念化条目(部分)	初始编码	频次
警察工作辛苦、危险、压力大都是应该的； 一些人认为自己是纳税人，警察就应该为他们抛头颅洒热血……	A47 刻板效应	14
警察为群众尽职尽责，但是警察工作中，群众并不配合； 媒体的报道断章取义……	A48 群体极化	28
警察的目前威信差、形象差的状况和老百姓、社会的推波助澜有很大关系； 某些媒体刻意放大警察的恶，无限缩小警察的善……	A49 期望负强化	18
有群众支持，就感觉很值得； 警察工作危险，但是看到求助者的眼神就不害怕了，因为自己是人民的依靠……	A50 期望正强化	7

(二) 聚焦编码

将研究主题与资料建立联结，开始理论的整合。对初始编码结合大量数据进行区别、分类和综合，围绕语义关系及过程与结果的关系进行迭代分析，并不停地比较。初始编码所形成的 50 个概念尽管具备了一定的抽象水平，但概念之间的相关、属分、统一关系却没有体现出来。本研究的主题是探究警察职业认同的维度及影响因素的作用机理，所以在聚焦编码这一部分，将继续围绕主题进行类属聚焦。编码结果如表 4－5 所示。

表 4－5　聚焦编码的范畴

副范畴	副范畴的内涵	对应范畴
制度保障	公安民警工作过程中的职责定位、执法权益保障	A1 权威保障；A2 权责不对等
组织管理	公安组织层面给予公安民警的待遇保障及管理方式	A4 绩效考核；A5 待遇保障
个体素质	公安民警个体的工作能力、工作态度、警察素养等	A6 素质低下；A7 素质一般；A8 参差不齐； A9 认真负责

续表

副范畴	副范畴的内涵	对应范畴
个体行为	公安民警在日常工作中的行为表现、工作作风等	A10 不负责任；A11 官僚作风；A12 以权谋私
职业情感	个体对警察职业的稳定的态度和体验，最直白的表述即喜欢或是讨厌	A13 有警察荣誉感；A14 讨厌警察职业
职业声望	人们对警察职业的社会评价以及尊重程度	A15 警察名声差；A16 警察权威低；A17 做警察战战兢兢，工作之余不敢着警服
职业信念	个体认为可以确信认知，并且愿意把这个认知作为职业行动的指南	A18 警察始终忠于人民，忠于职责；A19 警察有责任感、使命感、全心全意为人民服务
职业信仰	职业信仰，信仰和信念不同，职业信仰指的是对某个职业的崇拜和充满敬意	A20 坚持做警察是因为信仰和情怀；A21 警察应该被爱戴、被认可
职业形象	警察职业在社会公众面前所树立的印象，是社会公众对警察职业认知状态呈现	A22 警察是一个普通职业；A23 警察是弱势群体；A24 警察对于现状无奈又失望；A25 警察是个伟大的职业；A26 警察是一个特殊的职业；A27 警察饱受委屈和辛酸；A28 警察很难当
工作环境	警察工作特殊的工作环境和工作性质	A29 客体复杂；A30 工作危险
工作性质	警察作为国家权力机关、执法部门所具有的特殊定位和自身的工作要求	A31 执法部门；A32 素质要求；A33 纪律约束
职责超载	警察所承担的工作任务超过了公安机关的承担能力	A3；警察职责宽泛；A34 资源有限；A35 职责范围泛化
心理压力	职业要求迫使人们作出偏离常态机能的改变时所引起的压力，表现为警察职业给公安民警带来的身体上和心理上的超负荷状态	A36 心理调适弱；A37 报复风险；A38 工作性质导致心理压力
工作负荷	警察的工作量超过了个体的承受力	A39 工作时间；A40 工作劳累；A41 工作烦琐

续表

副范畴	副范畴的内涵	对应范畴
社会评价	社会公众、媒体给予警察负面的或正面的评论	A42 社会媒体、群众的刻意黑化；A43 老百姓的认可能激发警察的工作热情；A44 社会、群众对警察的认可是警察工作的最大功力；A45 社会曲解；A46 社会偏见
社会态度	社会公众、媒体对警察的评价或情感性反应	A47 刻板效应；A48 群体极化
社会期望	群体根据警察的社会角色及身份，对其提出的希望和要求	A49 期望负强化；A50 期望正强化

（三）轴心编码

经过初始编码和聚焦编码的过程之后，各范畴进一步明晰。如果要进一步系统地处理范畴与范畴之间的关系，还要紧扣类属之轴，确定核心范畴，完成轴心编码。具体做法就是发展范畴的性质和层面，使范畴更严密。同时将各个独立范畴联结在一起，发现和建立范畴之间的潜在逻辑联系。通过分析，我们发现开放性编码中得到的各个不同范畴在概念层次上确实存在内在联结。根据不同范畴之间的相互关系和逻辑次序，我们对其进行了重新归类，共归纳出五个主范畴。各主范畴代表的意义及其对应的开放式编码范畴如表 4-6 所示。

表 4-6　轴心编码形成的主范畴

<table>
<tr><th>主范畴</th><th colspan="2">副范畴</th><th>主范畴内涵</th></tr>
<tr><td rowspan="2">个体表现</td><td colspan="2">个体行为</td><td rowspan="2">警察个体在从事警察职业、实践警察工作中所表现出来的总体素质及行为的总和。</td></tr>
<tr><td colspan="2">个体素质</td></tr>
<tr><td rowspan="5">工作生态</td><td rowspan="2">工作属性</td><td>工作环境</td><td rowspan="5">警察工作在特定的社会环境下生存和发展的状态，包括警察职业本身的工作性质、所处的工作环境，以及它们之间环环相扣的关系。</td></tr>
<tr><td>工作性质</td></tr>
<tr><td rowspan="3">工作压力</td><td>工作负荷</td></tr>
<tr><td>心理压力</td></tr>
<tr><td>职责超载</td></tr>
</table>

续表

主范畴	副范畴	主范畴内涵
社会环境	社会期望	警察所处的整体上的社会大环境,包括社会群体对警察的期望、态度以及评价。
	社会态度	
	社会评价	
组织制度	制度保障	公安机关组织层面通过制定各种章程、条例、守则、规程、程序、办法、标准等,形成公安民警必须遵守的行为准则,并在人民警察执法过程中给予执法权益、人身安全的保障。
	组织管理	
职业认同	职业情感	职业认同是公安民警对警察职业(包括目标和社会价值)以及内化的警察职业角色的积极的综合体验和认知,以及社会公众对警察群体的认可和期待,并强调二者的一致性。 在轴心编码的这一环节,逐渐形成了公安民警职业认同的五个维度。
	职业声望	
	职业形象	
	职业信念	
	职业信仰	

(四)理论编码

在轴心编码阶段,当主范畴发展得差不多时,范畴与范畴之间的关系会逐渐显现出来。该阶段使分析型的数据变得理论化。理论编码则是进一步系统地处理范畴与范畴之间的关联。结合之前的编码和数据进行互动和比较,从主范畴中挖掘"核心范畴",分析核心范畴与主范畴及其他范畴的联结,并以"故事线"形式描绘整体行为现象。这里的"故事线"是主范畴的典型关系结构,它不仅包含了范畴之间的关系,而且包含了各种脉络条件,完成"故事线"后也就发展出新的实质理论构架。

本研究中,主范畴的故事线(即典型关系结构)及评论者的代表性语句如表 4-7 所示。

表 4-7 主范畴的典型关系结构及评论者的代表性语句

典型关系结构	关系结构的内涵	评论者的代表性语句 (提炼出的关系结构)
个体表现→社会环境	警察个体的职业素质、职业行为会影响社会的评价和态度,形成刻板效应,进而形成比较典型的社会期望负强化。	警察是直接参与保护民众的第一道盾牌,也是日常生活中,我们最为需要的,也是最厚实的那一块。一旦他们成为黑恶势力保护伞,对民众的伤害就是最为直接和巨大的。 其实有时候,不信任警察,或许不是他们的办案能力,而是他们的办案态度。

续表

典型关系结构	关系结构的内涵	评论者的代表性语句（提炼出的关系结构）
工作生态→个体表现	危险的工作环境、执法的工作性质、长期的工作负荷、职责超载和心理压力影响警察的作为。	每次报道警察牺牲都会泪奔，鲜活的生命就这样逝去，给亲人留下怎样的痛！生前还被人不理解，受多少委屈。 可能态度偶尔会不好，那也许是因为刚值完一周班不眠不休好几天，希望群众和我们是相互理解体谅，不要遇事就先抨击我们。
工作生态→职业认同	危险的工作环境、执法的工作性质、长期的工作负荷、职责超载和心理压力直接影响警察的职业认同。	工资低，待遇一般，条条框框太多，工作压力大，时不时还危及自身安全。这也就罢了，一人当警察，全家人担心，试问有多少同僚没因为工作原因和媳妇吵过嘴？把父母担心得不行？
社会环境→个体表现	社会的评价、态度、期望会影响警察的个体认知，改变警察行为表现。	有很多有理想有抱负的警察，就是在群众的不理解不配合中一步步变成了对群众态度强硬、口头犀利的所谓“坏警察”。 像我这样承受力差的就逃出来，等警察队伍最终变成了你们心目中嘴巴里的样子，你们就可以自豪地宣称：看我从一开始就说得对吧。
社会环境→职业认同	社会的评价、态度、期望会影响警察的职业形象、职业声望。	之前在派出所，组长给我看了一个视频，所里社区的师兄在一个小区里出警，被当事人围殴倒下了，打得很凶，围观群众有笑的，有叫好的，当时心里说不出来什么感觉，很心寒，这个师兄平常的社区工作兢兢业业，踏实肯干，辖区内的治安工作、群众工作一直尽职尽责，为群众还是办了些事的，我就想，他保护服务的这些人怎么就不能理解警察呢？ 夏天有次巡逻，一个小女孩跑过来塞给我一瓶饮料，她妈妈告诉我，女孩看见我太辛苦，嚷着要给我饮料。我不收，然后小女孩又塞给我。那时候忽然感觉当警察所受的委屈都不算啥了。
组织制度→工作生态	组织制度中的职责范围界定、执法权威保障、职位职级晋升、绩效考核、薪酬待遇等会使警察缓解心理压力、感受职业公平，改善工作生态。	我所关注的，是个人权利，警察首先是公民，当然也应该有权利，所以我没有说过也不支持警察因公殉职理所当然的话。至于因公殉职是否该给予荣誉和纪念，当然应该。问题出在：如果不能采取足够的措施，为警察安全提供保障，等人没了给他荣誉又有多大意义？

续表

典型关系结构	关系结构的内涵	评论者的代表性语句 (提炼出的关系结构)
组织制度→职业认同	组织管理中的职位职级晋升、职业保障、绩效考核、薪酬待遇等会影响警察的职业情感、职业信念。	“人民卫士”是在精神层面予以鼓励的称号,给人带来的鼓舞,是物质奖励远远做不到的。但是也不能忽略警察职业的物质基础。 警察的收入或许比其他公务员高了那么一点点,但是和付出还不成正比。

基于以上主范畴之间的典型关系结构,本研究确定了“警察职业认同的认同维度及影响因素”这一核心范畴。以此为基础,建构和发展出一个全新的警察职业认同理论构架,称之为“警察职业认同维度及影响因素模型”,如图 4-2 所示。

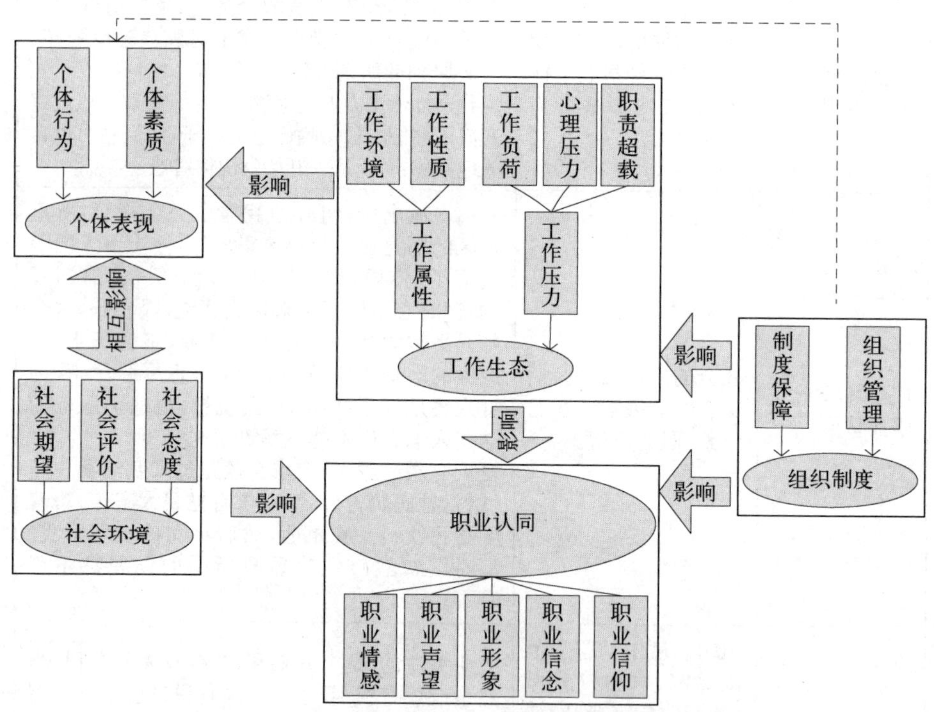

图 4-2 警察职业认同维度及影响因素模型

从建构的警察职业认同维度及影响因素的理论模型中可以看出,首先警察的职业认同维度包括职业情感、职业声望、职业形象、职业信念、职业信仰五个维度,与宋广文、魏淑华提出的教师职业认同的维度有相似之处又体现警察职业的特殊性。其次，对于警察职业认同的影响因素，主要集中在社会环境、组织制度、工作生态以及个体表现四个方面。其中，个体表现（包括个体素质和个体行为）并不直接影响警察职业认同，而是通过影响社会环境来间接影响警察职业认同。工作生态一方面直接影响警察职业认同，与迪芬多夫和兰伯特（Diefendorff & Lambert）的研究结论相似；另一方面通过影响个体表现（特别是个体行为）进而影响社会环境最后影响职业认同。社会环境一方面直接影响职业认同，验证了古德森和科尔（Goodson & Cole）的研究结论；另一方面也对个体表现有“反哺”影响。组织制度，首先直接影响了职业认同，与亚文霖（Järvinen）的研究结论有相似之处；其次，研究发现组织制度会影响警察的工作生态，两者的 Pearson 相关系数达 0.914282，组织制度设计中通过明确职责范围、完善警察职务序列、执法权威保障、工资待遇改革及相应的绩效考核改革等来减少警察的非警务活动、缓解职责超载，匹配警察职业“高风险、高负荷、高应激”应得的权威和工资待遇，提高警察职业公平性，缓解警察心理压力；最后，组织制度可能会影响警察个体行为（图中用虚线表示，从评论者的语义中能感受因为薪酬待遇、管理方式等方面的因素引起的职业倦怠，但是分析过程中没有发现直接关系），然后通过社会环境影响职业认同。下面章节将结合研究数据对警察职业认同维度及影响因素模型进行进一步阐释，并总结得出相应的研究结论。

第五章　警察职业认同的结构维度

上一章根据文本资料，建构了警察职业认同的维度包括职业情感、职业声望、职业形象、职业信念和职业信仰。在这一章我们具体来剖析，这五个维度到底指的是什么以及如何体现。

通过基于资料的扎根四阶段编码研究发现，公安机关民警对警察职业的认同维度集中在职业形象、职业信念、职业信仰、职业情感、职业声望五个方面。在本次分析中也对编码进行 Pearson 相关系数分析，在扎根理论中 Pearson 相关系数表示的是两个数据之间编码的直线关系，系数越大表明关系越紧密。线性相关系数介于 0.6—0.8 为强相关，0.8—1.0 之间为极强相关。职业认同的维度及其 Pearson 系数如图 5－1 所示。

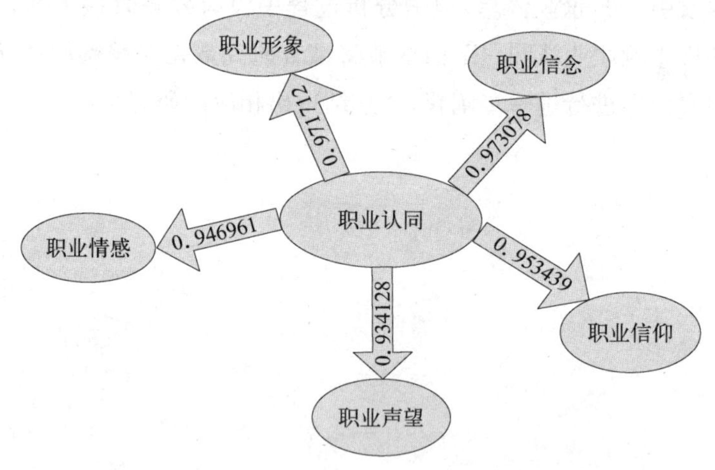

图 5－1　警察职业认同的构成维度模型

从图 5－1 可以看出基于资料编码得出的职业认同各个维度 Pearson 系数介于 0.9 至 0.99 之间，表明这两类要素节点之间为极强相关关系。

第一节　职业情感

一、何谓“情感”

（一）心理学研究视域下的“情感”内涵

情感问题是一个重要但又复杂的问题。情感在某种意义上是不可言说的，这是因为情感并非是一个现成的、能用语言直接表达的东西。我们可以把一种状态或境界称为：“有情感的”，但这并不意味着我们已经确切地知道，这就是情感。关于什么是情感，学术界不同学科都有所涉及，在心理学、教育学、哲学、社会学、管理学等学科的研究中都可以查阅到有关“情感”的释义，其在这些学科研究中作为一个基础性概念而存在。对于情感的解释，许多学科基本上是以心理学的研究成果为基础。整体而言，在心理学中，情感被定义为“人对客观事物是否符合社会性需要而引起的态度的体验”①，是人类精神生命中的主体力量。从这里我们可以看到，情感是一种主观体验，是人脑对主体与客体之间关系的反映。情感的产生是以人的精神或社会需要是否被满足为基础的。“人的需要是否被满足”决定了情感的性质；对相同事物的不同认识会产生不同的情感体验，对相同事物认识的深浅也会影响到情感产生的强烈程度。在很多时候，情感与情绪常常被混用，视为同一概念。但实际上两者的内涵并不相同，与情绪相比，情感是一种高级、复杂的体验，是人类所特有的。它是在情绪的基础上产生的，是后天随着人的年龄增长而逐渐发展起来的。心理学家雅科布松在其所著的《情感心理学》一书中认为：情感是指作为高级动物的人所具有的稳定的情绪态度、固定的心理状态；它是对现实中一定的现象或事物所表现出的一种独特的“眷恋”（或者与之“疏远”），它是对一定的现象产生的稳定的“指向性”，是对现象产生的一定“兴趣”。比如，我们常说的一个人终生怀有对祖国的热爱之情，母亲对子女之爱，人对于自己从事多年的职业的热爱，等等。情感作为一种稳定的心理状态，能够深入到人的行为和意念中，左右着人的行为。人类高级的情感主要包括道德感、理智感和美感。

---

① 陈元辉．教育与心理词典[M]．福州：福建教育出版社，1988：48.

（二）社会学研究视域下的“情感”内涵

社会学几乎所有情感理论都把情感视为激励和指导行为的动机力量。这一观点与心理学有很大的一致性。“如果说心理学关注的是情感产生的个体过程,那么,社会学则把人置于一定的背景之中,考察社会结构和文化如何影响个体情感的唤醒和变化过程。”①社会学研究者认为“情感是人际关系的维持者,是对宏观社会结构及其文化生成的承担者,也是一种能够分裂社会的力量。因此,情感在所有的层面上,从面对面的人际交往到构成现代社会的大规模的组织系统,都是推动社会现实的关键力量”②。从社会学的角度分析情感,“情感是使人们把自我看作与他人、情境、环境关系中的对象。没有情感,人们不能够进行定向、评价或者使自己处于情境之中。情感能够使人们进行角色定位,解读他人的观念,采用能够使自己与他人建立主体间性的方式进行沟通。情感不仅赋予人们以力量,而且使人们以满足情境中的文化期望的方式行动。情感赋予文化规范和规则以力量。没有情感,将没有良心的刺痛、社会责任的强制、尊重的感受或道德的应然”③。在社会学研究中从个体在生理上情感的细微变化过程转向注重社会文化与情感的互动,认为情感是社会的情感,是可以推动个人以及社会现实的力量。

（三）哲学研究视域下的“情感”内涵

在传统哲学研究中,情感虽被理性压倒,但仍被认为是不可缺少的认知因素。从表面透视到深处可以发现,其实哲学最根本的问题都包括了人的情感与追求。离开现实的哲学则是概念的游戏。对于情感问题,各哲学家都有着独到而深刻的认识。例如,“舍勒认为各种具体的、现实的情感,虽然是人的主观感受,但情感之所为情感的本质也就是先验的,情感是客观的、不因人的主观感受或感性经验的变化而变化的;相反,它还有着自身独立的意义和功能。其先验的本质之一是:任何个体都必然处在情感之中,并通过情感的绽放意识到自身的存在。就此而言,情感具有存在论意义上的重要性……在舍勒的情感现象学里,情感感受在人的整个存在中具有根本性的奠基作用,它不但绽放着人的存在、蕴藏着人的自由,而且从根本上昭示着

① 特纳,斯戴兹.情感社会学[M].孙俊才,文军,译.上海:上海人民出版社,2007:1.
② 特纳,斯戴兹.情感社会学[M].孙俊才,文军,译.上海:上海人民出版社,2007:2.
③ 特纳,斯戴兹.情感社会学[M].孙俊才,文军,译.上海:上海人民出版社,2007:147.

生命存在的方向、意义和价值”。康德对什么是情感问题进行了哲学上的释义，并从“存在”的角度更进一步揭示了人是一个有情感的存在者。康德认为：人不同于上帝，人既不是一个纯粹的理性存在者，也不是一个抽象的感性存在者。作为有限的理性存在者，人以情感为依托。人通过情感使自己既区别于自然，又区别于上帝。即：人是一个有情感的存在者，而且人首先是作为这样的存在者而存在着。“人对客观世界的认识，并不是纯逻辑、纯理性的认知行为，而是包含着情感和意志等非逻辑和非理性因素在内的活生生的现实的人的一种主体活动。”西方哲学对情感的认识与研究独立于心理学之外，把情感看作是人的存在的前提，也是人区别于动物的本质之一。马克思从实践的观点出发，把情感置于人与集体、人与世界之间的物质相互作用关系的基础上，认为情感是社会相互作用的产物。

中国儒家哲学对于情感问题的认识与西方哲学有一致性和相似之处。在中国儒家哲学看来，情感既是实在的存在，也是模糊的存在。“人就其为人而言，首先是情感的存在，情感具有内在性、直接性，而且对于人的其他活动具有重要影响和作用，甚至起核心作用。”鉴于情感属于人的认识活动中的“非逻辑”“非理性”的因素，因此，“对于情感问题很难进行所谓纯粹的理性分析”。中国传统哲学所说的情感，从某种意义上说，是中国人形而上学的重要基础，它不仅有情感感受（“感于外而动于中”），而且有情感体验；不仅有经验层次的体验，而且有超越的体验。情感作为人的精神向度，具有极强的个体体验性。进一步说，“情感哲学说到底是价值哲学，情感需要是价值之源，情感态度是价值选择的重要尺度，情感评价是价值评价的重要依据，任何价值哲学都离不开主体的情感因素，包括真理价值和科学价值”①。

此外，在人们对情感的研究中，不但对纯粹的情感进行定义，而且为情感一词添加了不同的后缀，构成了以情感为修饰语的不同词组，使情感的内涵更加丰富和立体。例如，我们从丹尼·戈尔曼所著的《情感智力》一书的书名中就可以看出，将情感视作与智商同等重要的一种智力。他指出，“情感智力（emotional intelligence）在决定我们的生活过得如何方面，可能至少与智商同样重要。所谓情感智力，指的是人们如何运用自己的情感，也就是

① 蒙培元. 情感与理性[M]. 北京：中国人民大学出版社，2009：304.

激励自己的能力，使自己具有自控、热情和坚韧能力。一般来说，这些特性都不是遗传的，而且儿童在这方面所接受的教育越多，他们利用自身智力能力的机会也就越多”。我国学者金马站在哲学智慧的高度，以全人类的视角对情感进行了细致入微的分析，他认为情感是宏观层面的东西，是人类的一种智慧，情感世界是人类独领的精神舞台，是与生活智慧不可分割的人类生活的重要组成部分，它能够助人实现自我人生价值。正如蒙培元所言：“高尚而优美的情感智慧加上杰出而又富于个性的创新智慧，是赢得双倍的人生价值和卓越的生存智慧的两大瑰宝。”①情感更是被看作一种能力，一种判断的能力。这一论断并不是凭空想象之说，“而是由康德在《判断力批判》中所提出的。康德认为，对情感问题的研究被归结为一种判断的能力——即判断力，它是康德用来联结知性与理性的一种特殊的能力”②。情感还被认为是教师必备的素质，被称为情感素质。“知”和“情”是人的心理素质中最基本的两大因素。知，即认知素质，包括技能、知识等，是广义的认知；情，即情感素质，从狭义的角度，包括情绪、情感和情操，从广义的角度，还包括动机、兴趣、态度、性格、意志、价值观等。

情感问题在多学科视域下的研究中变得丰富多彩、厚重而立体。这可以让人们从不同的侧面对情感有更加多维的认识。我国古代大诗人苏轼的名句“横看成岭侧成峰，远近高低各不同”则是对情感研究的最佳写照。这种不同视角的剖析为情感理论在职业认同中的运用打下坚实的基础。

二、“职业情感”的内涵

（一）内涵界定

职业情感从构词上即“职业＋情感”，“职业”一词前面的章节已经介绍过了，按照《中国大百科全书》的解释，职业是“随着社会分工而出现的，并随着社会分工的稳定发展而构成人们赖以生存的不同的工作方式”。职业体现为一种行业的标准，是社会化的集中体现。职业情感属于情感的一种，表示的是个人对待自己所从事的职业都会或多或少倾注着自己的情感。从事

① 蒙培元．情感与理性[M]．北京：中国人民大学出版社，2009：357.
② 卢春红．情感与时间：康德共通感问题研究[M]．上海：上海三联书店，2007：31.

任何职业的人都应该具有积极的职业情感，因为，这是工作动力的源泉。职业情感是一般社会情感的特殊表现形式，是社会情感的组成部分。职业情感对于个体的活动具有巨大的推动力。对于职业情感的研究，不能仅仅从生理学或心理学角度将其视为一种主观或简单的感受和体验。也就是说，职业情感不是简单的生理或心理的过程，而是生理的、社会的和文化的相互作用过程，处于不同职业或社会文化的个体对感觉到的同一样东西可能会产生不同的职业情感，社会关系和文化观念是唤醒职业情感的重要因素。同时，职业情感不仅仅是一种感受和体验，还包括职业主体在从事职业过程中的生理反应和行为表现。因此，职业情感是个体在从事某种职业的过程中，受社会关系和文化的影响而产生的主观心理体验以及由此而产生的外部情绪表现，还涉及因为情感而表现出来的生理反应和行为表现。对职业的价值认同决定了职业情感的走向和强度。认同自己所从事的职业并喜欢和热爱它，对职业倾注的情感表现得就强烈；相反，讨厌自己所从事的职业，认为它是枯燥乏味的，这是消极的职业情感，它会导致冷漠和无情，工作起来没有动力，进而很难在职业生活中取得成功。

职业情感既是个人的，又有共同性、共通性；既是特殊的，又有普遍性；既是经验的，又有超越性。职业情感通过个体展现出来，但它又不仅仅是个体的。“个体作为社会的存在”这样一个深入人心的概念赋予情感一定的社会属性。职业情感是人的社会性的一种体现，带有职业的烙印，不同的职业有不同的情感特质。职业情感是理性主导的情感形式，它既有情感自由自在的特质，又有情感自主自制的能力，自发的情感与职业价值认同、利害的辨析融为一体，体现了职业人较强主体性的情感。职业情感有时候并不外化为一种强烈的激情，更多的时候是深沉的、稳定的、持久的、有力度的情感。它超越了物质追求，从某种意义上而言，是相对挣脱了生存的重负和功利主义束缚的一种情感的高级状态。

（二）职业情感的特征

1. 独特性和普遍性的统一

情感是个体独特的内在体验。“情感就是自我的感受。情感是时间性的体现和存在的自我感受。”职业情感作为情感的组成部分，是个体在从事职业的过程中产生的感受，具有个体的特殊性。这种特殊性集中体现在两个方面。一是职业情感个体特殊的、特定的感受，不同的个体在从事同一种职业时会获得不同的感受。由于职业情感是在个体的情感经验中历史性地建立起来的，这种情感的产生和形成同个体的家庭背景、受教育经历、职业状况、人际关系是密切联系的，因而具有不同情感经历和历史背景的个体在从事同一种职业时会有不同的感受。二是不同的职业具有不同的职业特征，具有不同的职业文化，因而从事不同职业的个体会有不同的职业感受。例如，警察对职业的感受可能会是"有荣誉感、有成就感、容易疲惫……"，保险公司员工对职业的感受可能会是"新鲜、富有挑战性、不受人尊重……"等。职业情感作为具有个体性特征的心理要素，每个人在面临不同的职业时感受是不同的。职业情感是人在从事职业过程中的感受和体会，带有职业的烙印。《中华人民共和国职业分类大典》（2015 年版）根据职业的活动内容、工作性质和对从业人员的规范要求等将我国职业归为 8 个大类、66 个中类、413 个小类、1838 个细类（职业）。处于同一类的职业具有相似的工作内容和工作规范，从事同一类职业的个体在面临相似的工作场景和职业道德规范等时，对职业的感受和体会具有相似性，因而职业情感具有共同性和共通性。

2. 发展性与稳定性的统一

职业情感呈现出的特点，既有发展性的特点，又有相对稳定的特点，是发展性与稳定性的统一。职业情感之所以具有发展性的特点，是因为个体在从事职业的过程中，会在不同时期对工作有不同的认识，会面临不同的工作状况和工作压力，从而产生不同的心理变化和心理体验。这些因不同的职业境遇而产生的心理变化和心理体验直接影响着个体职业情感的变化和发展。一般来说，个体往往因为所处职业生涯阶段的不同而经历三个对职业的不同情感体验阶段。第一个阶段是角色探索适应期（入职初期）。在这一阶段，个体作为入职初期的新手，主要是了解所从事职业的工作步骤和工作思路，对工作充满激情和希望，同时内心期待通过努力能够尽快适应新的工作角色。新鲜、向往和激情是这个时期个体的主要职业情感体验。第二个阶段是成长期。经历了第一个阶段的角色适应后，这一阶段的职业个体从关注工作内容过渡到关注工作的性质、意义与价值等。个体开始思考职业能够给自己带来的福利、发展机会等，并与其他职业进行比较。这个阶段的个体有更强的责任意识，逐步意识到并主动承担在工作中的责任和义务。责任感是这个时期个体的主要职业情感体验。第三个阶段是发展高原期。这个阶段的个体会因为长时期处于某一种工作状态而处于发展困难期，工作很难有突破。在职业情感方面会对工作产生厌倦，对工作失去兴趣，认为工作不能给自己带来价值，没有意义。倦怠感是这个阶段个体的主要职业情感体验。

在每一个时期中，个体对职业的情感体验都不是很稳固，常常会受到外界的影响和干扰。但是，个体的职业情感通常会因理性和道德规则的束缚而具有相对稳定性。“人的情感处于情感实践和人所服从的道德准则之中……”因此，人的情感性可被视为具有双重结构，即头一层来自人们所构成的情感实践；第二层来自人们所体现和汇入自己意义与存在的内在构造之中的道德准则。个体的职业情感一方面受理性的控制，另一方面又受职业规则和道德准则的控制。因而，无论在哪一个职业阶段，个体都不可能在职业过程中自由自在地释放自己的情感，尤其是负面的职业情感。而是将情感体验与情感自制、外界干扰与理性控制融为一体，体现出一种稳定的，更加深层次的职业信念和职业情感。

3. 外显性与内隐性的统一

职业情感有时可以通过外化而表现出来。“外显的情感性是一个互动的、相互作用的过程……通过外显的情感性，个体提供了他对自身的情感限定，他人可以按这些规定行事，并将其视为对方内在的情感经验领域和认知经验领域的表达。”①个体通过职业情感的外化一方面表达和展示自己在从事职业过程中的体验和感受，另一方面规定、影响和揭示着他人对他的感受。例如，处于职业倦怠期的警察可能会表现出对群众缺乏热情，不主动承担职责，在工作中只满足于不出乱子，对组织的管理、待遇和环境牢骚满腹等。而职业认同度高、职业责任感强的个体在工作中可能会表现出高的工作效率、良好的工作状态、努力发挥骨干作用等。个体这种外显的职业体验和感受可以让他人了解其内在的职业情感经验，组织尤其要注意到个体这种情感表达，关注个体的情感状态，从而对管理策略进行调整。

① 丹森. 情感论[M]. 魏中军，孙安迹，译. 沈阳：辽宁人民出版社，1989：141.

职业情感有时候并不外化为一种情感表达和体现,而是深沉的、隐藏的和稳定的。在自然方式内情感主体参与日常谈话的"我",并不是现象学意义上的人的"我"。在这个日常的"我"下面,是"道德人"的"我",他表达了"自我意识的特殊限制"。个体受职业道德规范和职业责任的限制和束缚,在这种束缚下,个体必须遵从责任、尊重、敬业等。也就是说,不管个体在从事职业过程中有何种消极的情绪,但受社会的道德准则和职业守则的影响,个体必须隐藏自己的消极情绪,表现出适合于职业身份和组织需要的职业情感。即使警察产生倦怠、悲观、易怒等消极的职业情感,多数警察也会因为其人民卫士的身份和形象而在工作中极力隐蔽、掩饰自己的消极情绪,这对警察自身发展和公安工作顺利推进来说都是一种潜在隐患。

(三) 职业情感的功能

所谓功能,是一个系统所具有的对其他系统施与影响的一种属性。职业情感的功能,是个体在从事职业过程中的感受和体会对自身或他人的一种影响和作用,是职业情感本质和意义的外在表现。

卢家楣在《情感教学心理学》中,概括出情感的九大功能:情感的动力功能和强化功能、情感的调节功能、情感的信号功能和感染功能、情感的迁移功能和疏导功能、情感的保健功能和协同功能。其实无论是情感的动力功能,还是强化功能,或是调节功能、信号功能等,都是情感对个体内部和外部的作用指向。因而,根据职业情感作用的不同对象,可以将职业情感的功能分为个体功能和社会功能两大基本功能。

第一,关于职业情感的个体功能。受卢家楣的关于情感的九功能学说以及职业情感对从事职业的个体心理、认知与行为的影响,本研究认为:对从事职业的个体而言,职业情感会从三个层面对个体产生影响。一是对个体身心的影响,体现为职业情感的保健功能。二是对个体认知的影响,体现为职业情感的调节功能。三是对个体行为的影响,体现为职业情感的动力功能。

职业情感对个体身心的保健功能:不良的情绪状态是导致疾病的主要内因,而良好的情绪状态,则不仅会增进健康,延年益寿,而且也会使疾病缓解、减轻甚至消除。这正体现了情感的保健功能的巨大作用。职业情感的保健功能是指职业情感会对一个人的躯体健康和心理健康产生消极或积极的影响。职业情感对个体躯体和心理健康的消极影响，通常体现为职业倦怠。职业倦怠由美国临床心理学家费鲁顿伯格（Freudenberger）于 1974 年首次引入心理学领域，是指个体在工作重压下产生的身心疲劳与耗竭的状态。1981 年玛斯拉池（Maslash）等人提出了职业倦怠的三个核心组成部分：情感衰竭、玩世不恭、个人成就感低落。处于职业倦怠期的个体在身体方面通常会表现为精神不振容易疲劳、失眠、易感冒，有的人还会出现睡眠紊乱状况，或者胃口不好，食欲不佳。严重的还会出现酗酒或药物滥用等。“节后综合征”“星期一症状”从一定程度讲也是职业倦怠的一种表现。职业倦怠还会对个体的人格和心理造成一定影响。表现为对工作感到厌倦，对工作投入不足，不愿意和同事或领导接触，对同事态度疏离，对领导牢骚满腹，造成工作人际关系紧张。长期处于抱怨、焦虑和愤怒的工作状态和情绪体验下，会造成个体的免疫力低下，导致疾病的发展，从而对身体造成消极影响，严重的甚至会产生心理障碍。

积极的职业情感则容易让个体产生职业幸福感。职业幸福感是指在内、外部因素的作用和影响下，人们在自己所从事的职业中因需要的满足和期望的达成而产生的愉悦的心理体验。个体在工作中获得的满足感、成就感和幸福感等正向的情感体验会让人体内分泌适量的肾上腺素、呼吸平和、消化系统维持正常的功能，这些生理反应都有利于身体内部的平衡和调养，从而增强免疫系统对疾病的抵抗能力。同时，个体在工作中所获得的持续快乐体验会缓解人的情绪，排解内心的忧虑，有利于预防抑郁等心理疾病。

职业情感对个体认知的调节功能：以往的研究认为情感是理智的对立面，情感对个体的认知活动只有干扰或破坏的作用。随着现代心理学的发展，大量研究表明，情感作为一种非智力因素，对人类的认知活动消极作用和积极作用并存。合适的情感能够对人的认知活动起积极的组织作用，不合适的负性情绪才对人的认知活动起着干扰和破坏作用，这是人类对情感具有的调节功能的重要发现。职业情感对个体认知的调节功能，是指职业情感对个体的认知活动起着积极的推动或者消极的阻抗作用，从而最终影响个体职业能力的发挥。职业情感对个体认知的调节功能主要通过影响个体对职业本身的感知体现出来。如果一个人在工作中心情愉快，即使他在入职前是将该职业作为跳板，或者组织处于低谷期，他都容易对该职业有强烈的情绪体验并倾向于有积极的认识。反之,如果个体对工作容易疲倦,在工作中有忧郁、苦闷的情绪,即使该职业是社会的热门职业,或者是其入职前梦寐以求的职业,都容易让其对所从事的职业产生消极的评判和认识。

职业情感对个体行为的动力功能:情感的动力功能,是指情感对一个人的行为活动具有增力或减力的效能。在现代情感心理学中,当我们论述情感的动力功能时,已不局限情感对人的体力上的影响,而是泛指情感对人的行为活动具有普遍的增力或减力的效能,涉及对人的行为活动的积极性上的影响。人的行为活动由动机推动,由需要引起。人的需要可分为工资、奖金等物质性需要和从工作中获得能够满足内心感受的高级社会需要。如对知识和道德的需要,对成就感和创造感的需要等。后者,即情感的动力功能,它比物质性的需要起更大的推动和激励作用,同时这种情感的激励功能一旦形成,将会稳定和持续下去。一个人对工作的态度和行为实际上更多地受情感的支配。对从事职业的个体而言,职业情感的动力功能主要体现在个体的工作状态和个体职业能力的发挥两个方面。个体对职业的情感体验会影响个体的工作状态和职业能力的发挥。一般来说,个体的工作状态和职业能力的发挥会因积极的情感体验而形成、发展并巩固,个体的工作状态和职业能力的发挥也会因受到消极的情感体验而减弱甚至懈怠。在职业生活中我们可以观察到,一个人如果喜欢、热爱工作,在工作中有积极的情绪反应,必然会处于积极主动、任劳任怨和尽心尽力的工作状态,即使面临重重困难,他也能全力以赴、努力拼搏,将工作能力最大限度地发挥出来,直到实现预定的工作目标。反之,一个人对工作毫无热情甚至厌恶,那么其必然处于消极的工作状态,即使其具有超强的工作能力,也不能得到很好发挥。

第二,关于职业情感的社会功能。职业情感的社会功能,是指其对外部的感染功能。一个人产生的职业情感会对他人的职业情感产生影响,因而让职业情感具有感染功能。个体在职业过程中产生的情绪和体验不仅能够被自身感受到,同时还因为情感具有外显性而被他人觉察,从而引起他人的情绪反应。警察职业情感的感染功能体现在对群众的服务工作,不仅使面对的群众能够感受到这种情感,而且还能使这种情感在社会中蔓延和扩散,使情感社会化。一个对工作认真负责、对事业兢兢业业的警察，会对群众产生感染，进而影响群众对于警察的态度。

职业情感的感染功能还体现在对团队或组织的影响中。以2017年全国公安系统英雄模范立功集体表彰大会上受表彰的公安民警为例，他们每个人身上都具有对公安工作的真诚的爱、对工作的责任感、对组织的归属感等情感特质。这些评选出的公安英模们会因其影响力和感染力而对身边的警察群体起到积极的带动作用。因而在教育实践中，尽管不太可能让所有警察都成长为全国或省市的公安英模，但可以充分发挥积极情感特质的典型示范作用，利用少数公安英模典型的影响力和感染力带动一大批警察成长和进步。

三、警察职业情感

警察职业情感，即个体对警察职业的稳定的态度和体验，最直白的表述即喜欢或是讨厌。在前人研究警察职业认同的文献中，李云昭、刘志宏、曹卓、林虹萍等的研究也都包括此维度。在李云昭编制的公安民警职业认同感问卷中认为职业情感包含5个项目：警察职业很光荣、警察的社会形象便代表着自己、称赞警察就像是在称赞自己、警察常常随时待命、倾向于儿女从警。在刘志宏对于云南省公安民警的职业认同感调查中，认为云南省公安民警的职业情感认同有下降趋势。对于问题“您现在对警察职业（岗位）的态度”，选择“认同感逐年下降”或“不热爱”的共有106人，占80.3%；而选择“热爱”或“比较热爱”的只有26人，仅占19.7%。调查结果说明，超过八成的民警缺乏对警察职业的情感认同，培养民警积极的职业情感势在必行。曹卓认为警察的职业认同感的情感方面主要是指从业者在职业过程中所获得的情感体验，如对工作的热爱与激情，对工作过程的享受等。这些情感体验主要是源于从业者在工作实践中对本职业的理解、认可以及对工作相关知识的掌握程度等。在林虹萍对江苏省南京市警察职业认同的研究中，其借鉴梅耶、艾伦和史密斯的研究成果，认为公安民警的职业认同包括情感认同、持续认同和利益认同等构成要素。认为警察的职业情感指的是民警对警察这一职业的认同、归属和荣誉感，从而形成并且维持民警继续从事警察职业的心理投入。通过对江苏省南京市公安民警的问卷调查，统计得出男民警的情感认同高于女民警；在各年龄段的分类中，警龄4—15年的民警的情感认同显著高于其他年龄段的民警；从入职方式的角度来看，从警校毕业进入公安队伍的民警情感认同显著高于从部队转业进入公安队伍的民警。

本研究中，通过质性的扎根编码发现警察的职业情感主要包括警察热爱警察职业、有警察荣誉感和警察个体对警察职业的厌恶几个维度。一些警察认为作为警察有很强的职业自豪感、荣誉感，热爱警察职业，做警察非常有成就感，为了让这座城市的人民更安全、为了给每一名受害人和家属一个公道，为了把罪犯送进监狱、为了心中的正义，这也是警察工作的动力和意义，觉得自己是"城市之光"。也有一些警察认为做警察亏欠父母、亏欠子女、亏欠家庭太多，按照社会评价的客观标准，在强压力下工作，划不来。还有"大批年轻警察拿着辞职报告，准备辞职，职业发展不均衡，警察用脚投票，继续做警察的人，是对警察职业有强烈认同的人"。

第二节　职业声望

一、职业声望的内涵

关于职业声望，国外的研究集中在5个方面：英克士、罗西和霍奇(Ink, Rossi & Hotch)等人的文化传播理论，认为职业声望反映了一个国家特定的文化规范和价值观念。一般来说，一个国家与另一个国家的职业声望是不同的。但是，由于西方国家的霸权主义，残酷殖民掠夺行为以及西方文化的扩散，西方的职业评价模式也随之扩散到整个世界，因而世界各国的职业声望等级出现了相似的现象。戴维斯和莫尔(Davis & Moore)的功能论，认为不同职业具有不同的职业功能，也就是说不同职业对社会的价值和意义是不同的，所以不同职业功能也就表现出职业地位的差异和职业声望的差异。帕森斯(Parsons)的共同价值观与首要社会机构论，认为不同职业声望和社会地位的高低是受传统道德价值观的影响，职业声望评价依据的是一种社会共同的价值观念体系，而这种价值观念体系又是由社会的首要机构所决定的。所以说，共同价值观体系和首要社会机构决定了职业声望的差异。辛普森(Simpson)的供需论，认为从供需论的角度来看，职业地位与职业声望是由供给与需求决定的。特雷曼（Treiman）的职业声望结构论，认为在任何时空条件下，不论是社会或国家处在何种情况下，职业声望的高低次序是基本固定的，虽然职业声望是人们的一种主观评价，但真正制约人们评价其位次高低的还是客观的社会结构与功能。

国内对于职业声望的研究主要集中在职业声望特点、评价标准两个方面。

一是关于职业声望特点的研究。王新兵、杜学元在《社会转型时期我国教师职业声望的现状、成因及对策》中认为目前我国教师职业声望表现以下特点：教师职业声望具有阶段性，正在稳步提升；教师成员内部的职业声望评价产生差异；教师职业声望的自我认同低于社会认同。李强、刘海洋在《变迁中的职业声望——2009 年北京职业声望调查浅析》中指出，对于处在不同社会群体的人们来说，职业声望的评价结果显示极大的差距，这表明不同社会群体在职业声望评价时表现出冲突性特点。祝丽怜在《城市居民职业声望评价的一致性与差异性研究》中对不同社会群体职业声望评价特点进行分析，认为性别、年龄、文化程度、不同职业的群体在职业声望评价上既出现相似性特点也存在差异性特点，职业声望评价的相似性和差异性是同时存在的。

二是关于职业声望评价标准的研究。职业声望的评价方式是多元的，会依据多元标准进行综合评定。职业声望是社会成员通过主观认定对职业高低的评判。李春玲在《当代中国社会的声望分层——职业声望与社会经济地位指数测量》中的研究发现：在当前中国社会，决定人们声望地位的主要因素主要有受教育程度、职业收入、职业权力大小、就业单位的性质、是否从事受歧视的职业。赵映川在《大学教授职业声望变化及其影响因素研究》中认为，人们在评定职业声望时首先考虑的是职业的收入水平。其次是职业受尊敬的程度还有所需的知识和技能、拥有的权力，而过去较为重视对社会的贡献几乎没有影响。李强在《转型时期冲突性的职业声望评价》中认为，我国与国外多数国家的职业声望评价具有明显的差异，职业声望评价的一致性低于这些国家，而冲突性、分裂性又高于这些国家。

但是,对于职业声望到底是什么,还没有统一的定义,通常我们所说的声望是指衡量社会地位的特殊价值量,它具有价值标准,以等级为依据,是一个综合的概念,是划分阶层的指示器。国内外许多社会学专家都将职业声望作为研究社会分层的重要衡量指标。格伦斯基认为,职业声望是人们对一定社会等级职业角色的遵从、接受、贬损的可能性。国内对职业声望概念进行定义的主要有以下几位学者:李春玲将职业声望定义为人们对各种职业所做的主观评价。周晓虹认为,职业声望是公众对某一职业角色在社会中的地位的一种评价。事实上,人们的地位是由职业地位造成的,职业地位的差别又造成各种职业的职业声望的差异。许欣欣认为,职业声望由个人声望引申而来,二者都是重要的社会现象。个人声望,是在平常的生活中,在交往过程中,因为人们的品质、能力等各有不同,而造成了对人们的评价的差异,多人的综合评价就形成了人们的个人声望,声望越高越受人尊敬,个人的职业声望是社会声望和社会分层的基础。李艳玲认为,职业声望就是人们对某一职业在社会所处社会地位高低的主观看法,是社会舆论对一种职业的社会评价,属于人们的心理范畴。换句话说,也就是社会成员对某种职业意义、价值、声誉的综合评价。

综合以上研究,职业声望可理解为人们根据个体的生活经验、工作经历对于各种不同职业的社会地位的总体状况所做出的主观评价,是人们职业价值观的重要体现。职业声望评价可以反映出职业的等级差别,代表一个社会核心的价值观念,从一定程度上也可以反映出社会结构的分化。职业地位决定职业声望,而职业声望又影响人们的职业认同。

二、职业声望的特点

(一)社会性

职业声望反映了一定社会发展时期内的职业观。由于社会分工不同,使得职业在劳动强度、智力水平、收入状况、工作环境、拥有权力、受尊敬程度、公众服务能力等方面形成了差别,这种差别就形成人们对地位的不同看法和态度。

(二)相对稳定性

职业声望在一定时期内是稳定不变的,但是其稳定性是相对的,表现在:第一,在不同的社会发展时期,人们对同一种职业的评价往往大不相同。第二,不同文化背景的群体,对同一职业的地位的评价不同。第三,不同年龄和性别的群体,对同一职业的声望的评价也有差异。

三、职业声望的功能

(一) 稳定社会秩序

人类社会的冲突由多种因素造成:利益相争、沟通不畅、彼此误解等等。在一个简单的社会系统内,实现秩序可以依靠年龄高低、血缘关系远近等明显的生物特征来区别长幼、亲疏关系。然而,当多个简单的社会系统连接在一起,社会关系就变得立体多维,生物特征根本无法对群体(个体)作有效的区分,此时又该如何维护秩序,避免人类彼此间的冲突与践踏。生产力发展中的社会分工就是超越人类生物特征,而以社会生产特征来建构社会关系,就能够超越血缘乃至地缘的限制,很好地把各不相干的群体(个体)组织在新的社会系统中,且使各方彼此认同和依循秩序。在生产领域,自亚当·斯密提出社会分工以来,社会生产中人类群体根据生产特点所需要而组织起来,这就形成了不同的职业,对一个职业群体来说,只要有可能,人们都希望自己的职业有更好的职业声望,并努力提高自己在所属社会群体中的地位。这也说明,职业声望的缺失也意味着社会地位的缺失,这对人来说也是很大的威胁和创伤。职业声望的出现与追求帮助人们更好地找到自己的位置,同样人们也在不断塑造这个位置的社会形象。处于类似地位的人往往具有相近的喜好,并会做出类似的选择。如此,尽管两群体(个体)之前未曾谋面,也可在短时间内参照各自群体(个体)的价值和标准认识世界,依循既有行为逻辑行事,从而确保秩序的稳定和延续。

(二) 社会激励功能

社会地位有等级差别,使得社会关系处于一种紧张状态,职业声望就是反映一定职业的社会地位。因不同社会地位关涉众多社会因素,为了实现社会地位的跃升,职业声望激励了人们充分发挥自身的聪明才智投身到社会大生产和更加依赖这个社会结构、更加维护社会的稳定发展。职业声望所反映出的社会地位的比较性与排他性、竞争性与可变性使得人们形成一种自在自为的向上动力,形成一种积极的社会风气。在这个过程中我们应注意到,随着社会的发展,社会系统若未能有效地对各大群体(个体)做出合理的调适和有效的安排,那么就会增加社会结构关系的紧张状态,激发群体(个体)的不满情绪和消极怠工。因此,时刻关注各大群体(个体)的价值和利益诉求,适时且合理地调整其社会位置,提升职业声望,彰显社会关怀,是促进社会长治久安、实现人民安康的关键。

四、警察职业声望

由于警察职业的特殊性,警察一方面是国家的执法者,国家权力的象征,代表着政府,代表着社会公正公平的形象,另一方面又是服务者,其行为与人们的社会生活息息相关,处处受到大众的监督,即可以概括为个人理想信念与社会期待统一的“特殊性”和职业内容与人们社会生活息息相关的“社会性”。这种“特殊性”和“社会性”决定了警察职业认同要兼顾警察个体的内在情感价值和社会规范、群众的期待认可。所以,警察职业认同是公安民警对警察职业(包括目标和社会价值)以及内化的警察职业角色的积极的综合体验和认知,以及社会公众对警察群体的认可和期待,并强调二者的一致性。其中,社会公众对警察群体的认可和期待所体现出来的就是职业声望,即人们对警察职业的社会评价以及尊重程度。

陆学艺教授等人曾根据劳动分工、权威等级、生产关系和制度分化四方面的分化机制将中国社会分为十大社会阶层(整体型社会聚合体)。这十大社会阶层分别为:(1) 国家与社会管理者阶层,(2) 经理人员阶层,(3) 私营企业主阶层,(4) 专业技术人员阶层,(5) 办事人员阶层,(6) 个体工商户阶层,(7) 商业服务业员工阶层,(8) 产业工人阶层,(9) 农业劳动者阶层,(10) 城乡无业、失业、半失业者阶层。虽然这些分类与职业声望无关,采用的乃是一些客观指标和标准进行的分类,但是我们决不可以忽视社会地位的存在,警察作为最典型的“街头官僚”,被归入到第五阶层:办事人员阶层。

关于警察职业认同的研究中,李欧调查问卷中的职业自尊、李云昭调查中的职业评价都与职业声望相关。其中,李云昭在对云南省公安机关进行警察职业认同的调查中发现,公众对警察职业评价降低,影响了民警的职业认同度。从关于当前社会对警察职业看法的调查结果显示,选择比例最高的是“不被尊重”,占 58.3 % ;调查结果说明,公众对警察职业的评价不高,树立公安队伍良好形象，构建和谐警民关系仍然是当前公安机关迫切需要解决的现实课题。

本研究中，通过质性的扎根编码发现警察的职业声望可以理解为基于社会公众对警察的评价而得来的职业名声。在实践中，警察职业声望往往给警察带来负面影响：警察权威低、做警察战战兢兢、工作之余不敢着警服等。如，“女人说不让孩子考警察，警察没出息、没前途，说话做事如履薄冰，瞧不起警察，以后让孩子创业”，“社会上大多数人觉得警察不怎么样，对警察职业不屑”，“现在警察的威严越来越低，新闻上经常有警察被打，警察被群众围攻的事情”，“有前科的违法人员看到警察的第一反应不是害怕，而是破口大骂，是挑衅”，“穿着警服战战兢兢，不敢为了自己的正当利益去争辩，不敢坐公交车”，“社会对警察职业的认可度很低，警察除了上班时间不敢穿警服，因为穿警服意味着被各种监视”。

第三节　职业信念

一、职业信念的内涵

（一）信念

在真正去了解职业信念所蕴含的意义前，必须先给信念做出正确的解释，明确信念到底是什么。目前来说，我国学者基本从心理学和哲学两个视角去界定“信念”。

哲学层面来说，《马克思主义哲学大辞典》中信念被界定为“对某种理论、思想、学说的心悦诚服，并从内心以此作为自己行动的指南”[①]。冯契认为，信念是“对理论的真理性和实践行为的正确性的内在确信”[②]。

从心理学来看。休谟在《人类理解研究》中提道：“信念是人处于特定情景中所产生的必然结果，这种信念就是灵魂处于那种情势时所具有的一种自然作用；他是不可避免的，正如我们在接受利益时感到享受，受到伤害时感到憎恶一样，所有这些作用都是一种自然的本能。它不是思想或理解的

① 谢翌．教师信念：学校教育中的“幽灵”[D]．长春：东北师范大学，2006.
② 冯契．哲学大辞典[M]．上海：上海辞书出版社，1992：1215.

任何推论或过程所能产生或阻止的。”[①]《心理学名词辞典》中将“信念”定义为：信念是人对于自己生活中所应遵循的原则和理想的信仰。并指出：“这种信仰是深刻而稳固的。信念以理想为中心，由于人对现实采取积极的态度，对知识进行有根据的独立思考，对自己的职责有强烈的责任感，就逐步形成信念。信念通常跟情感和意志融合在一起，表现为人的生活立场，支配着人的行动。”《心理学词典》中将“信念”定义为：是主体对自然和社会的某种理论、思想坚信无疑的看法。它是人们赖以从事实践活动的精神支柱，是人们自觉行动的激励力量。信念一旦确定之后，就会给主体心理活动以深远的影响，决定者一个人的行为的原则性、坚韧性。[②]

相较之下，西方学者关于信念的研究就颇为丰富了。帕哈雷斯(Pajares)认为信念是一个杂乱的结构。阿贝尔森(Abelson)则将信念与知识挂钩，他认为信念是人在身处一定的特殊环境下或为了达到某种预期结果而运用的知识。西格尔(Sigel，1985)将信念与行为联系在一起，他认为信念是一种可以指导行为的潜在经验或个人的精神重建，常常被压缩或整合在人类的观念中。麦克劳德(McLeod)认为信念处于知识与情感的交叉领域，因此，信念在性质上属认知，在情感方面却发挥着重要作用。哈维(Harvey，1986)将信念定义为个人的真实表现，信念可以有效地指导思想和行为。[③] 罗素认为信念是“表示一种心理或心理、身体都包括在内的状态。是认识、情感和意志构成的融合体”[④]。苏联心理学家克鲁捷茨基(Kruteskii)指出：“信念是行为的重要动机，与理想密切相连。信念是人们对自然界和社会的某些原理、见解、意见、知识真理性、确凿性的认识，并力图在生活中以这些认识为指针。信念的情绪方面是与人的感受联系着的，信念不只是易明白的、可理解的，而且还是深刻地感受到的、体验到的。”[⑤]

综上所述，无论从哲学还是心理学角度来看，众多学者均将信念认作指

---

① 岳介先. 休谟《人类理解研究》中的几个问题[J]. 安徽大学学报(哲学社会科学版)，1983(4)：31-35.

② 林传鼎，陈舒永，张厚粲. 心理学词典[M]. 南昌：江西科学技术出版社，1986.

③ HARVEY O J. Belief systems and attitudes toward the death penalty and other punishments [J]. Journal of personality，1986，54(4)：659-675.

④ 罗素. 人类的知识：其范围与限度[M]. 张金言，译. 北京：商务印书馆，1983：137.

⑤ 赵璧如. 瓦・安・克鲁捷茨基《心理学》的《译者的话》[J]. 心理学探新，1985(2)：26-36.

导行为的主要原因，绝大多数学者认为信念涉及情感与认识。不同的学者对“信念”从不同的角度给予了各自的解释，对信念内涵的理解可以从三方面来把握：(1)信念存在的主体必须是有意识、有生命的人，既可以是个体也可以是社会群体。(2)信念属于思想意识范畴，但又不是一般的思想观念，是人们深信不疑的思想意识，具有较高的思想稳定性，不会轻易地发生改变。(3)信念的对象是客观存在的事物，形成于人们的头脑中，会通过各种形式表示出来，来影响人们的思想和行为，是人们追求理想和真理的内在动力。

(二) 职业信念

国内关于职业信念的研究不够丰富和完善，因此，有关职业信念的概念界定，也没有明确和一致的看法。有学者认为职业信念是指社会个体对自身所从事职业的价值所持有的坚信不疑的态度以及由此而产生的源源不断的工作热情和动力[①]。他把职业信念认定为一种坚信不疑的态度。还有学者认为职业信念就是人们对自身职业所持的一种深刻信任和肯定评价[②]。再如，职业信念表现为人在社会生活中对从事的职业持坚定的信任感，确认它是正确的，并积极为该职业的完美而坚持不懈。[③] 这两位学者都把职业信念指向了对职业的一种深刻信任感。还有学者认为“职业信念是指个体在社会化的过程中，经由父母、老师等的教化，或其他学习经验而逐渐形成有关职业发展方面的想法”，在这些想法当中，有些会阻碍个体的生涯发展，即可称为“生涯迷思”[④]。综上所述，不同学者从不同的角度对职业信念进行界定，结合前文的研究，本研究认为职业信念是个体对自身所从事的职业有了一定认识的基础上在价值方面所产生的坚信不疑的态度。

(三) 职业信念的特点

1. 坚信感

职业信念表现为个人确信某种理论、观点或某种事业的正确性和正义性，对其抱有确信无疑的态度，并力求加以实现。并且，职业信念不是单纯

---

① 史华瑾，张桂春. 中职教师职业信念形成的影响因素探究[J]. 职教论坛，2010(7)：64－66.
② 崔清宇. 中职教师职业信念研究：以东莞中职学校为例. [D]. 金华：浙江师范大学，2012.
③ 胡晓玉. 免费师范生职业信念的影响因素调查与分析[D]. 重庆：西南大学，2010.
④ 张慧芳. 职业投入的特点及其与非理性信念、职业信念的关系[D]. 北京：首都师范大学，2008.

的认识，而是人深思熟虑过的和感情上体验到的东西，是他准备在任何条件下坚持到底的东西，是主体为实现某种思想、原则而斗争的始终不渝的决心，体现出个体对某种事物的坚信感。

2. 稳定性

职业信念一经确立，就具有较大的稳定性，很难改变。因为职业信念是由人的智力和感情结合，经历了极其复杂的内化过程而形成的。一个人一旦确立了某种职业信念，即使以后从理智上对职业信念产生疑虑，情感上的强烈认同也会在很大程度上支持原有职业信念，这就是人们常说的“理通情不通”。在这种情况下，只有经过长期观察和反复实践并确认其真正错误时，人们才有可能改变它，职业信念的改变会对人的思想和行为产生重大影响。因此，具有坚定职业信念的人个性稳定；而缺乏职业信念的人，个性往往模棱两可，有看风使舵的特点。

3. 动力性

职业信念是行为稳定的、核心的动机，它使人具有积极性、主动性。职业信念对主体的活动起着直接推动刺激的作用，并对人的行为起决定性的影响。具有较高职业信念的个体对其从事的职业更加认同，工作更加积极，责任心更强。

4. 复杂性

职业信念是由认识、情感、意志和动机有机组成的稳固的“合金”，是渗透了情感、意志、意向的知识。职业信念的形成是一个把思想、知识变为个体的精神世界的复杂过程。这种复杂性从职业信念的标准中得到了最好的反映。职业信念的标准是：职业信念里知识的牢固性、概括性与深刻的理解性；相信知识的真理性；在任何环境中捍卫职业信念；具有把职业信念运用到生活中的技能；坚持行动的独立性和一贯性，在日常行为中言行统一，等等。以上标准本身就是一个多层次多维度的复杂结构，缺少任何一个方面，都不能形成职业信念。而且，不同的人由于社会环境、思想观念、利益需要、生活经历不同，可能形成截然相反的职业信念。当然，也不排除在某些方面形成相同的职业信念。

（四）职业信念的作用

职业信念作为职场中个人意识的核心主导系统，在心理上表现为对某一事物的向往、追求和仰慕；在行为上则表现为在这种精神力量的支配下去认识、解释、改造自然界和社会。科学正确的职业信念对个人和社会都有决定性的影响。尤其是对个人的职业生涯具有重要作用。

1. 职业信念决定个体从事职业活动的质量

人们在社会中从事着各种职业活动，这些职业活动性质各异、难易不同，人们对待这些活动的态度与行为方式也有所不同。有人积极热情，有人消极冷漠；有人知难而上，不怕失败，有人知难而退，遇到挫折就灰心丧气；有人认真负责，有人马虎敷衍。归根到底，个体从事职业活动的质量是由职业信念来决定的。一个具有正确职业信念的人，有远大的目标和强烈的自信心，他们愿意选择有挑战性的工作，甚至为了自己肩负的责任，不惜牺牲一切。这样的人能够在实践中不断完善自己的人格，得到人们的尊重和赞扬，从而成为社会进步的推动者。

2. 职业信念给人信心、勇气和毅力

在工作中，缺乏职业信念的人，总觉得自己不如别人，这也干不好，那也干不好。虽然经常在心中为自己绘制职业发展的理想蓝图，但由于自我否定心理作祟，只能心向往之，望而却步，最后只有通过幻想来聊以自慰。任何一种理想要变成现实，都必须从职业信念中获得勇气和决心，它会促使人迸发出积极性和坚强意志，去冲破现实进程中的阻力，克服重重困难，最终实现目标。

3. 职业信念为人们提供判断职业发展中所遇问题是非的标准

职业信念为人们提供了判断事物是非曲直的标准，能够指导人们对职业发展中遇到的重大问题进行思考、判断，最后作出抉择。对职业重大问题的选择不能只靠单纯的智力或判断力，而要综合运用自己的知识与智慧，融入自己的情感与理想，调动自己的意志与经验，经过深思熟虑之后才能做出。因此，只有正确的人生职业信念，才能主导个人对人生重大问题的正确职业抉择。

4. 职业信念为职场造就中坚力量

职业信念不仅是个体人生的支点，也是社会整体精神的支点。假如同一个职业的多数人没有一个比较统一的职业信念，那么这个职业将陷入一片混乱和动荡之中。正因为如此，任何职业的组织管理者都力求通过各种方式使本职业的多数人形成一个比较统一的职业信念,并以此来动员和团结全体成员为之奋斗。这个比较统一的职业信念就是政治职业信念,它要解决的是举什么旗,走什么路的问题。这个政治职业信念对警察职业来说更是首位的。职业信念的形成是一个长期的曲折的过程,特别是当出现许多过去未曾遇到的新情况、新问题时,就会造成人们对原有职业信念的怀疑和动摇。每当这种时候,就需要一部分先进分子首先站出来对这些新情况、新问题进行探索、研究,得出对问题的真理性认识,并身体力行地去捍卫它,这就是职场中一部分先进分子以自己的职业信念来影响和主导某一职业大多数成员形成较统一职业信念的过程。这些率先认清社会发展趋势、代表职场发展方向、引导职场进步的人才是这个职业的中坚力量。

二、警察职业信念

警察的职业信念,即警察个体认为可以确信认知,并且愿意把这个认知作为其职业行动的指南。信念是内隐,反映警察内心的,是警察的心理基础,指导着警察的思想和行为,因此,当警察对警察职业或公安工作还没有很好认识的情况下,信念便会起到至关重要的作用。

首先,警察职业信念是促进警察工作的内在动力。警察职业信念在人们还未掌握警察职业及其劳动价值的时候,信念会给予警察工作的动力和方向,因此,警察职业信念对警察从事公安工作具有动力作用。如果警察具有坚定而科学的警察职业信念,那么在公安工作中会表现出积极性和主动性,热爱自己的职业,对工作充满热情和期待,愿意投身于公安事业。反之,警察就不会稳定地坚守在自己的岗位上,在工作中消极懈怠,无所事事,甚至随时都会离开。而且,对于那些刚从学校走出来的青年警察,对未来的职业发展充满着美好的期待,正是这种对警察职业的信念和向往,让他们在工作中充满热情和斗志,因此,坚定而科学的信念有利于青年警察的价值认同,鼓励着警察投身于公安事业,对警察的未来职业生涯有着深远的影响。

其次,警察职业信念是促进警察专业发展的内在动力。是否具备坚定而科学的警察职业信念对警察的专业发展有着深刻的影响。较为坚定、科学的职业信念有利于警察形成对警察职业以及公安工作的正确认识,使警察自觉地遵循公安工作规律和职业道德，形成公安工作自律，从而激励着警察坚持在公安岗位上。警察的工作任务是维护社会秩序和人民生命健康安全，因此，警察的专业发展不仅是知识和技能的丰富，更重要的应该是内在专业精神的提升与发展，而态度、信念、价值观正是警察专业精神及文化建设的核心，同时也是警察专业发展的内在动力。警察专业发展就是信念的确立、改变或放弃，警察只有形成坚定的职业信念，才能形成强烈的职业认同感和职业激情，从而真正地实现自主、可持续的专业发展。

最后，警察职业信念是形成警察职业道德的必要条件之一。警察职业道德是社会对群体的一种规范和要求，警察要遵循警察的职业伦理规范的前提就是内心深处认可并坚持，因此，警察要形成对警察职业道德的一种信念。深刻的理解并认同职业道德的价值和意义，内化于警察的内心深处，并作为自己的行为准则。

在以往的职业认同的研究中，张佳佳在研究公安院校大学生的警察职业认同时将其归为职业意志即若毕业后有选择其他职业的机会，“我”还是会选择做警察；工作若干年后，“我”可能转行从事非公安类工作。本研究中，通过质性的扎根编码发现警察的职业信念是内化于警察心中，指导自身行为的确信认知。主要表现在：警察始终忠于人民，忠于职责；警察有责任感、使命感、全心全意为人民服务。如，“不管人民信不信任，警察始终忠诚”，“伯父是警察，立过数次二等功，但伯父不在意荣誉，工作兢兢业业”，“警察工作忙，没时间陪家人，觉得亏欠家人，工作需要时，警察会不顾一切地回到自己的岗位上”，“冒着生命危险干事，往大了说是有职业责任感，往小了说是职业习惯”。

第四节 职业信仰

一、职业信仰的内涵

（一）信仰

何为“信仰”？对这一问题的探讨，真可谓仁者见仁，智者见智。信仰作为一种现象，在人们心目中往往具有很大的模糊性。从学理上来讲，信仰是一种哲学范畴，信仰表现为主客体之间的关系；从世界观、人生观高度上看，信仰属政治范畴，它反映一个社会的主流意识形态；从文化学领域来看，信仰也是一种文化，对先进文化的信仰，表明一个社会的良性运转和积极向上发展。反之，对落后文化的极度推崇，如迷信活动，也属信仰中的一类现象或某一种信仰特点，将阻碍着社会的良性运转与健康发展。

"信仰"一词，如果按照《辞海》中的权威解释，是指"对某人或某种文化、主义、宗教极度相信和尊敬，拿来作为自己行动的榜样或指南"。根据此解释，我们可以看出信仰具有以下几个要素：一是信仰要有对象，即内容，信仰对象比较多元，可以是人，可以是动物图腾，可以是主义，可以是其他事物。信仰内容也可以是一种文化。二是信仰具有价值判断，对不同人物、不同理论、不同文化的信仰，反映出人们对世界的认识与看法，它是人们世界观、人生观、价值观的根本体现和反映。三是信仰有意义，从高层面来讲，它是人们生存的精神支柱，正如列夫·托尔斯泰所言："信仰就是生命"；从低层面来讲，信仰它可以作为人们的行为准则。总之，信仰本身就是一种文化，具有一定的相对稳定性。

虽然信念和信仰两个词中，"信"是信仰与信念中的最核心部分，但是它们之间也有区别，这就是信的对象和内容的范畴的不同。"信念"一词中"信"的对象与内容是"念"，"念"指念头和想法，信念就是对心中的任何一种想法和念头的确信。信念只是一种意念，信仰则是一个整体性的精神姿态，一种综合的精神活动。信仰使人的整体精神活动以最高信念为核心，形成了一个完整的导向，并调动各种精神因素为它服务。不论人们以什么为信仰对象，信仰这种精神形式的特征都在于把某种价值信念置于思想和行动的统摄地位上，成为价值意识、活动的调节中枢。

（二）职业信仰

职业信仰，是一个人对于所从事职业的内容、意义与发展方向的极度信任与崇拜，是人们在工作中的行为准则与精神力量，是人们在工作中奋斗的力量源泉。职业信仰是一个人信仰在职业中的集中体现，它把属于精神层面的信仰与实际的工作联系在一起，在职业中，在追求利己的同时，更高层次地追求利人与利群的高度统一。职业信仰的核心内容是对职业价值的由衷信赖；心理基础是对职业情感的真诚投入；行为表现为职业规范的认真恪守。职业信仰虽然更大限度上表现为内隐的职业价值的认同以及职业情感的形成，但是也有外显的行为表现。

首先，职业信仰是指在工作中获得的有关职业的最重要的价值与最高意义。职业信仰是人们从事职业活动的力量源泉，在职业中寻找的终极目标，对于有信仰的从业者来说，自己的人生价值要靠努力地工作才能实现，与此同时工作本身是实现人生目的的唯一方式。职业信仰是一个人精神境界的不断追求，是一种精神世界的仰望，它让人们懂得了，在工作中不仅仅可以追求功利与好处，工作对于每个人的意义更是有所不同，在工作中如何实现自己的价值是一种精神世界的更高标准。有了职业信仰，从业者便有了崇高的精神追求，并在追求中获得宁静感和幸福感，回归自己的精神家园。

其次，职业信仰使人们对工作产生神圣的敬畏感，即人们在从业过程中产生的职业神秘感与神圣性，是人们对其职业的敬畏和崇拜。马克思主义认为，这种神圣的敬畏感是人们在工作中产生的一种自我超越，是一种精神境界的崇高状态。具有职业信仰的人，对于自己选择的职业具有高度的责任感，对于自己职业价值的体现具有高度的认同性，在这种精神境界的感染下，个体与职业建立起一种神圣的关系；缺乏职业信仰的人，不会把工作与个人发展联系起来，不会在工作中体会自己的价值，不会从内心深处产生对工作的敬畏，自然不必谈及崇拜。在社会中有形形色色的职业，无论岗位如何，在一个具有职业信仰的从业者眼中都是神圣的，值得敬畏的，从而产生强烈的使命感。在道德操守与崇高信仰的影响之下，人们自然产生一种对工作不可亵渎的神圣感与认可度，因此就产生了对待工作中的困难无所畏惧，对待工作中的失误勇于改正的责任与担当。

最后，职业信仰是职业道德的聚合体，是人们在道德层面找寻的一种精神力量，是从业者对敬业精神的升华。职业信仰不同于职业中一般的信念，它是人们在工作中，在精神世界中，占据“统摄”地位的精神力量。正是由于这种具有高度凝聚力的“统摄”作用，使人们在职业工作中产生了坚定不移的职业价值观，在这种价值观的影响下，人们在工作中便获得了稳定、恒久地践行敬业规范的自觉力量。

（三）职业信仰的特征

1. 广泛渗透性

职业信仰的广泛渗透性表现在两个方面：一是存在时间上的无时不有，二是存在空间上的无处不在。在政治、法律、宗教等尚未产生之前，道德就以禁忌、风俗、习惯等方式存在了。职业信仰在空间上的广泛渗透性来自道德存在空间的广泛性。无论从社会的角度还是从个体的角度考察，它渗透到社会关系的各个角落和每个有理智的个人的内心深处，以至于我们很难为道德界定出一个单独存在的领域。

2. 高度自觉性

与政治信仰、法律信仰、理想社会信仰、宗教信仰等信仰形式相比较，职业信仰具有更高的主体自觉性。从信仰主体上看，其他信仰往往来自外在的灌输，来自某个"主义"或某个学说，而职业信仰尽管也离不开教育、熏陶，但它终究要与个体的主体自觉相一致，与从自己个体的生活阅历中自觉形成的价值观念相一致，才能转化为个体的内心信念。如果不把处理外在各种关系的价值态度转化为对自己人生价值、人生意义、人生道路等内在问题或内在方面的理解和把握，就不会形成自己的职业信仰。就是说，职业信仰的形成带有更大的自发性、自主性、自觉性。如果说社会的政治规范、法律规范的产生皆需以阶级、国家政权的存在为前提，需要国家政权予以确立或认可；那么，职业信仰则是人们在长期的生产、生活实践中直接地自发地形成的。

3. 形而上性

"形而上者谓之道"，所谓形而上就是指要超越经验的现象去寻找存在的本质的"道"理，寻找存在的普遍特性和世界的终极实在。职业信仰具有形而上性质，就是指职业信仰是道德的形而上基础，突出地表现在它不仅体现着道德的最高目标和最高境界，而且是道德形成的精神基础。职业信仰不仅是关于"应该有什么样的道德理想"的信仰，而且是关于"为什么要有这样的道德理想"的信仰。它不仅是对最高道德价值目标的设定，而且是人类对自身的起源、本性、最高追求和生命归宿等问题的反思、承诺和确认。在职业信仰中寄托着人的精神上的最高关注和关怀，这种关怀就是一种人们常说的"终极关怀"，是一种无限性的关怀。在职业信仰的终极关怀中，倾注着人的责任感、使命感、奉献精神乃至献身精神，将有限的个体存在寄托于无限性的价值上以最大限度地实现自己的价值、完成自己的人生使命。

4. 价值整合性

职业信仰的价值整合性表现在两个方面：一方面，在个体身上，它表现为一个完整的道德人格，是对人在道德上的各种主观因素的整合；另一方面，在群体和社会中，共同的职业信仰可以作为巨大的凝聚力或内聚力，把群体和社会成员团结在为共同理想的奋斗中。一种职业信仰的确立，代表着一个道德价值体系的形成，职业信仰为人们提供一个关于人生行为善恶的最高标准，为道德价值体系提供方向和依据。同时，一种职业信仰的确立，又是对人们的道德认知、道德情感、道德意志、道德人格、道德观念、道德动机的整合，从而将人们关于道德的零散的信念和价值观念统一起来，形成一个高低有序的道德价值观系统，成为规范一个人人生活动和行为选择的基本框架。整合一旦完成，作为一个价值系统整体，职业信仰又对道德生活的各个方面起着重要的定向和牵制作用。

(四) 职业信仰的功能

职业信仰一旦形成，在个人的职业意识和职业行为选择以及社会道德生活方面，就成为道德发挥作用的强大精神动力，因而具有多方面的功能。

1. 有利于从业者道德境界的提升

职业信仰本质上是人在道德上的自我超越，这种超越主要包括社会之我对个体之我的超越、精神之我对肉体之我的超越、理想之我对现实之我的超越、无限之我对有限之我的超越等方面，超越的标志是道德境界、人生境界的提高。由此可以看到，职业信仰的主要功能之一就是从业者道德境界的提升。职业信仰本身和道德境界是密切联系的，其联系的中介是道德理想目标。职业信仰确信某一道德理想目标，并通过调动人的认知因素、情感因素、意志因素，敦促、激发人们去追求和达到他所确信的道德理想目标。这种敦促、激发，就是职业信仰的道德境界提升功能的具体表现。

2. 有利于个体道德人格的塑造

所谓道德人格，就是人们通过道德生活意识到自己的道德责任和道德义务以及人生的价值和意义，从而自觉地选择自己做人的范式。培养自己的道德品质，丰富和完善自己的内心世界，体现出人之区别于动物的内在规定性。道德人格是个人做人的尊严、价值和品质的总和，是人的主体性、目的性和社会性的集结。也可以说道德人格是人的位格、性格、品格的统一。道德人格的形成与职业信仰的人格塑造功能是分不开的。道德人格体现着人们自觉选择的做人范式，这是以认识到自己的道德责任和道德义务以及人生的价值和意义为前提或基础的，道德责任或义务的确认、人生价值和意义的确认过程亦是个人道德人格塑造的过程。

3. 有利于推动个体道德行为的形成和维持

目的论者认为，道德行为的动力来自人们对快乐、幸福等目的的追求。如爱尔维修曾说："快乐和痛苦永远是支配人的行动的唯一原则。"霍尔巴赫说："利益或对于幸福的欲求就是人的一切行为的唯一动力。"实际上，道德行为的价值依据是动机，善良动机的稳定策源地是人的内心良知，良知和人的职业信仰密不可分。可以说，职业信仰是个体良知的根基，是个体道德行为形成和维持的根本动力。

4. 有利于个体在任职中的价值定向

职业信仰的定向作用主要是指它为职业生涯指明了奋斗目标和有价值的生活方式。人需要一个整体性的职业目的和职业发展方式，人生需要一个明确的、终极的职业奋斗目标来作为价值上的终极关怀。职业信仰通过确定做人的目标，通过确定人的生活方式，给人生指明了方向。

5. 有利于组织的凝聚

从个体方面说，职业信仰是人的各种道德认识、道德观念、道德情感、道德意志、道德信念的整合，使人的精神世界凝聚为一体。个体职业信仰的形成，在强化认知层面的统一性的同时，也能够充分调动起人的意志、信念层面的潜能。不仅如此，由于人是肉体和精神的统一体，具有物质需求和精神需求，要协调好这两种需求之间的关系，达到身心和谐、人格统一，离开职业信仰是做不到的。从组织整体方面说，是共同的职业信仰使一个集体的成员走到了一起，为一个共同的理想目标而共同奋斗，在共同奋斗中，成员们团结在一起，凝聚在一起。

二、警察职业信仰

警察职业信仰，指警察个体对警察这一职业由衷信赖和执着不渝的追求。警察的职业信仰是警察的一种精神状态，在特定情况下可以成为警察的精神支柱和行动指南，促使警察将工作上升到具有信仰高度的事业。一个拥有职业信仰的警察，对自己职业的意义、规律、原则抱有极度信服和尊崇，并愿意将其奉为自己的行为准则和活动指南。职业信仰是一种无形的力量，能够让警察从内心无条件遵从和追求行业道德，增强自己对敬业规范的接受力。有职业信仰的警察，对职业有高度认同，对职业发自内心的敬重。有职业信仰的警察也会更加明确自己未来的职业方向或职业目标，并愿意为这个目标奉献自我。

在以往的职业认同的研究中，李云昭将其称为职业自豪感和职业理想；李欧将其称为职业自豪。其中，在对云南省公安民警进行职业认同的调查中，李云昭发现，部分民警职业理想缺乏，职业认同感较低。部分民警缺乏职业理想，民警职业理想教育有待加强。

本研究中，通过质性的扎根编码发现警察的职业信仰是来自警察内心对警察职业的崇拜和敬意。主要表现在：坚持做警察是因为信仰和情怀，警察职业本身具有特殊的价值。比较有代表性的编码有："很多警察坚持做警察的工作，是因为自己的初心所爱"，"警察工资低，现在逢年过节的福利也很少，很多警察之所以做警察是因为制服情怀"，"警察职业的工作面临无尽的黑暗，情怀支撑做好警察本分"，"支持做警察的能够干下去的是因为信仰、责任感以及帮助者赞许的目光"，"社会不认可警察，但身为警察依然愿意为这个职业奋斗终生"，"警察与其他职业一样是平等的，但是警察的工作性质应该得到更多的尊重和认可，更需要公平的待遇"，"警察职业需要警察付出安全、自由、生命健康以及知识学问，这些都是无法用钱来衡量的"。

第五节 职业形象

一、职业形象的内涵

（一）形象

"形象是人存在的基本方式，也是人类掌握世界的基本方式"，是主体观感和客观实在的统一整体形成了所谓的形象，其反映出主客体交叉互动过程中结合成一体展现给第三方的评价,以及由内在特质反馈在外在表现的总印象。苏霍姆林斯基(Sukhomlinskii,苏联教育学家)认为“世界是通过形象进入人的意识的”,西方后现代主义者也有过判言,认为当今的世界其实是形象的世界。人是形象的人,人在与自然的相互作用中,是自身的本质力量对象化,并在万事万物的形象中确证自己;同时,人在与他人的相互作用中,通过形象的塑造获得彼此的认同,并在彼此的形象中确证自身存在的意义和价值。随着职业形象问题逐步地被关注以及重要性不断体现,对于形象问题的研究拓展到了社会生活的每一个角落,“个人形象”“职业形象”“企业形象”“组织形象”“政党形象”“国家想象”等等。这些形象的研究、探索都已然被提升到了一种战略发展的高度。形象常指具体事物(群体、个人等)的精神实质的外在反映,形象不同于表面现象,它是表与里的有机统一,有着丰富而深刻的内涵,是其本质特征的外在体现。对于职业形象,罗伯特(Robert,2005)认为职业形象是顾客、老板、主管、下属和同事等关键涉众对一个人的能力和个性认知的集合。该定义反映了职业形象是一种他人如何看待自己的评价,而不是一个人如何看待自己的自我形象。正如于晶的定义,职业形象是人们对某种职业承担者所有行为和表现的总体印象和评价。而这种评价来源于职业活动中人的外在仪表、职业能力、从业操守等内容。

(二) 职业形象

本研究中的“职业形象”属于公共关系学的范畴。“公共关系”首次出现是在 1807 年美国总统托马斯·杰斐逊(Thomas Jefferson)的国会演说中。公共关系学中所讲的形象,特指组织形象,指的是公众对社会组织的整体印象和评价,即社会组织的特征与表现在公众心目中的反映。而组织形象落实到组织内部的个人便形成了个体的职业形象。个体的职业形象与组织形象是整体与部分的关系。良好的组织形象要依托于组织内每个个体职业形象的累积,而个人职业形象的树立也会受到组织形象的影响。因此,两者联系紧密,相辅相成。

全球 MBA 智库百科将职业形象界定为职场中的个体在公众面前树立的印象,具体包括外在形象、品德修养、专业能力和知识结构这四大方面。它是通过个人的衣着打扮、言谈举止反映出的专业态度、技术和技能等。结合前人的研究,本研究认为职业形象是指社会公众对某一职业的任职者的整体感受和评价，是社会公众对从业者在一定时期和环境下的外在表现以及内在素质的认识、印象、看法等的综合体现，强调对某个职业人群的整体印象和评价、态度。职业形象其实是一种角色形象。职业角色是人们在社会生活中最重要的角色之一，这是由于人的一生很长一段时间是在职业生活中度过的，而且人的理想、价值在很大程度上也是通过职业实现的。

职业形象的内容包含了一系列不同的要素。本研究将这些要素归纳为内在要素和外在要素。内在要素是职业形象的内涵，也是职业形象中最重要的方面，包括职业承担者的职业责任感、职业道德、职业认知、职业心理特征和职业技能等；外在要素是职业形象的外显，包括职业承担者在职业行为过程中的衣帽服饰、仪表、仪容、言谈举止、姿态动作等。职业形象不仅来源于人们对职业承担者所表现出来的看得见、摸得着的外在行为的观察，而且源于人们对职业承担者内在精神的感知和体验。职业形象是职业承担者内在精神和所有外在表现这一系列客观状况的反映，是其内在要素和外在要素的有机统一。

著名的CIS(corporate identity system)理论将企业形象作为一个整体进行建设和发展，将企业形象分为企业理念识别(mind identity)、企业行为识别(behavior identity)、企业视觉识别(visual identity)。按照CIS理论的分类方法，职业形象细分为职业理念、职业行为和视觉形象。职业理念是指由职业人员形成和共有的观念和价值体系，是一种职业意识形态。职业理念是为保护和加强职业地位而起作用的精神力量，是在其职业内部运行的职业道德规范。职业行为是指人们对职业劳动的认识、评价、情感和态度等心理过程的行为反映，是职业目的达成的基础。从形成意义上说，它是由人与职业环境、职业要求的相互关系决定的。职业行为包括职业创新行为、职业竞争行为、职业协作行为和职业奉献行为等方面。视觉形象是指个体在职业行为过程中的衣帽服饰、仪表、仪容、言谈举止、姿态动作等。

（三）职业形象的特征

1. 实践性

“社会生活在本质上是实践的”。社会实践是任何形象构建的舞台。“环境的改变和人的活动的一致，只能被看作是并合理地理解为变革的实践。”职业形象构建必须根植实践活动中，在主体与客体相互作用中得以确立和发展。形象建构不能脱离实践活动而独立或者先验存在，其职业形象建构须以环境的变化为基础。一方面，通过主体积极发挥自身主观能动性，主动把握新时代公安工作的新使命和新要求，不断加强自身能力素质的提升；另一方面，职业形象建构必须吸纳客体和其他环境要素的评价和反馈，以利于持续改进自身职业形象。

2. 时代性

特定的社会生产力发展程度、社会生产关系发展水平、社会文化繁荣程度等因素制约和影响了特定职业形象的构建。不同时代、不同行业、不同地域、不同个人集合在一起造就了不尽相同的职业形象。职业形象要把握和彰显时代特征，并随着时代的发展时刻进行调整。

二、警察职业形象

警察职业形象是公众通过警察的内在特征和外在行为表现对其形成的感觉、印象、评价和信念，是警察组织内在品格和外在行为的综合反映，体现的是警察群体的精神风貌。这种公众的认知状态与警察的自我表现和职业规范的遵守密切相关。警察职业形象的内涵表现为以下几点：

第一，从职业形象的认识角度出发，以个体的内在涵养和外在表现为典型，在考察和归纳的基础上集合成警察总体职业形象。

第二，社会对警察的形象期望和警察自身的角色定位是警察形象建构的依据，是警察在与群众、管理部门和社会的不断交互过程中确立的。因此可以说，警察职业形象既是公安机关实力的外显，也是警察自身素质和能力的外化，包含国家、社会、群众对警察职业形象建构的期望及其评价。

第三，警察形象既具有历史继承性，又具有自我超越性。不同历史环境和社会背景下，对警察的目标定位、工作方法、能力素质等的要求不尽相同，因此，警察职业形象建构的期待和成效也处在不断的发展变化之中，呈现出多样性发展的特点。警察职业形象是主客观具体的、历史的统一。

在以往的职业认同的研究中，刘志宏将其概括为公安民警职业认同感的自我调节效能和职业规范遵守效能。通过本研究的实证研究发现警察的职业形象存在“刻板印象”，如：“警察职业是弱势群体”，“现在警察的威严越来越低，新闻上经常有警察被打，警察被群众围攻的事情”，“现在警察这个职业有点如履薄冰，网络暴力的滋扰，人民群众偏听偏信”，“警察在网络的群体性盲目面前很无奈，理性永远拼不过刻意的谣言和抹黑”。

警察职业作为一个特殊的、社会化的职业，而警察一方面是国家的执法者，国家权力的象征，代表着政府，代表着社会公正公平的形象；另一方面又是服务者，其行为与人们的社会生活息息相关，处处受到大众的监督。警察职业突出个人理想信念与社会期待统一的“特殊性”以及职业内容与人们社会生活息息相关的“社会性”。这种“特殊性”和“社会性”决定了警察职业认同要兼顾警察个体的内在情感价值和社会规范、群众的期待认可，所以警察的职业认同的主体既包括警察个体又包括警察职业客体（如执法对象、服务对象等），警察职业认同的对象既包括警察这一“职业”本身又包括“警察个体”所内化的“警察职业角色”。因此，兼顾警察工作的外部性和内部性。通过对文本资料的质性分析发现公安机关人民警察的职业认同维度包括职业形象、职业信念、职业信仰、职业情感、职业声望五个方面。职业形象，即警察职业在社会公众面前所树立的印象，是社会公众对警察职业认知状态呈现。职业信念，即个体认为可以确信认知，并且愿意把这个认知作为职业行动的指南。职业信仰，信仰和信念不同，职业信仰指的是对某个职业的崇拜和充满敬意。职业情感，即个体对警察职业的稳定的态度和体验，最直白的表述即喜欢或是讨厌。职业声望，即人们对警察职业的社会评价以及尊重程度。

第六章　警察职业认同的影响因素

职业认同是一种思想和观念的形成。思想政治教育环境论认为人的思想、观念的形成受外部环境影响，因此，社会、组织和家庭等因素会对警察职业认同产生重要影响。马克思主义个人主体论揭示了个人主体性与社会历史发展的内在联系，主张尊重个人的主体地位及发挥个人的主体性，强调个人作为活动主体在与客体及他者的相互作用过程中表现出来的能动性、自主性和创造性，因此，警察个人因素会对其职业认同产生影响。警察在社会环境中工作，其职业认同也会受到社会环境中的社会群体的社会评价、社会期望、社会态度等因素的影响；同时，作为公安组织中的一员，公安组织中的保障政策、考核评价、激励机制和组织文化等因素也会影响警察的职业认同。警察职业认同是一个心理过程，个人的职业兴趣等是影响职业认同的重要方面。警察在生活中还需要与他人交往，其职业认同也会受父母、同事等其他因素的影响。本部分将从质性的扎根分析得来的个体表现、工作生态、社会环境、组织制度 4 个主范畴来剖析影响警察职业认同的因素。

为了有个大概的原因了解，首先将文本资料进行词汇云的分析，结果如图 6－1 所示。从词汇云的显示来看，围绕在警察周围比较突出的是职业、工作、危险、待遇、报警、执法、压力、牺牲、工资、危险等词汇，然后对词汇进行词频和权重的分析，得出表 6－1 的结果。

图 6－1　文本分析词汇云

表 6－1　文本词频分析报告表

词频分析报告								
关键词	词频	权重	关键词	词频	权重	关键词	词频	权重
警察	622	1	报案	25	0.7188	人民警察	16	0.6883
职业	160	0.8482	领导	17	0.653	加班	19	0.6867
派出所	59	0.7921	家里	15	0.6521	老百姓	20	0.6828
民警	42	0.7611	伟大	15	0.6517	笔录	16	0.6826
警服	26	0.749	尊重	16	0.6516	队伍	22	0.6799
公安	41	0.7485	辅警	14	0.6498	案件	20	0.6792
警校	23	0.7398	年轻	15	0.649	辛苦	20	0.6781
工资	35	0.724	群体	14	0.6464	危险	21	0.678
待遇	35	0.7234	犯罪	14	0.6448	打架	11	0.638
报案	25	0.7188	百姓	13	0.6443	监狱	13	0.6377
回家	31	0.7119	民众	15	0.6618	安全	15	0.6373
报警	27	0.7106	体制	17	0.6603	熬夜	10	0.6364
案子	22	0.7096	家人	16	0.6596	正义	11	0.6346
牺牲	27	0.7088	付出	16	0.6571	压力	13	0.6344
人民	31	0.7049	抓人	15	0.6557	好人	11	0.6336
基层	27	0.7048	警察队伍	15	0.6557	坏人	10	0.633
公务员	25	0.7044	行业	18	0.6544	保护	13	0.6305
群众	30	0.7022	吸毒	12	0.6544	家庭	10	0.606
嫌疑人	19	0.6973	罪犯	14	0.6542	生命	11	0.6192
办案	15	0.6701	电话	19	0.6538	矛盾	12	0.6272
出警	12	0.6693	保护	13	0.6305	正义	11	0.6346
休息	20	0.6652	矛盾	12	0.6272	压力	13	0.6344
毕业	12	0.6284	坏人	10	0.633	好人	11	0.6336

通过文本的整体词云分析，能粗略看出当前影响警察职业认同的因素有职业本身（职业、派出所、民警、行业等词汇）、有民警的执法行为（报警、报案、案子等词汇）、有福利待遇（工资、待遇等词汇）、有工作性质（抓人、保护、

吸毒、罪犯等词汇),还有警察的工作状态(熬夜、休息、加班、辛苦、危险、压力等词汇)。这些影响因素到底怎么影响,以及相互之间的关系如何,通过前文介绍的编码过程,如第四章图 4-2(模型图)的呈现。

进而基于资料的扎根四阶段编码研究发现,词汇云中所呈现的影响因素归入到个体表现、工作生态、社会环境、组织制度 4 个主范畴,将这 4 个主范畴的编码覆盖率进行比较,以编码节点为纵轴,以节点编码覆盖率为横轴,形成编码覆盖率图(如图 6-2 所示)。

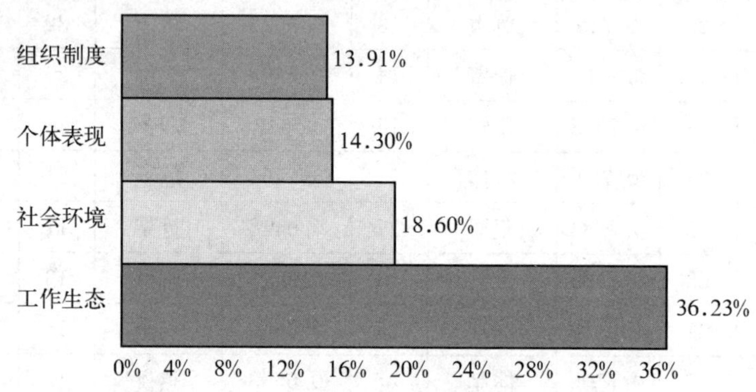

图 6-2　警察职业认同影响因素编码覆盖率图

第一节　工作生态

一、理论基础:生态系统理论

生态系统理论(ecological systems theory)是发展心理学中,布朗芬·布伦纳提出的个体发展模型,他认为对儿童发展特点的研究要强调其发展的情景性,并提出了生态系统理论的观点。他认为发展个体嵌套于相互影响的一系列环境系统之中,在这些系统中,系统与个体相互作用并影响着个体发展。由于他承认生物因素和环境因素交互影响着人的发展,所以把这种理论描述为生物生态学理论更为准确。布朗芬·布伦纳指出,个体所处的环境是一个完整的嵌套系统,每一个系统中嵌入了一个子系统,大系统中包含了一个或者多个子系统。个体的发展既会受到个体所在的直接微观子系统的影响,也会受到其所处的微观子系统之外的中间系统甚至更大的社会系统的影响。每一个系统中都包含了一个或多个子系统,子系统中又包含了若干子系统的影响,系统与系统之间又相互影响。个体的发展一定会受到子系统与母系统的共同影响。布朗芬·布伦纳强调,影响个体发展的系统应该包含四个层次,最为直接的微观系统、间接的中层系统、外部系统和宏观系统,这四个系统有时直接对个体发生影响,有时通过其子系统对个体发生影响。对个体的行为考察既要从个体所处的微观系统去考虑,也需要把个体放在社会系统这个大背景中去考察。公安工作生态系统不仅要考察警察个体所处的公安子系统,更要把公安子系统放在社会大背景的宏观系统中研究,社会系统对个体发展也会产生直接或间接的影响。公安工作生态系统不能仅仅局限于公安组织的中观系统,也需要从社会体系、社会组织等其他系统共同考察个体发展的生态机制。

生态系统理论展现了一套实用的语言和观点,解释了社会变迁和间接的实务如何被融入主要聚焦于个体变化的实务,生态系统理论促进了网络和社会支持的积极发展。作为一种社会系统,生态视角有三个基本的原则,首先,网络的相互依存指的是人与人之间、人与环境之间的关系,环境更多地被划分为:积极的、负面的或中性的。其次,生态过程具有循环性质。生态视角要求生态性思考,要像社会系统理论一样注重评估子系统之间的关系和交换。最后,非线性。个人与环境的互动是循环的,所以是非线性。个人会回应环境,环境从而改变并回应个人。通常个人或环境都需要自我调节和自我组织,以实现更相互的适应匹配。

根据生态系统理论的观点,警察职业认同的影响因素也绝不仅仅是某一单方面因素的影响,必然受到来自社会大环境、组织制度自身、民警个体因素以及和工作相关的因素的影响。

二、工作生态范畴分析

工作生态指的是与警察工作相关的警察工作的性质、工作环境、工作职责以及工作带来的压力等。从图 6 - 2 可以看出工作生态的编码覆盖率为 36.23%,表明超过 1/3 评论者认为工作生态影响了职业认同。工作生态主范畴节点包含的范畴概念及编码参考点数见表 6 - 2。

表 6-2　工作生态主范畴节点包含的范畴概念及编码参考点数

主范畴:工作生态(395)			
副范畴	四级节点(范畴)	五级节点(概念)	参考点数
工作属性(116)	工作环境(78)	工作危险	47
		客体复杂	31
	工作性质(38)	素质要求	6
		执法部门	13
		纪律要求	19
工作压力(279)	工作负荷(186)	工作劳累	117
		工作烦琐	12
		工作时间	57
	心理压力(70)	报复风险	5
		工作性质导致心理压力	63
		心理调适弱	2
	职责过载(23)	职责范围泛化	11
		资源有限	12

注:范畴(包括主范畴、副范畴及下属的范畴)括号内数字是编码参考点数。下同。

(一) 工作属性

属性原本指的是人类对于一个对象的抽象方面的刻画。一个具体事物,总是有许许多多的性质与关系,我们把一个事物的性质与关系,都叫作事物的属性。事物与属性是不可分的,事物都是有属性的事物,属性也都是事物的属性。一个事物与另一个事物的相同或相异,也就是一个事物的属性与另一事物的属性的相同或相异。由于事物属性的相同或相异,客观世界中就形成了许多不同的事物类。具有相同属性的事物就形成一类,具有不同属性的事物就分别形成不同的类。

工作属性即工作的本质和特点,有时也称为职业属性,具有价值性,即职业的存在特性,包括职业的目的性、社会性和规范性;延续性,职业的动态特性,包括职业的稳定性、群体性和时代性;专门性,职业的形态特性,是职业劳动与一般活动或劳动之间的根本区别。

在对警察职业认同的影响因素编码中发现,参与评论者多次从警察的工作环境和工作性质等工作属性方面来描述。

1. 工作环境(编码参考点 78 处)

首先,警察职业是和平时期最危险的职业,工作牺牲多、危险大,“2013年以来,每年因公牺牲的警察都有 400 人左右,警察是和平年代最容易牺牲的职业”,“监狱警察值班和备勤室都在监舍内,和罪犯就是一墙之隔,要时刻提高警惕”,“排查天然气的例子,消防未到,检测人员不干的情况下,作为警察必须上,最危险的时候,让辅警撤离,警察上”,“做警察很危险,有时面对装备悬殊的、人数悬殊的执法对象,处境危险;有时有恶性传染病的执法对象会暴力抗法”。可以说警察在工作中往往面临着其他职业所不能预见的各种危险,往往需要把自身安危抛在脑后,去承担一名人民警察应该承担的职责。

其次,人民警察作为犯罪打击的主要承担者,每天的工作要和不同的执法对象打交道,客体非常复杂。“警察是要和高危人群打交道的职业”,“警察工作接触杀人犯、强奸犯、人贩子等社会黑暗面人群”,“晚上一般都是吸毒、卖淫嫖娼、聚众斗殴等案件,有时候案件集中,晚上要忙到很晚”。从上述评论者的描述中,可以发现公安民警执法中会面对杀人犯、强奸犯、吸毒者、卖淫嫖娼者、聚众斗殴者,还有可能是带来恶性传染病的对象。工作客体的极端复杂性,也对公安民警的职业认同造成了很大的影响。

2. 工作性质(编码参考点 38 处)

工作性质是一种工作或职业区别于其他工作或职业的自己特有的角度和标准。警察作为较为特殊的职业,代表国家执行法律,拥有合法的暴力,有特有的职业性质。首先,有明确的纪律要求约束,如“警察工作有严格的法律规定”,“随时会接到出警任务,还要保密”,“如果出了事情处理不好,可能会被开除还可能要坐牢”。其次,为了更好地承担警察职责,对人民警察也有较高的素质要求。“考警察院校对成绩和身体要求都很高”,“父亲能力强,办事果断干脆,是家里人的主心骨”,“警察自身要有更高的道德情操”,“父亲是警察,性格强势,独断,正直”。从公安民警的招录阶段就比较关注警察的综合素质和体力素质,并在日常工作中关注警察的能力和素质培养,一方面提高了警察的综合素质,另一方面也会给警察带来一些压力。最后,作为特殊的职业,时刻体现作为执法部门的特殊要求。“如果案件处理结果不如报案人所愿,公安机关就会被误解成乱作为或腐败”,“有些案件在处理过程中,警察本着公平公正的理念,会达不到一些人的期望,就会被各种炒作”,“有些盗窃案件,破案要花费大量的时间和警力,但即使破了案,也很难追回赃物,需要和失主解释”,“警察作为执法者,其工作性质决定了一些问题不可避免”。作为有严格纪律约束和要求的执法机关,工作性质、工作特点影响着警察的职业认同。

(二) 工作压力

对于工作压力的概念,现有研究尚未形成一个标准的定义,学者们尝试从不同角度对压力进行界定,目前学术界较为成熟的观点有以下三种:

一是压力的刺激学说。该学说关注的视角是压力的本质来源,即压力究竟从何而来,它对压力的界定是压力源,也就是那些能引起个体产生紧张与焦虑感的外部刺激。韦斯(Weiss,1967)是该学术的代表,他认为外部客观环境的某种变化会触发个体产生焦虑、紧张的不适感,并影响人们处理信息的正常方式,这可能就是压力的某种形式。以该学说为基础,许多压力研究开始集中于刺激因素,注重那些产生刺激的工作特征,并分析这些特征与压力的关系(许小东、孟晓斌,2004)。卡普兰(Caplan,1975)将一些工作特征直接定义为压力源,如工作负荷、时间压力、角色模糊与角色冲突等。然而,该学术过于关注外部刺激,较少关注到人们对这些刺激的认知评价,以及可能采取的反应策略(舒晓兵、廖建桥,2002)。

二是压力的反应学说。该学说关注的视角是对压力的感知与体验,即人们面对压力的主观感受,它对压力的界定是压力反应,也就是面对外部刺激变化时个体呈现出的生理与心理反应。奎克(Quick,1984)对于压力的研究偏向于压力的反应,他认为面对压力源,个体普遍会产生一个有规律、无意识的资源调动,在压力的处理策略方面,可以建立一个压力的预防管理模型。萨默和德克特(Summer & Decotiis,1995)也认为,当个体所处的正常生活环境发生改变时会产生焦虑感,压力应该更多体现为反应的变化,而非改变本身。以该学说为基础,许多压力研究开始集中于个体的生理与心理状态,以及压力可能引起的工作态度与行为的变化(许小东、孟晓斌,2004)。

三是压力的刺激—反应学说(主体特征学说)。该学说关注的视角是刺激因素与个人主体特征的结合,即压力是外界刺激与个人主体特征相互作用下产生的生理和心理反应,它对压力的界定不仅包括紧张感等认知反应,还包含主体特征以及应对压力的策略。拉扎勒斯和洛尼耶(Lazarus & Launier,1978)认为,压力是外部需求与自身能力相适应的结果,当需求超出了能力的正常适应,压力随即产生。这种观点强调了刺激与主体特征的匹配,能很好地解释个体在面对压力时的反应差异。以该学说为基础,许多压力研究开始集中于关注影响压力产生的各种主体特征,关注这些主体特征与环境刺激的相互作用。洛克和泰勒(Locke & Taylor,1990)认为,工作的许多伤害和威胁其实取决于各种压力源对员工个人重要价值观的压抑程度。

综合以上三种学说,可以看出压力本身的内涵非常复杂,学者们从多个视角来展开对它的研究。本研究尝试依据第三种学说的压力研究思路,对影响警察职业认同的工作压力的概念从两个相对独立的角度来进行阐述,一个是压力源,另一个是压力反应。压力源,对应的英文单词是"job stresser",亦即压力的来源,是与工作相关的、需要员工做出调适反应的工作条件或情境刺激,例如工作负荷、工作中的职责过载等因素。压力反应,对应的英文单词是"job strain",指员工对工作压力源的反应,如焦虑、头痛、紧张、挫折、倦怠等,可能包括生理与心理层面,也包含行为的反应,本研究主要关注的是警察的心理方面的压力和调适。

1. 工作负荷(编码参考点 186 处)

工作负荷从广义方面来讲,是一个多维的概念,它涉及工作数量、质量、时间、压力、工作者的能力和努力程度、行为表现、心理状态和其他诸多因素(孔辉,2011)。同样,在对工作负荷进行研究时,也有学者指出工作负荷主要以单位时间内的工作量来进行评估(文进等,2015)。但谢金柱等几位学者指出工作负荷的定义主要应从三方面进行说明:工作量和任务数量、时间和操作者的主观心理体验,广义方面工作负荷的定义为单位时间内人体能够承受活动的工作量。但是工作负荷又不同于工作量,工作负荷体现了工作数量、质量、工作能力的共同要求,以及执行者的心理体验（谢金柱等，2018）。卢润德、方艳认为：从广义上来讲，工作负荷是指个人在单位时间内人体所能承受的工作量，主要体现在体力工作负荷和心理工作负荷两个方面。在工作量的多少、工作时间的长短以及工作强度的强弱三者中，都可以作为独立判断是否超工作负荷的依据，通过三个具体维度的衡量可以判断一个人的工作负荷。工作量、工作时间和工作负荷成正相关。工作量越大，工作时间越长，即工作负荷越大；反之，则越小。

警察日常工作中的工作负荷主要体现在工作量巨大、持续工作时间较长以及工作内容烦琐。

首先，工作时间（编码参考点 57 处）。警察的工作性质要求警察除了正常的上班时间，还要保证全天 24 小时的备勤状态，工作时间巨长。“警察工作一般是白天＋黑夜，24 小时连轴转，休息不好”，“笔录做完，还不能休息，要等批文，送看守所、拘留所，通宵看守”，“工作 12 年，没休过一个完整的小长假、长假”，“警察大半夜巡逻，接到警情随时赴现场，不眠不休地抓嫌疑人，真真切切地保卫人民”，“警察逢年过节几乎都要加班”，“警察工作很累，不能像其他公务员按时下班，有时候几周都回不了家”，“警察工作苦，在 40 度的夏天里站一整天，熬夜工作，全年备勤，不能陪家人”，“派出所警察常年连续值班，少则三四天多则一周，白天黑夜连轴转”，“特警 343 天，累计上班备勤在岗 332 天”，“做警察很累，一周一次夜班，上完夜班仍然不能休息，白天＋黑夜的 24 小时工作”。

其次，工作劳累（编码参考点 117 处）。工作量巨大，严重超过单位时间内民警的承受能力，造成民警普遍的工作劳累，身体亚健康的状态。“基层警察要完成硬性绩效指标”，“警察办案工作时很辛苦，没有时间休息，毒案的办案流程下来基本上是 24 小时不休息，有时候加上其他的事情，30 多个小时不能休息”，“警察抽烟不是为了别的，是因为要熬夜工作，靠抽烟来提神”，“警察的工作量太大，警力又有限，所以有时候对于案件就会分个轻重缓急，讲求个回报率，所以小的盗窃案有时候就没有警力管，会引起老百姓不满”，“警察工作忙，经常加班，有保密性”，“警察很忙，杂事多”，“警察很辛苦，且会不定时的加班、执行任务，不能陪家人”，“累，身体常年得不到休息，二十多岁的人，感觉身体被掏空”，“刑警赶上办案，通常通宵熬夜八到十天，加班十五天以上”,“刑警要接触各种案件、各种不同的罪犯,任务经常比较紧急”,“做警察很累,无效警情很多,不管刮风下雨还是深更半夜,有警必出,一天事情很多,没有时间休息”,“事情特别多,动不动就执勤,抓人,搜查,手机随时待命,随时执行任务,不能陪家人”,“值完班也不能休息,因为要处理值班期间发生的纠纷”。

最后,工作烦琐(编码参考点 12 处)。除了工作时间巨长、工作任务巨多以外,警察日常的工作还较为烦琐。“警察会不定时地有紧急任务,警察本身要及时响应”,“警察全年无休,随时备勤,时刻准备执行任务,没有任何借口和理由”,“刑警经侦就不说了,治安的杂事最多,打架斗殴、小偷小摸、骚扰猥亵、猫掉了狗跑了、老人出走未归了,什么都会报警,很难有闲下来的时候,上个 WC 都要挂了对讲机,怕指挥中心接到报案找你找不到”。

2. 心理压力(编码参考点 70 处)

压力是一个复杂的过程,包括压力源,心理生理反应及介于压力源和反应之间的紧张状态等三个部分;压力的产生与个体和环境之间的相互作用息息相关,客观存在的压力来源并不一定能引起个体的压力感受,只有在环境需求超过了个体处理需求的能力时压力才会产生,可以说,压力是一种对需要与应对资源进行认知评价的结果。在心理压力的发生过程中,不管是压力来源,还是压力表现,心理因素尤其是对环境要求的认知起至关重要的作用。如果一个人认识不到存在着对他来说非常重要的内外环境要求,即使客观存在着,也不会引起他产生心理压力(梁宝勇,2006)。结合本书的研究,本人认为心理压力就是指个体在认识到内外部环境的要求对其构成了威胁或超出其应对能力时所产生的一种主观心理感受。

警察职业认同中的心理压力包括客观层面上警察工作性质、职业报复风险所导致的心理压力以及警察主观层面的心理压力调适能力较弱等因素。

首先,因警察的职业特点,工作性质带来的心理压力。“工作 12 年经历两次公务车祸,殡仪馆送过三次战友”,“刚做警察时一度对世界产生了质疑,感觉世界充满了罪恶”,“警察每天都和社会的阴暗面接触,心理问题普遍存在”,“警察每天和各种邪恶作斗争,也时刻受到邪恶的影响”,“警察天天受负能量的侵蚀,心理或多或少地被影响着”,“做警察很累心,会神经衰弱,会焦虑,因为任务完不成、案子破不了、嫌疑人抓不到、案件有问题、证据没完善、羁押是否超期、检方退侦纠违、报案人不配合等各种担忧,还有些人为的扯皮推诿”。

其次,由于工作原因担心被报复的心理压力。“刚到派出所的时候发现一个问题,警长办案审人挺狠的,但是把人往看守所送的时候挺怂的,有时候所里点根烟、聊一聊,有时候进去前聊一聊,总之,就是让你觉得,送你进去你别怪我,作为警察,这是我的职责。起初,我心里就想啊,咋这么虚伪,平常也不是这么个人啊,后来我想通了,这是怕报复啊”,“楼下伯伯(警察)的儿子,小学一年级的时候,被犯罪分子的家属报复,伤了右眼。现在视力都没有完全恢复”,“我从小就被要求放学一定要按时回家,不能去别的地方(因为当时父亲主要负责缉毒这一块,我爸怕我被毒贩领走,这个真的毫不夸张)”。

最后,由于公安组织层面在公安民警的心理干预层面介入较少,民警自身的心理压力大加之调适能力弱,使得公安民警的心理压力不能及时地缓解,进而不断恶化。“很多刑侦类的警察都有些职业病,情感的控制能力差”,“警察的工作性质导致警察很多都有心理疾病,需要心理辅导”,“警察每天接触的很多都来自社会最阴暗的底层,心理挑战大”。

3. 职责过载(编码参考点 23 处)

工作职责就是工作者在工作中所负责的范围和所承担的相应责任,包括完成效果等。当前学术界对于员工的工作职责履行的结果研究,大致集中于员工的生理和心理压力,以及由此而来的员工行为和表现。目前公安机关在打击违法犯罪方面的具体职责相对明确,但涉及一些社会管理和公共服务方面就缺乏明确的标准,公安机关管了许多“不该管、管不了、管不好”的事情。

公安机关人民警察的法定职责是指《中华人民共和国人民警察法》(以下简称《人民警察法》)第二章第六条规定的 14 项职责,意定职责是指公安机关依据全心全意为人民服务的宗旨不断向社会承诺、将《人民警察法》第二十一条规定中的警察义务转化为警察职责。警察职能体现到社会生活中就包括三方面作用:执法、维持治安和提供服务。警察职能的泛化往往体现在提供服务这方面，在群众眼里，市长热线、价格投诉举报电话、消费者协会电话、旅游服务热线、举报违法生产、文化市场举报电话等都变成了110。服务人民群众是党政机关、政府各业务部门的共同职责。虽然《人民警察法》明确规定了公安机关人民警察的职责任务，但警察的“服务职能”往往被许多专家学者或者部分民众所误解，认为警察是为人民服务，就必须无条件履行服务职能。这使得实际上公安民警干了大量非职责工作，从事了大量非警务活动，浪费了大量警力，带来了很大的负面影响，以至于本来不应由公安机关承担的任务而社会公众却认为就应该由公安民警去做，包袱重、压力大，恶性循环，形成了不做就不作为的社会共识。当人民群众日益增长的解决困难的需要同人民警察低效率的执法成果之间的矛盾不断凸显时，将会导致人民群众的获得感、幸福感缺失，继而使人民群众对人民警察的执法活动不满意、产生怀疑甚至是敌意。

警察学家罗伯特·比尔早在170年前提出了警察强力管理的“最后且最低”原则：只有到了其他部门、人员都不足以恢复秩序时，才能使用警察；只有在说服、建议和警告等各种非强力措施都不足以实现治安目标时，才能使用暴力。况且所有的政府职能机构职业工作者都理应为人民服务，而非由警察包揽包括警务活动和非警务活动在内的一切工作。政府应当把公安机关有限的警力从纷繁复杂的不需要警察作为的警情处理、纠纷调解和服务群众中解脱出来，改变目前这种只要群众报了警，或者需要公安机关提供服务，干警就必须进行过问回应并帮其解决的现状。但我国现状还有待改善，仍然存在一些“无效警情”占用警力，影响了正常的警务活动。

本研究所提炼出来的职责过载也可称为职责泛化，警察日常工作中非警务活动牵扯的警力过多。

首先，民众有问题找警察的观念普遍。近年来，经过广泛开展普法教育，明显提高了人民群众的法律意识和总体素质，但仍然存在一些问题，公安机关被动承担的非警务活动也在增加。很多人民群众高度依赖公安机关维护自己的权利，却不尊重执法者权威。大部分群众在遇到不法侵害时第一反应就是报警，这反映出群众对公安机关的强烈依赖，充分说明群众对公安机关打击违法犯罪、维护社会治安的职责认知是非常清楚的，但矛盾的是部分群众对警察执法的信任度和尊重程度却不高。随着国家法治化进程的推进，国家整体法治化水平得到提高，然而人民群众的法治素养程度改观并不明显。很多群众只强调个人权利，尤其是遇到和自身利益相关的情况时，就无法理性遵循法律规定，一方面想借助公安机关的权威性和强制性实现自身利益，另一方面不尊重执法者，当处置结果和自己预期不一致时，为了自身利益不肯让步，轻则为同一件事重复报警，却不听民警的劝阻和调解，重则一意孤行并导致冲突升级。

其次，由于地方部门立法事权划分不清，程序规定不明，公安机关的职责范围没有明确的界限。目前我国很多部门立法为公安机关设定了行政协助义务，例如：《消费者权益保护法》第六十条规定："以暴力、威胁等方法阻碍有关行政部门工作人员依法执行职务的，依法追究刑事责任；拒绝、阻碍有关行政部门工作人员依法执行职务，未使用暴力、威胁方法的，由公安机关按照《中华人民共和国治安管理处罚法》的规定处罚。"《文物保护法》第三十二条规定："文物行政部门可以报请当地人民政府通知公安机关协助保护现场。"公安机关的行政协助范围，涵盖了许多领域，这些领域包括工商、银行、矿产资源、文物保护等。这些部门立法没有警察事权、程序等内容，通常只明确警察的协助义务，过于简单地规定公安机关应当提供行政协助，或者强调可以要求公安机关进行协助，没有详细叙述协助措施、责任认定等内容，对经费保障、监督救济也规定不明。导致行政机关不考虑具体情况，一味地向公安机关提出协助处置的要求，不仅容易浪费警力，也会因相关规定不明确影响工作效率。

最后，部分行政部门存在缺位现象，公安机关不得已"补位"。多年来，国家一直倡导转变政府职能，相关职能部门应负责应对处理本部门职责范围内的社会问题，按照职能划分，各司其职。然而有的部门仍存在该作为的不作为、该管的不管、不履行法定义务的现象。还有少数行政部门观念淡薄、服务效能低下，导致群众不信任，遇到事情仍然习惯于拨打 110，占用了大量的警力资源。在遇到紧急事态实行的社会联动处置机制在联动上也存在短板和不足，各联动职能部门在联动意识、应急值守等方面还存在诸多问题，本来应该各行政部门合力解决的问题，但只有公安机关一家独自勉强支撑，一线民警耗费了时间精力，满足不了新形势下群众的新期待和新要求，造成公安机关的工作更加被动，影响公安机关在群众心目中的形象。

除了上述的非警务活动的影响，职责过载还包括客观层面的警力资源有限。在警务需求过载和客观警务资源不足的双重限制下，现实中警察的职责过载成为警察职业认同的主要外部因素。对文本资料的表现截取如下：

首先，公安机关的职责范围被放大。"老百姓有问题就找警察，不管这个事情是不是归警察管，导致警察有时候很难满足老百姓的需求，老百姓会不理解"，"我国公安太过于庞大，管的东西太多，职责太丰富"，"被偷的，赌博的，卖淫嫖娼的，家暴的，出轨的，吵架的，有很多警真的出得很无奈，比如电信诈骗，现在媒体和国家都在宣传电信诈骗的套路，这些人非不信，觉得自己智商高，被老掉牙的手段骗，说白了被骗还不是因为想挣非常规的收益？什么"火币"，投入一千几个月后拿四五千。什么老师加你好友带你炒股带你飞，收益比贩毒还多。这些人竟然都信了，正常人都知道天上没有掉馅饼的道理，如果是真的这些人干吗不自己闷声发大财，非要带你赚？这些骗子一般都做了身份掩护，信息假的，人在境外，想找回被骗的钱难度太大"，"什么走路上遇猫狗打架被狗咬，有时候一部分警力真的就这么被浪费了，正事（法定职责）反倒是没干多少"，"有些报警事宜很荒唐，如果警察不管，就会投诉警察不作为"。

其次，公安机关的警务资源有限。"报案中盗窃诈骗的最多，报案者都希望能破案且找回他们的财物，但是，由于资源有限，不可能全部破案，报案者就会不满意"，"警察的工作量太大，警力又有限，所以有时候对于案件就会分个轻重缓急，讲求个回报率，所以小的盗窃案有时候就没有警力管，会引起老百姓不满"。

第二节　社会环境

社会心理学家洛尼耶（Markus，2005）说："最重要的是人们具有可塑性"，即强调外部的社会力量塑造我们的态度和行为。在本研究中，社会环境是影响警察职业认同的第二位因素，并且通过编码（表 6-3）发现当前社会上普遍存在的社会偏见（66 个编码参考点）、媒体以及群众的社会黑化（52 个编码参考点）是社会环境中影响警察职业认同最关键的因素。

表 6－3　社会环境主范畴节点包含的范畴概念及编码参考点数

<table>
<tr><th>主范畴</th><th>三级节点(副范畴)</th><th>四级节点(范畴)</th><th>参考点数</th></tr>
<tr><td rowspan="6">社会环境(185)</td><td rowspan="2">社会评价(118)</td><td>社会黑化</td><td>52</td></tr>
<tr><td>社会偏见</td><td>66</td></tr>
<tr><td rowspan="2">社会期望(25)</td><td>期望负强化</td><td>18</td></tr>
<tr><td>期望正强化</td><td>7</td></tr>
<tr><td rowspan="2">社会态度(42)</td><td>刻板效应</td><td>14</td></tr>
<tr><td>群体极化</td><td>28</td></tr>
</table>

一、理论基础

(一) 社会资本理论

社会资本作为一个正式的概念进入人们的视野是在 20 世纪 80 年代，1980 年，法国社会学家布迪厄(Bourdieu)在《社会科学研究》杂志上发表了题为《社会资本随笔》的短文，正式提出了“社会资本”这个概念。1988 年，美国社会学家科尔曼(Coleman)在《美国社会学杂志》发表题为《社会资本在人力资本创造中的作用》一文，从社会结构的意义上，全面界定和分析了社会资本概念，其后在其著作《社会理论的基础》一书中，对社会资本理论作了较系统的阐述。20 世纪 90 年代，时任哈佛大学社会学教授的帕特南(Putnam)根据自己的研究先后发表《使民主运转起来》(1993)和《独自打保龄球：美国下降的社会资本》(《美国展望》1996 年春季号)、《繁荣的社群：社会资本和公共生活》(《美国展望》1996 年春季号)等文章，使社会资本概念受到广泛普遍的关注，成为讨论的热点问题和前沿问题。有鉴于此，学术界大多认为，布迪厄、科尔曼以及帕特南三位著名学者对于社会资本理论框架的构建具有原创性贡献，是功不可没的，他们对于理论概念的论述也正是我们今天认知与理解社会资本的主要依据和来源。

1. 皮埃尔・布迪厄的社会资本理论

法国著名社会学家布迪厄最早将“社会资本”这一概念引入社会学研究领域。他从工具性的角度把社会资本界定为资源，指出社会资本是个体可以利用的、可以实现个体目标的资源，可以说，这种在微观层次从关系网络的角度对社会资本的概念界定为后人研究社会资本提供了丰富的理论源泉。

布迪厄认为所谓社会资本是“实际的或潜在的资源的集合体，那些资源是同对某种持久网络的占有密不可分的。这一网络是大家共同熟悉的，得到公认的，而且是一种体制化的关系网络，换句话说，这一网络是同某团体的会员制相联系的，它从集体性拥有资本的角度为每个会员提供支持，提供为他们赢得声望的‘凭证’，而对于声望可以有各种各样的理解”。“这些资本也许会通过运用一个共同的名字（如家族的、班级的、部落的或学校的、党派的名字等等）而在社会中得以体制化并得到保障，这些资本也可以通过一整套体制性的行为得到保障，在这种情况下，资本在交换中也就或多或少真正地被以决定的形式确定下来，因而也就被维持和巩固下来了。这种确定和维持是建立在牢不可破的物质的和象征的基础上的”。

布迪厄对社会资本的定义中强调了关系网络的体制化，在这里需要对体制化作进一步的分析，才能更充分地理解他对社会资本概念的界定。第一，能够带来利润的关系网络并不是亲属关系或血缘关系等自然赋予的，它必须通过某种投资策略来对亲属关系、工作关系等群体和组织关系进行象征性地建构而形成，通过对这些关系网络进行制度化地建构来加强。第二，这种关系网络是通过有意识的投资策略而形成的持久性的关系网络，在被制度化地建构之后，它已从动态变化的偶然联系变为具有稳定联系的关系网络，成为一种可以获得收益的可靠资源；第三，这种关系网络是一种在体制上得到保障的（权利）关系，与某个团体的会员制相联系，其形成和维持需要通过体制性的行为得到保障。

从布迪厄对关系网络体制化的强调，可以看出他非常关注个体对社会资本的投资、利用和再生产。社会资本的形成和积累过程是个体通过参与群体活动不断增加收益以及为了创造这种资源而对社会能力进行建构的过程。换言之，社会资本的形成是个人或团体有意识或无意识投资策略的结果，是社会成员主动对偶然关系进行制度化的建构策略的产物。

2. 詹姆斯·科尔曼的社会资本理论

科尔曼被认为是第一位从理论上对社会资本给予全面而系统论述的社会学家，在《社会理论的基础》一书中，他论述了社会资本的形式、特征以及社会资本的创造、保持和消亡的过程。科尔曼借鉴、吸收了布迪厄的理论观点，但是在对社会资本的界定上,他的社会资本概念更为宽泛。布迪厄是从微观层次上从工具性的角度界定社会资本,科尔曼则从中观层次定义社会资本,为社会资本定义提供了更为广泛的理解,他对社会资本的系统研究为社会资本理论的发展提供了富有洞见的理论见解,真正开启了社会资本的研究先河。

科尔曼的社会资本理论来源于其在社会系统理论的整体框架中对于"理性的社会选择何以成为可能"这一问题的解答。科尔曼认为,社会科学的核心任务是解释社会系统的问题,最基本的社会系统是由行动者、资源以及他们的利益组成的。行动者拥有某种资源,并有利益寓于其中,行动者为了实现自己的利益,就必须与他人进行交换,甚至单方转让对资源的所有权,其结果形成了持续存在的社会关系。① 例如,权威关系、信任关系以及作为建立规范基础的关于权利分配的共识,就是这些社会关系的重要内容,而这些社会关系又具有可以为行动者提供便利的特征,因此,作为一种理性行动的选择,社会资本的概念也就产生了。从理性人的假设出发,建立在互惠互利预期基础上的信任关系促成了特定社会关系网络内部的整合与团结,因此,以互惠和信任关系为重要形式的社会资本作为一种公共物品促成了理性的社会选择的达成。

科尔曼从功能主义的角度界定社会资本,他认为,"社会资本的定义由其功能而来,它不是某种单独的实体,而是具有各种形式的不同实体。其共同特征有两个,它们由构成社会结构的各种要素组成而且为在社会结构中个体的某些行动提供便利。和其他形式的资本一样,社会资本是生产性的,是否拥有社会资本,决定了人们是否可能实现某些既定目标……与其他形式的资本不同,社会资本存在于人际关系的结构之中,它既不依附于独立的个人,也不存在于物质生产过程之中"。"对于推进某些行为是有价值的社会资本的特定形式,或许对于其他行为却是无用的甚至有害的"。因此,所谓社会资本,就是个体及共同体拥有的、表现为社会结构资源的资本财产,它们由那些构成社会结构的要素组成,主要存在于人际关系和结构之中,并为结构内部的某种行动提供便利。科尔曼的这个定义强调了社会资本的社会结构性质,社会资本是特定社会结构的一种属性和功能。指出了社会资

① 科尔曼. 社会理论的基础[M]. 邓方,译. 北京:社会科学文献出版社,2008.

本的功能在于促进个人和集体行动者实现行动目标，它既有利于处于某一特定结构中的个人实现个体目标，又有利于集体行动者解决集体行动问题，并且指明了社会资本的作用范围，有些具体的社会资本形式可能促进某些活动，却也可能有害于其他活动。

3. 罗伯特·帕特南的社会资本理论

真正使社会资本概念引起人们重视的是哈佛大学的教授帕特南。虽然帕特南的社会资本思想在很大程度上得益于布迪厄和科尔曼的启发，但是与布迪厄和科尔曼相比，他将社会资本理论进一步加以深化和拓展，将其研究视角扩展到更为宏观的民主治理研究中，将社会资本视为公民社会的基石，使之与集体行动和公共政策联系起来，提供了应用社会资本理论来研究民主政治和经济发展等宏观问题的新途径，把社会资本概念带入了主流社会科学话语体系。

帕特南在其成名作《使民主运转起来》一书中，运用新制度主义的方法，分析造成意大利南北两部政府制度绩效差异的原因，最终发现社会文化因素是影响制度绩效的关键性因素，即制度绩效与“公民生活”的特性相关，在这一分析过程中引入了社会资本的概念。帕特南及其同仁认为南北部制度绩效的差异在于南部和北部在社会资本积累程度上的差异，即公民精神水平的差异。他们研究发现，北部地区拥有建立互助小组、协同组合、劳动组合、合唱团、扶轮社等社会团体的传统，充满活力，公民之间相互信任、行为公允、遵守法律，领导人比较诚实，互惠性规范和公民参与网络逐渐成为公民之间、公民与政府之间横向联系的纽带；南部地区缺乏公共生活的基础，“公民性”比较弱，公民缺乏参与公共事务的动机，政治和社会参与是纵向的，公共生活的组织方式是等级化的，因此，到处都弥漫着腐败、猜疑、无奈和被害意识，造成了政治和经济水平的低下。① 这种公民精神及公民参与所体现的社会资本的差异是地区政府善治的制约性因素。社会资本能促进成员为了实现共同利益而团结合作，减少群体内的机会主义行为，因此，“表现为公民参与规范和网络的社会资本可能是保持经济发展和政府效能的一个基本前提”。通过对意大利南北两部民主制度绩效的比较研究，帕特南发现

① 帕特南. 使民主运转起来［M］. 王列，赖海榕，译. 南昌：江西人民出版社，2001：204－205.

普通公民在公民社会中的群众性基层活动影响民主制度的绩效,必须鼓励公民参与网络和民间组织的形成和发展,促进社会资本的投资和积累。加强社会资本并非易事,但这是使民主运转起来的关键。

帕特南指出"与物质资本和人力资本相比,社会资本指的是社会组织的特征,例如信任、规范和网络,它们能够通过推动协调和行动来提高社会效率;社会资本提高了投资于物质资本和人力资本的收益"。信任、规范和网络是社会资本的三个组成要素,其中信任是社会资本的必不可少的组成部分,是维持社会交往的基本情感之一。在帕特南看来,一个依赖普遍性互惠的社会比一个没有信任的社会更有效率,正像货币交换比以物易物更有效率一样,因为信任为社会生活增添了润滑剂,因此信任是社会资本的最关键和本质性因素。帕特南认为社会资本有两种形式:一种是把彼此已经熟悉的人们团结在一起的社会资本,它起纽带作用;另一种是把彼此不认识的人或群体联系到一起的社会资本,它起桥梁作用。

根据帕特南的观点,可以从以下三点理解他对社会资本的界定:第一,社会资本主要是由与公民的信任、互惠和合作有关的一系列态度和价值观构成的,其关键是使人们倾向于相互合作、信任、理解和同情的主观世界所具有的特征;第二,社会资本的主要特征体现在那些将朋友、家庭、社区、工作以及公私生活联系起来的人际关系网络;第三,社会资本是社会结构和社会关系的一种特性,它有助于推动社会行动和把事情搞定。

上述通过对布迪厄、科尔曼和帕特南三位代表性人物的社会资本的研究梳理,描述了社会资本概念从微观层次到中观层次再到宏观层次逻辑发展过程,同时也展现了社会资本作为一种解释范式演变成新的理论研究途径的过程。在布迪厄那里,社会资本是一种通过对"体制化关系网络"的占有而获取的实际的或潜在的资源集合体,社会资本的形成是个人或组织的"有意识投资策略的产物,而非其他社会行动的副产品"。有人认为,布迪厄开创了社会网络分析的社会资本研究之先河。也正是从这个意义上说,社会资本研究始于社会网络分析。科尔曼则从社会结构的功能出发定义社会资本,认为社会结构是一种可以实现行动者利益的可资利用的资源。他认为社会结构的资源不仅可以成为增加个人利益的手段,而且强调了社会结构资源对于达成集体行动的作用。从科尔曼开始，社会资本引起了人们的重视，并且也正是科尔曼较为完整地阐述了社会资本理论，使之成为一种新的解释范式。帕特南则在科尔曼等人研究的基础上，将社会资本概念扩大到更广阔的社会政治生活分析。在他那里，更重要的不是社会资本对单个个体的有用性，而是集体层面上的公共精神，如信任、互惠规范和参与网络等。这样的公共精神将有助于集体行动中的广泛合作，并克服集体行动的困境，从而促进经济繁荣和政治民主。

从三位学者的研究中也可以总结出社会资本的基本属性包括：首先，社会资本属于隐性资本。社会资本基本上是无形的，它表现为人与人的关系。社会资本不能离开个人而独立存在，但又不完全依附于个人而存在。“经济资本体现在人们的银行账户上，人力资本存在于人们的头脑中，而社会资本内生在人们的关系结构中。”一个人要拥有社会资本必须要与其他人有联系，正是这些与他人的联系，才是其优势的实际来源。正由于如此，在一般的观念中人们往往相信，谁拥有的关系多，谁就占有着较多的社会资本，掌握着较多的社会资源，拥有更多的成功机会。这里所谓的“关系多”，不仅指“你知道什么和认识谁”的数量，而且还包括你与他人建立联系的性质即组织关系、信任合作关系等。其次，社会资本具有公共物品性质。社会资本，如信任、规范和网络，一般说来都是公共用品，而常规资本一般则是私人用品。这是社会资本的一个特性，“社会资本并非是任何从中获益者的私人财产，这是个人寄身其间的社会结构的一个特性”。像所有的公共用品一样，社会资本也受到了私人当事者的低估，因此个体对社会资本的供应也是不足的。严格地说，社会资本应该属于“准公共物品”。再次，社会资本具有外部性，社会资本具有外部性或“外部效应”。由于社会资本属于“准公共物品”，作为组织资源的内容具有公共性，因而具有非排他性，所以，这部分社会资本便也具有了“外部性”。社会资本被认为具有“积极”和“消极”两种外部性。最后，社会资本具有自我强化性。埃莉诺·奥斯特罗姆将这一特性非常经典地表述为“社会资本不会因为使用但会因为不使用而枯竭”①。布

① 奥斯特罗姆. 公共事务的治理之道：集体行动制度的演进[M]. 余逊达，陈旭东，译. 上海：上海三联书店，2000.

迪厄也明确指出，“团体成员的身份带来的收益是团结的基础，而团结又使收益成为可能”。他们的观点都在表明社会资本具有自我强化的特性。物质资本是有限的，其使用过程是一个不断“耗散”和“折旧”的过程，人力资本也会存在一个消耗问题，不过人力资本在一定时段和条件下具有再生性，而且，构成人力资本的劳动知识和技能，可能会由于不经常使用而迅速丧失。社会资本无论是作为人际关系资源，还是作为组织资源，都具有自我强化的功能：越是经常使用，它的供给越是丰富，利用得越多，其价值就越大。即，社会资本的存量，如信任、规范和网络，往往具有自我增强性和可累积性。良性循环会产生社会均衡，形成高水准的合作、信任、互惠、公民参与和集体福利。它们成为公民共同体的本质特征。与此相反，缺乏这些品质的非公开精神共同体，也是自我增强的。在恶性循环的令人窒息的有害环境里，背叛、猜疑、逃避、利用、孤立、混乱和停滞，在互相强化着。这表明，至少存在着两种广泛的均衡，所有面临集体行动问题的社会（也就是所有社会），往往都会朝着其中之一发展，而且，均衡一旦实现，往往会自我增强。①

从学理层面分析，社会资本的提出有三个重要意义：第一，它把价值判断和文化纳入了分析的框架之中，不仅使对社会行动者的行为动因解释更加全面深入，而且对于描述和分析宏观层次上的集体行为和长期选择也有很强的说服力。第二，它希望把微观层次的个人选择与宏观层次的集体和社会选择结合在一起的努力很有开创性和启发性。实际上，新制度主义一直想把这两个层次上的分析结合在一起，但是由于范式框架的限制，难以化解两个层次分析之间的矛盾，无法在新制度主义范式内理顺这些关系。而社会资本首先在宏观与微观结合的层面上重新整合了社会研究与人性研究的视角，对于以往个体本位与社会本位各执一端的争论是一种理论化解，充分肯定了社会对个体行为选择的约束和推动，没有把个人和社会对立起来，避免了以往一些范式中存在的个人与社会之间难以调和的紧张。第三，社会资本概念的提出反映了社会科学中一度削弱和低沉的人本精神的复兴，将社会关系和文化因素纳入分析框架，有助于构建道德基础和社会文明基础。理性选择范式虽然顺应了市场对社会全面渗透的现实，但是夸大了社

① 黄晓东．社会资本视域下的政府治理问题研究[D]．长春：吉林大学，2009.

会中冲突的一面，对人的理解片面、实用化，同时也导致了社会科学许多领域的经济学化，追求定量分析和指标体系成了许多学者炫耀自己可以成为“经济学家”的方式，背离了社会科学研究关注人、完善人的根本目的和基本精神。

综上所述，社会资本理论对具有典型社会性特征的警察职业认同的研究有极大的借鉴意义，以社会资本的视角既可以避免理性选择学派等研究范式忽视文化和制度的制约作用，把人的需求单一化、过度自然化的倾向，又可以避免只从警察这个单一的角度来研究警察的老路。而且社会资本研究范式从宏观层次的集体和社会背景下考察微观层次的个人选择，从社会角度考察如何加强警察的职业认同，这无疑为研究警察职业认同开辟了一条新的路径。

（二）社会支持理论

20 世纪 70 年代，精神病学文献中引入了社会支持（social support）的概念，社会支持作为一个科学的专业术语被正式提出来。此后，社会学家、社会精神病学家、流行病学家、心理学家等都从各自的理论视角出发，来阐释社会支持的内涵，他们有时应用同一术语代表不同的内容，有时又应用不同术语代表相同的研究对象。文献中与之相近的词有社会纽带（social bonds）、社会网络（social network）、有意义的社会接触（meaningful social contact）、密友的可获得性（availability of confidants）、社会联系（socialties）和人的友谊关系（human companionship）等。社会学视角下社会支持的客体通常是弱势群体，从下述概念界定中可以看出这一点，比如“社会支持是指社会对社会弱势群体即社会生活有困难者所提供的无偿救助和服务”，“社会支持是一定社会网络运用一定的物质和精神手段对社会弱者进行无偿帮助的一种选择性社会行为”。总体来说，社会支持理论是以互动关系、社会环境以及社会环境对社会成员心理成长与社会适应能力影响为研究对象的一种理论。社会支持代表了这样一种理念，即有组织的人际关系网络能够帮助人们满足我们社会中的表达性和工具性的需求，其可防止不正当动机的产生。

社会支持的基本含义可从两个方面予以解读：其一，从功能上讲，社会支持主要来自父母、亲戚、朋友、同学、同事等重要他人，这属于个体从其所处的社会关系网络中所获取的物质、经济、精神等方面的支持；其二，从操作上讲,社会支持离不开支持来源对支持对象的作用关系。对于个体而言,支持来源需借助一定的社会网络关系实现物质、精神等方面的支持。

整体来看,社会支持包括社会和支持两个组成部分。“社会”一词反映了“个人与社会环境的联系”,其特征主要涉及三个层次:社会环境、社会网络、亲密与信任的关系。“支持”一词反映了个人能够接触和感知的表达性、工具性等方面需求的帮助。表达性支持包括分享情感、肯定个体的价值感和尊严感、提供建议和指导。工具性的支持,包括来自父母的物质援助、政府援助(如财政援助或奖学金等)。然而,仅从表达性支持、工具性支持等支持类型不易考察社会支持的实际结构,极有必要从社会支持要素分解的角度对社会支持的结构予以剖析。一般而言,社会支持包括支持来源、支持对象以及支持内容等要素。所谓支持来源,是指支持的参与者、供给者以及具体实施者;所谓支持对象即支持的承受方;所谓支持内容,是指支持主体向客体实施支持的内容,它们介于主体和客体之间,是二者联系的纽带,也是二者充分互动交流的渠道,发挥着重要的中介及传递沟通作用。支持的内容由支持客体的需要所决定,尤其是由占据主导地位的优势需要所决定。

从社会学等学科的角度看,社会支持可视为一个复杂的系统或网络,这个网络涵盖了个体、组织/群体、国家三者之间的关系,内涵十分丰富。具体而言,社会支持网络存在个体与个体、个体与群体、个体与国家之间的关系,以及群体与群体、群体与国家之间的关系。

而从心理学人际取向的角度来看社会支持这个概念的话,个体从他人处(即个体与个体之间的关系)获得的“社会支持”可分为以下几种类别:一是情感支持(emotional support):指情感上的支持和鼓励,表达关心与爱意,使人感到温暖、同情与信任。二是实际/物质支持(tangible or material support):提供服务或物质上的帮助。三是信息支持(informational support):提供有助个体提高效率、解决问题的信息,相关的行为有提供反馈、建议、意见、指导等。四是尊重支持(esteem support):认可个体的能力和价值等。五是陪伴支持(companionship support):与他人接触,满足人际关系的需要,以缓解压力,促进积极心态的产生,如一起欢度闲暇时光。

具体到警察职业认同领域,由于公安工作的特殊性、职业的社会性,警察从社会环境中得到的社会支持主要是情感支持、信息支持和尊重支持。

二、社会环境主范畴分析

（一）社会评价

本研究的社会评价指的是人民警察的服务对象——群众以及其他的利益相关者（如媒体）对警察工作的肯定或否定。通过对文本资料的扎根分析，发现当前社会对警察职业的评价带有较为典型的有失偏颇的“黑化”或“偏见”。“懦弱、不讲理、惹人厌。这就是我们在群众眼里的形象之一”，“曾经有人问我警察是不是天天在办公室里抽烟?”，“工作之后，我本着不让老实人吃亏的原则，秉持着法律的理念兢兢业业工作。可是，现实就是这样，你去抓违章，老百姓会给你好脸色吗?”，“而且他们的潜意识里就认为警察是强者，而被执法者是弱者，强者制服弱者就一定是在欺压他们，至于弱者对不对，整个事情的来龙去脉到底怎么回事，抱歉，我们的媒体不关注这些”，“说个真事，一位女警丈夫也是警察，因救人而死，被救者生怕惹事，当场跑了。女警很伤心但也只能继续工作，在一次执法过程中，保安看见她的白布，说她克夫，污言秽语，她崩溃了，她和保安吵起来了，记者看到了，发‘警察殴打保安’，然后，她被辞职了”，“警察的体验就是这个职业总是被人误解的，并且要习惯被误解。亲身参与过全网热炒的案件的侦查，侦查过程问心无愧，也知道参与案件侦查的每一位同事都没有私心，案件侦查结论没问题，但是却被网络谣言带起来批判得一塌糊涂”。以上种种节选自知乎的文本资料充分显示了当前一部分公众、媒体以及社会刻板看法对警察评价多以负面为主。

（二）社会态度

在社会心理学中，社会态度简称为态度，是“根据经验而组织起来的一种心理和神经中枢的准备状态，它对个人的反应具有指导性的或动力性的影响”。公众的社会态度是反映社会心理稳定的基本指标。在本研究中，社会态度视为社会成员对警察工作状态和整体治安环境的主观感受和认知，这种感受和认知具有稳定性并能够影响警察主体的社会行动。

1. 群体极化

从社会认同的角度，群体极化发生时，所表现的过程是群体成员试图更近一步遵从他们视为其内群原型的标准立场。在某些情境下，当内群认可变得十分重要时，相关的内群规范就可能会变得极端以区别外群规范，从而加强了群内极化。勒温曾断言,为了维持一种健康感,个体需要一种强烈的群体认同意识。因此,认同感具有社群性。由于社会角色、情感需求、种族、民族等原因的影响,人们通常加入某种社群与他人建立社会联系并以某种社群成员的角色出现。群体中的个人普遍存在一种强烈的群体归属感,他们认同并拥护群体的价值规范。他们不断调整自身的观点和认知,使之与群体的标准相一致。在面对某种情境时,群外成员的观点通常不会对群内成员产生重要影响,但是群内成员的观点则会使他们的观点变得极端,因为为了拥护群体的规范和利益,以及获得群体认同,他们的情感会变得更加强烈,态度倾向更加明显。另外,在某些情境下,由于人们无法察觉到群体的平均观点,容易将群体标准定义地更加符合刻板印象和极端,为了使自己的态度倾向与群体可能的倾向更加一致,人们的态度和言辞也可能会倾向于极端,因此推动了群体整体倾向的极端化。

警察职业认同维度中,社会群体对警察的外部认同存在着典型的相互割裂的"内""外"群体。对警察的行为及表现,一部分群众和媒体存在其内群体的群体极化。"一百个警察里面九十九个都在坚守岗位,做好本分大家看不见,一个警察的错误全世界就都看见了!","不信你们自己去看看那些所谓的警察负面新闻刚出来的时候有多少媒体抢着报道,然而事情过去之后,根本就没几个媒体关注报道后续进展"。对警察职业的不认同并不是每个人与生俱来的,是在社会化的过程中,在社会压力包括群体极化在内刺激下不断膨胀的产物。僭越法律和道德,朝向破坏方向发展的群体极化的结果是可怕的,这种群体极化也极大地影响了警察自身内部的职业认同。

2. 刻板效应

刻板印象,又称类属思维,是指人们对某个群体形成的概括而稳定的态度或看法。刻板印象的英文为 stereotype,目前,比较公认的是吉尔伯特(Gilbert)等人提出的概念,把刻板印象看作是人们有关某一群体成员的相对固定的观念或期望所构成的认知结构以及特定的社会认知图式,它对人们的社会认知和行为有着重要的指导性作用。此概念既强调了刻板印象概括化的特点,也强调了其认知作用。本研究中所指的刻板印象即是刻板印象概括化特点所反映出来的有关人们对警察群体形成的概括而稳定的态度或看法的信息。当前对警察的刻板印象主要体现在:一是认为警察是问题解决者。有问题找警察的意识根深蒂固，认为警察应该解决群众所提出的各种问题。“社会就这样，总是以自己利益为最大化，自己遇到问题了，被警察解决了，就觉得他们是好人。自己的问题得不到解决，就觉得，你不是警察吗，你不是为人民服务的吗，为什么解决不了。”二是认为警察职业危险是应该的。“受伤怎么了，危险怎么了，那是警察该做的，受不了可以不干，别觉得自己多伟大”，“网络上一些少数人过于偏激地认为自己是纳税人，交了税养警察就是为了在危险时刻站出来为人民抛头颅洒热血”。

（三）社会期望

社会期望，指的是社会群体对警察群体所报的期望，相当于俞国良在其《社会心理学》中提出的角色期待：一个人占据了社会关系系统中的一个位置，他人、群体和社会对占有这个位置的人所抱有的期望。反应在个体身上的社会期望可以看成个人对社会认可的依赖，或对社会不认可的回避或恐惧，反映了个体对社会认可的依赖程度，即个体对社会认可的需要或对社会不认可的恐惧，是影响个体行为的内在动机之一。

通过对文本资料的扎根分析，发现当前社会对警察群体的认可形成了对警察的“期望正强化”：“其实真正支持警察干下去的有生活方面，但更多的是信仰、责任还有接受帮助者赞许的目光”，“夏天有次巡逻，一个小女孩跑过来塞给我一瓶饮料，她妈妈告诉我，女孩看见我太辛苦，嚷着要给我饮料。我不收，然后小女孩又塞给我。那时候忽然感觉当警察所受的委屈都不算啥了”，“当你们遇到真心为人民做实事的警察时，不妨对他们说一句，谢谢，你们辛苦了。我想，这一定对他们职业存在的最大一种肯定，也是他们甘于奉献的最大动力”。

相反，社会对警察群体的不认可形成了对警察的“期望负强化”：“有很多有理想有抱负的警察，就是在群众的不理解不配合中一步步变成了对群众态度强硬，口头犀利的所谓‘坏警察’”，“像我这样承受力差的就逃出来，等警察队伍最终变成了你们心目中嘴巴里的样子，你们就可以自豪地宣称看我从一开始就说的对吧”，“磨灭我（警察）的热情的，有残酷的现实，有外行插手内行的领导，也有我们保卫的广大人民”，“如果全部警察仅仅把警察看成一份挣钱养家的工作，老百姓与媒体是这样期望的吗?”，“我想说啥意思呢，就是一个准备殴打他人，正在实施扰乱公共秩序的有前科的违法人员,看见警察第一反应不是害怕,而是破口大骂,是挑衅,那说明这个社会的警察一定非常文明,非常温柔,或者说非常温顺,'这盛世如你所愿'"。

结合社会资本理论和社会支持理论,当前,警察群体职业的社会资本还没有完全形成,社会支持较弱。警察与群众之间的信任、互惠和合作等一系列态度和价值观构成还未完全形成;体制化的关系网络更是在构建之中。社会层面给予的情感支持、信息支持和尊重支持都较弱,影响了警察的职业认同度。

第三节　个体表现

一般来讲,个体层面的因素包括个体客观因素和个体主观因素,其中客观因素主要有:人口变量(性别、种族、年龄等)、职务职级等;主观因素的变量包括:工作动机、目标动机等。鉴于本研究是基于文本资料的质性研究,不涉及大样本的调查问卷,所以个体层面的因素主要关注文本资料中体现出来的主观因素,直接呈现出来的即是警察个体的素质和行为。

有关警察个体素质评论的这部分的资料主要是从非警察群体的评论中得到的,资料中当前警察群体留给社会的印象很大一部分是通过一些群众的报警经历中警察的所作所为给群众留下的印象,还有一些是通过一些曝光率比较高的案件处理过程中给社会留下的印象,这些个体表现并不直接影响警察的职业认同,而是通过影响社会环境,最终影响警察的职业认同。

表6-4　个体表现主范畴节点包含的范畴概念及编码参考点数

主范畴	三级节点(副范畴)	四级节点(范畴)	参考点数
个体表现(120)	个体行为(36)	不负责任	20
		官僚作风	3
		以权谋私	13
	个体素质(84)	参差不齐	38
		认真负责	12
		素质低下	16
		素质一般	18

一、个体素质

（一）素质

素质一词本意指“事物的主要成分和质量”“事物本来的属性”，后引申为人的品质与修养。在生理学、遗传学、心理学层面，素质主要是指人的生理上生来具有的特点，强调的是素质的自然性、先天性和遗传性；而在社会学、历史学、教育学层面，素质是指完成某种活动所必需的基本条件，强调的是素质的社会性、实践性和可塑性。作为人的品质和修养，素质既具有与生俱来的自然属性，也具有后天习得和养成的社会属性，是一种在“人身体上的神经系统、感觉器官、运动器官等与生俱来的解剖生理特点的基础之上”，“通过后天环境影响和教育训练所获得的稳定的、长期发挥作用的基本品质结构”。

需要说明的是，尽管许多学者在研究中将素质、能力等概念混淆使用，但在本研究中依据素质模型理论认为，素质与能力在内涵、外延和特征等方面具有显著不同。素质包含了动机、特质、自我认知、社会角色等较为深层的要素，也包含知识与技能等外在的要素。而知识、技能这类外在的、易于测量和改变的素质则称之为能力。因此，能力是素质构成的一部分，能力可以在一定程度上反映出个体素质水平的高低，但不能完全代表素质的内涵和外延。

本研究使用“素质”而非“能力”的概念，就在于：

第一，素质的内涵和外延更加广泛。除了能力之外，素质还包含意识观念、道德修养、行为习惯等经过长期积累和内化过程而逐渐形成的稳定的内在品质素养。

第二，素质对人的行为产生相对长期的、根本的、稳定的作用。素质中有一部分是与生俱来的遗传因素和自然特征，这是在后天的学习与环境的塑造中不容易改变的，比如有的人生来具有音乐天赋，音准和节奏感好，而有些人却五音不全，而另一部分是可以通过后天学习、培训、接受教育来改变的，但通常需要长期的、持续的过程，因此素质一旦形成就具有相对的稳定性，并决定了人们在后天的社会实践中接受学习教育的效果和外在行为能力。

第三,素质具有潜在性。有些素质是深层次、不易改变甚至是不易被发觉、主观无意识的,如价值观、自我认知、品质、角色定位等,需要在长期的学习和实践中发掘与养成。

第四,素质具有可测性。尽管素质中包含诸多深层内在因素,如动机、观念等,但仍可以通过观察个体行为方式、测量工作绩效等方式对其进行测量和评估,这些可测量的、外显性的知识和技能等在本研究中被统一界定为能力素质,能力素质是个体素质的重要组成部分之一。

第五,素质具有动态性。伴随社会经济发展,教育水平提高,行业分工变化,甚至自然环境的变化都能引起社会成员个体和群体素质水平的变化,也会相应对社会成员素质提出新的要求,因此素质的构成要素不是一成不变,而是受到社会经济发展、制度和文化环境的影响,是与环境不断互动和相互适应的动态过程。

第六,素质具有可塑性。尽管具有与生俱来的差异性,但仍可通过后天的学习和实践养成来提升个体的素质,如通过学习和积累提高科学文化修养,积极参加培训和反复的实践练习提高业务水平,通过大量参加社会活动改善表达沟通能力等。正是由于素质的这种可塑性特点,不论在企业单位还是公共部门中,对员工进行素质培育都尤为重要。

基于上述理解,本研究将素质定义为人们在特定教育背景、社会实践以及文化环境的持续影响下,对某一事物或现象所形成的相对稳定的观念意识、知识、能力和行为习惯的总称。其中,意识,是指人们对客观事物和自身的了解、认知、看法和态度,是人们产生主观能动行为的根源;知识,是人们对客观事物的信息及其发展规律的整体性、系统性的认知和把握,是人们主观实践的基础条件;能力,是指人们完成某项目标或者任务所体现出来的综合素质,它总是与实践活动紧密地联系在一起,并影响着实践活动的效率;行为习惯,是人们在一段时间内逐渐养成的对客观事物自然而然的行为反射和行为倾向,它反映出人们对待客观事物的思维、心理和情感等内容,良好的行为习惯是在知识积累、实践锻炼、自我约束和外界监督的基础之上逐渐形成的。

这样定义素质的意义在于:首先,在素质培育和养成语境下,素质的概念更加侧重于其社会属性,侧重于个人品质和素养的可塑性,侧重于后天锻炼对素质的影响。在这一层面上讨论警察素质的培育才有意义。其次，人们各种素质的形成受到外部环境的持续影响，这种影响极有可能是凭借说教和灌输形式实现，亦可以通过具体的实践行为或参与获取；既有可能是主动接受的过程，也有可能是被动和受到外力驱使的过程；既有可能以显著的形式展现出来，也有可能以潜移默化的形式发生。最后，素质是个人在参与生产和生活实践过程中认识和行为的具体表现，它不仅包括对某一事物或现象的认识和理解，也包括在认识和理解基础上形成的心理态度，以及对这一事物和现象的把握能力等。因此素质是这些意识、知识、能力和行为习惯的统称。

（二）警察素质

根据本研究对素质的定义，警察素质是指从事警察职业所应具备的观念意识、知识、能力和行为习惯的总称。良好的素质如坚定的政治立场、强烈的法律意识和公共服务意识、过硬的岗位知识和专业技能，以及良好的执法行为习惯等是警察履行好公共行政职责的必备条件。当前，全面深化公安改革更加注重警察队伍的正规化、专业化、职业化。所以，警察素质，具体而言，是公安民警在现代行政执法环境中，运用公安行政执法、刑事司法的权力和其他公共资源维护国家安全、社会治安秩序稳定、服务管理群众的才干修养，是反映公安民警业务能力和职业胜任力的品质。它在一定程度上代表了政府管理能力和水平。

第一，政治素质是警察应当具备的首要素质，是警察从事政治活动和行政管理行为所必需的基本条件和品质。政治素质是政治观念、政治思维、政治知识和政治能力的综合表现。古希腊哲学家亚里士多德曾断言，人是天生的政治动物。罗伯特·A.达尔也指出，“无论一个人是否喜欢，实际上都不能完全置身于某种政治体系之外……政治是人类生存的一个不可避免的事实。每一个人都在某一时期以某种方式卷入某种政治体系”。由于政治生活与其他经济生活、文化生活一样，是人们社会生活的重要组成部分，社会生活中的人不可能完全脱离政治而存在，因而，人们在政治社会化的过程中逐渐获得了对其政治心理、政治行为发生长期稳定的内在作用的基本品质，如政治理想、政治信念、政治态度、政治立场等，并在其作用之下形成了一定的政治知识、政治能力和政治行为习惯，这就是政治素质。在我国，警察在社会生活中,履行公共职责、行使公共权力、执行党和国家的各项方针、政策,代表国家行使执法权力,比其他职业具有更强的政治属性和公共属性,因此政治素质是警察应当具备的首要素质,是警察最重要的履职条件。

第二,道德素质是警察行为的内在规范。道德素质是人们社会生活的基本规范和内在基础,对人们的行为产生十分关键的作用。警察的道德素质不仅包括良好的职业道德素质,如廉洁奉公、忠于职守、勤干务实、勤勉尽责、全心全意为人民服务等,也包括良好的社会公德(如公道正派、见利思义、诚实守信等)、个人品德(如勤俭自强、刻苦勤奋、正直善良、乐于助人、勤奋敬业等)、家庭美德(如孝敬长辈、尊老爱幼、男女平等、夫妻和睦等)。道德素质支配并规范着警察的公务行为和个人行为,能够在法律制度之外对其产生内在的、自律性的约束。由于警察在行使公权力、履行公共职责的过程中具有一定程度的自由裁量权和行为选择空间,这就要求警察必须具备良好的道德素质,一方面自觉遵守公共行政活动的职业道德规范,充分履行好自身的行政职责、维护社会公平正义、提高行政管理效率;另一方面加强对自我的约束,树立良好的公共行政人员形象,维护党和政府在群众心中的权威和公信力。

第三,文化和业务素质是警察科学高效履职的基础要求。警察的文化和业务素质包括自然科学和社会科学知识、文化艺术修养以及业务知识和技能等。其中科学文化素质的高低决定了警察在工作中思考问题、解决问题的视野的宽度,影响着警察的科学决策水平和处理实际问题的能力。业务知识和技能决定了警察完成工作的质量和效率,公安机关警察应当具备法律知识和依法侦查违法犯罪活动的能力。随着社会经济的发展,社会结构发生变化,政府职能范围及其履行职能的方式发生转变,不断出现新问题、新矛盾对警察的文化和业务素质也提出越来越高的要求。警察的文化和业务素质对提高政府的治理效率和公共服务质量发挥着至关重要的作用。

第四,身体和心理素质是警察素质构成的重要方面。身体素质,即健康的肌体、敏捷的思维和充沛的精力,是警察适应不同岗位和治安环境变化需求、完成好工作的基本前提。心理素质是在个体先天的生理遗传基础之上,经过后天的学习、教育、环境以及实践训练等因素影响而形成的性格品质和心理能力的综合体现。它体现为性格品质的优劣、认知潜能的大小、心理适应能力的强弱以及内在动力的指向和大小等诸多方面，它具有相对的稳定性并且制约和影响着个体的整体素质水平与外在行为。警察应当具备的心理素质主要包括对自我的意识和个性品质两方面。自我意识主要是对自我的认知、自我体验和自我控制，表现为适应能力、承受能力和应激能力等方面；个性品质主要是对外在环境的态度（对社会、对他人、对集体保持积极的态度）、性格意志（勇敢、坚定、果断、自律）、性格情绪（乐观、宽容、稳定）和性格理智（敏锐的感知、想象、记忆和思维）。心理素质在警察的素质构成中具有独特而重要的地位，它在先天生理素质和后天的社会环境作用之间起到中介和交互作用，决定了警察先天遗传素质在后天的学习教育、社会环境等因素作用下的开发程度，以及知识、道德、文化等在其自身的内化和积淀程度，是整体素质中的平衡系统。良好的身体和心理素质能够帮助警察保持与他人、与工作、与社会之间的平衡，如充沛的工作精力、良好的人际关系和与社会较高的适应程度等。

（三）警察素质编码分析

对于警察素质中应该具备的政治素质、道德素质、文化和业务素质以及身体和心理素质，通过对文本资料的分析发现，当前对警察素质的综合评价还不乐观，这些评价主要来自群众，有些群众认为警察素质低下，评论相当偏激："应该是所谓的片警百分之八十素质都很低，无作为，推诿，反正从新闻里就能看出来了，原本警察能解决的事非要互相推诿。""我生活在18线的小城市，警察就是一个大写的懒散。像你说的什么丢钱包、丢自行车之类想都不用想，报了案也是再也找不回来的。""我看过太多经常游手好闲的警察天天闲得不得了，穿一身警服就以为自己多了不起，吃公粮还不干正事，这个社会就是这么不公平，游手好闲啥事儿不干的警察过得很滋润，反而天天累得不得了的警察假都不给批，为什么以上这些人不叫他们警察呢，因为他们不配，不是所有穿警服的人都叫警察。"有些群众认为警察的整体素质参差不齐、素质一般："现在的法治水平也就这样。警察都是从群众中来，警察的素质能高到哪里去？""必须承认，当今的警察队伍是良莠不齐的，同一个单位同一个编制里，互为同事的两个人可能业务素质相差甚远，甚至政治觉悟和道德品质都天差地别，但我想说这些其实是正常的，不光是警察队伍，其实社会上的很多岗位很多行业都是这种情况。”也有一些群众认为警察的素质较高：“至少我生活中遇到的警察都不错。警察也是人，没必要因为其中一部分人的所为而给群体贴标签。一方面神话他们（有事找警察），另一方面却又没有给予神一般的尊重。”“他们也有喜怒哀乐，也许不是所有的警察都是好警察，但是就我接触到的他们都是尽了自己的职责在保卫一方民众。”

二、个体行为

（一）警察行为

警察的个体行为属于一种行政行为，对于行政行为，王伟认为从国家机关公务员作为行政行为主体的角度看，行政行为是指国家机关公务员行政意志、行政活动以及行政规范的具体表现，从行政机关这一群体作为行政行为主体的角度看，行政行为是指行政体制机制、行政领导集团和党政机关在从事各类行政领导、管理、控制、协调、服务等活动中做出的行政决定和行政命令。[①] 丁煌指出，行政行为一般是指国家机关公务员在行政管理活动中行为规范的总称，是维持行政管理活动涉及的各种利益和正当关系的原则和指导性规范。[②] 从国家管理体制的狭义角度来看，公安机关主要履行立法、司法机关职责权限以外的职能。从公务活动的广义角度来看，“行政”一词则包含了立法、行政、司法等一切公务活动的范畴，是全部政治生活中公务员所有行为的总和。“行为”是指人们在各种内外部刺激影响下产生的活动。本研究认为，警察个体行为是指公安民警做出的具体行为，包括处理日常公务活动中的执法行为、行政行为和非公务活动中基于警察这一身份做出的个人行为两个方面。

对警察行为的评论主要是基于警察行为是否符合警察行为规范。警察行为规范，即指警察在从事行政公务活动之中应当坚守的思想理念和行为准则，它包含了开展公务活动时的权力应用原则、工作流程以及行政纪律等。警察行为规范通常和国家属性以及政治体制、社会主流价值观等密切

① 王伟. 中国韩国行政伦理与廉政建设研究[M]. 北京：国家行政学院出版社，1998：73－74.
② 丁煌. 西方行政学理论概要[M]. 北京：中国人民大学出版社，2005：308－309.

相关。2002年2月21日由人事部颁发的我国第一个公务员行为的规范性文件《国家公务员行为规范》中规定公务员的行为规范包括政治坚定、忠于国家、勤政为民、依法行政、务实创新、清正廉洁、团结协作、品行端正。首先,警察行为规范具有特定性和严肃性,鉴于警察行为规范关系到人民群众的切身利益,并且与诸多社会实际关联性较高,因此警察行为规范本质上是一种社会规范。只是这种规范所针对的客体对象相对一般的社会规范的客体而言相对较窄,仅仅约束警察主体的行为活动。而在执行力上,它相比一般的社会规范来说拥有更高的执行效力,由国家强制力保障部分规范的执行。在其制作上,警察行为规范之中有相当一部分是以立法形式或政策法规形式出现的,警察应当积极遵守,一旦违背可能会面临一定的行政或是法律处罚。其次,警察行为规范具有政治性,警察行为规范相比一般社会规范而言政治色彩更重,作为主要由政府指导制作的行为规范,必然有着其他社会规范不能比拟的官方意识形态认可,也因此可以直接作为政治组织机构的指导原则。再次,警察行为规范具有时代性,警察行为规范的时代特征明显。任何一种规范都很少是一成不变的,但基本都存在着一些历久弥新的原则性思想,以及一些结合当时特定社会实际而出台的规定。前者显然在各个时代之中变化不会太大,基本就是根据人们的价值观调整而有所调整。但后者显然会伴随着时代变迁而变迁,社会的前进性决定了警察行为规范的前进性。最后,警察行为规范具有强制性和自觉性,警察行为规范展现出超越一般社会行为规范的强制性与自发性。警察行为规范本质意义上是政府组织机构为了确保警察队伍能够踏实为人民服务,在行政活动中保持应有的效率和质量而规定的基本制度。由于其关系到政府工作开展(即人民利益)和政府口碑形象,所以警察行为规范的落实具有一定的强制性。而警察队伍对于自身社会责任和职能的充分认识,也决定了其大都会自发地去遵从这规范。

（二）警察行为编码分析

通过对文本资料的编码分析发现,群众认为警察行为存在“失范”的现象。“失范”一词最早由法国社会学家涂尔干(Emile Durkheim)提出,他认为“失范”是一种无规范状态或社会准则的缺失和混淆不清,英文表达为“norm lessness”或“lawlessness”,其中的“norm”和“law”都有着“规则”“规范”“法律”“规律”等含义。涂尔干指出,现代社会中的行为失范是由于社会从机械团结到有机团结的转变过程尚未结束而造成的,由于社会分工的发展速度快于产生这种分工所要求的道德基础,因此,社会成员的具体行为就会受到新标准的控制,从而导致社会成员行为失范。他还指出,无论是经济萧条时期还是经济繁荣时期,自杀事件的发生频率均比较高,因为这两个时期均将社会成员置于一种崭新的社会环境,使他们感到原有的准则和行为规范失去了作用,生活变得漫无目的,自杀便容易发生。罗伯特·C.默顿(Robert C. Merton)从语言学角度将行为失范定义为“规范的缺失”,也可以理解为现在的社会规范没有得到人们的广泛认同,导致它失去了控制人们的行为的权威效力。一般的,专家们把失范与逆常态、反规则相互联结,把失范作为不规则、不正常、病理现象进行研究并将其解释为结构紧张在社会领域的表现,或是个体心理上的病态征兆。社会学研究的对象是社会事实,而社会事实又被划分为两类,一类是“正常现象”,即事实是什么就原原本本地表现为那样的事实;另一类是“反常现象”或“病态现象”,这种现象通常被解释为“行为失范”。行为失范通常伴随社会结构变迁和转型产生,可以理解为原有的社会规范已经失效,而新的社会规范尚未建立,或者说新的社会规范虽然已经确立,但仍然对社会成员的行为起不到规范和约束作用。

就警察而言,在政治生态变化的环境中有些警察感觉无所适从,特别是个人行为容易与组织规范发生冲突,也就造成了行政行为的失范。

警察在从事公务活动和个人活动时,不得不将自己的“公务员身份”作为行为决策的重要参考因素,因此,警察不仅是一名“社会个体”,还是一名“公务人员”,而“公务人员”角色要对“社会个体”角色进行一定的限制,保证个人活动的范围不至于超出因公务员身份而设定的各类边界,反过来,“社会个体”角色又要求警察充分发挥个体自由,最大限度享受个人权利,这又成为警察“公务人员”角色的张力,容易导致警察个人行为超越公务员应有的行为边界。总之,警察的行政行为存在两难困境,难以恰到好处地兼顾“公务人员”角色和“社会个体”角色,导致警察在行使公共权力的过程中出现了角色冲突和利益冲突,进一步导致部分警察不顾组织规范和原则,滥用公权,满足个人的私利,从而产生违背公共行政精神的现象,这种现象称为警察行政行为“失范”。

这种“行为失范”表现在：

首先，百姓通过自己的报警经历认为有部分警察不负责任。一位有报警经历的百姓说：“报警后，一年轻的警察正给我做笔录，来了个年纪大点的，坐下来，脚搭在茶几上，问，干吗呢。年轻的如实说了。年纪大的慢悠悠地说，你这不是被盗窃，是被诈骗。我那时也是傻，不明白这个区别。老的又说，你这诈骗啊，我们管不了，你得去法院起诉。”有类似报警经历的网友如是说：“最近报110，报完警，一个警察跟我打电话，说你们自己来派出所，我说我怎么把人给你带过去，可不可笑(态度厉害得不行，烦躁得要死，感觉给他找麻烦)，最后说不来，然后我又打了110，不情愿地来了，来了一身痞气，厉害得不行，将我们有矛盾的双方全说了一顿，然后来了句，有问题自己去派出所，这是逼着我们自己动手解决啊。”“我记得我报过一次警，去北京工作路上被骗了1000元，还被骗子骗去所谓‘公司’宿舍，到那以后发现是密封的偏远场所。我拔腿就跑了，已经清楚是，这个骗子不是传销就是诈骗。后来我报了警，把仅有的所谓信息交给了警察，我说我是刚毕业，来北京被骗了，网上找的工作，谁知道那个警察说：‘你多大啊？你以为北京工作那么好找啊？’后来就去警局，一个抽烟的眼镜男帮我录口供，一脸不耐烦，最后草草了事。这就是我在北京被骗后的报警经历。”

其次，有的群众认为公安机关还存在官僚作风。“就想说一个事情。说到底公安机关也是一个政府部门，官僚习气什么的都有，正常看待就是，政府机关有的某些习气，警察照有不误，不必神化但也不要黑化。”

最后，群众还认为警察存在以权谋私的现象。“现在警察这个职业已经的确有点变味，在我们这个北方城市，协警有开着奔驰E级、保时捷卡宴上班的，月薪1500，富二代极多，上班目的是为了扩充自己人脉，不怕事，善钻营。”

这些警察行为的失范现象带来了一系列的后果。

首先，最直接的影响就是影响个人前途命运，不利于自身职业生涯和个人各项权益。

其次，影响党政机关的正常运行。公安机关作为党政机关的有机组成部分，其作用发挥效果直接影响到党政机关的运行效果，一旦出现了行为失范,将对党政机关的正常运行产生影响。

最后,污染公安机关政治生态。政治生态是党政机关特有的组织文化,党政机关发挥作用的强弱及自身的发展很大程度上取决于政治生态的好坏。个别和少数的警察行政行为失范将引起其他警察的效仿,失范行为产生的扩散效应将使公安机关政治生态遭到污染和破坏。

总体上来讲,文本资料中反映出来的个体层面的表现还不尽人意,群众对警察素质的评价褒贬不一,通过自身的报警经历认为警察的表现还未达到群众的预期,进而影响警察职业认同的外部认可。

第四节 组织制度

通过研究发现公安机关自身的组织管理以及对于警察职业的定位和保障既影响警察的工作生态又直接影响警察的职业认同,其中(见表 6-5)组织管理中的待遇保障(包括政治待遇:职位职级晋升,经济待遇:薪酬待遇、奖励等),编码参考点有 57 处,是组织管理当中影响警察职业认同的较突出的一个范畴。

表 6-5 组织主范畴节点包含的范畴概念及编码参考点数

主范畴	三级节点(副范畴)	四级节点(范畴)	参考点数
组织制度(112)	制度保障(49)	警察职责泛化	12
		权威保障	17
		权责不对等	20
	组织管理(63)	待遇保障	57
		绩效考核	6

一、组织制度理论

组织制度理论本身是一个比较笼统的命名。保罗(Paul J. Dimaggio)和沃尔特(Walter W. Powell)曾经感叹:“人们在什么不是制度主义上的共识,往往要多于什么是制度主义上的共识。”暂且抛开学科界域不说,即便在组织社会学中也至少可以分出旧制度学派与新制度学派。其中,旧制度学派以萨尔尼科(Philip Selznick)为主要代表人物，他在田纳西水利局个案研究的基础上指出，实际的组织并非理性封闭系统，而是一个充满意义和价值的制度化的组织。新制度学派以梅耶和罗文(John W. Meyer & Brain Rowan)《制度化组织：作为神话和仪式的正式结构》为兴起标志，并在朱克、迪玛奇奥、鲍威尔等人的跟进下，逐渐成为组织社会学的一个流派。组织研究领域中的新旧制度学派的共同点在于，两者都对理性行动模式操持怀疑的态度，并强调文化在形成组织实体方面的重要作用。同时，它们的区别也是多方面的：譬如，旧制度学派强调的是非正式结构，而新制度学派关注正式结构的非理性特征；旧制度学派强调本地环境的影响，而新制度学派则关注非本地环境。最为根本的是，对旧制度学派而言，重要的认知形式是价值、规范和态度。而新制度学派则抛弃了旧制度学派的道德性参照框架，认为制度化根本上是一个认知过程。另一方面，就是在新制度学派内部也不存在一致性的观点，有的研究者强调认知，也有的研究者侧重规范与规则；有的研究者关注宏观制约，有的研究者则偏好微观过程，等等。本部分的研究其实是整合新旧制度学派的观点。

在组织制度理论中，主要关注的是这样三种制度要素：规制性要素、规范性要素和文化—认知性要素。与此相应，不同的制度要素所侧重的制度影响机制也不尽相同。

严格来说，制度必然是规制性的，因为它们意味着对组织或个体的行为产生限制与约束。但这里的规制性主要强调，制度所体现的法规颁布、政策制定、规则调整，以及相关的监控、督察与制裁等明确、可见的规章制定过程。在这种规章制定的过程中，包含了对于组织或个体进行引导、规约和控制的期望与能力。总体上说，规制性要素即常识意义上的制度，但也不能将这样的理解绝对化。因为，一些法律、规章、政策以及规则本身也存在模糊或争议之处，并不提供清晰的行为准则与约束手段。就此而言，从规制性要素发挥作用的机制出发，或许更有助于对其进行把握。规制性要素最主要的控制机制是强制。这种强制对于特定的组织或个体来说，可能是一种逼迫，也可能是一种劝诫，还可能是一种邀请。正如韦伯所讨论的"统治"应该叫作在一个可能标明的人的群体里，让具体的(或者一切的)命令得到服从的机会。因此，"它不是任何形式的对别人实施'权力'和'影响'的机会。而是在根本处,企图唤起并维持对统治的'合法性'的信仰"。也就是说,我们不可以字面地理解将强制完全等同于暴力、强权。事实上,其有时表现为强加的规定,有时表现为奖励性的诱导,等等。更重要的是,即便如此,强制也并不意味着各种法规、政策、章制会被切实执行。

制度的规范性要素强调的是社会生活中约定俗成的、评价性的、义务性的规则。简单讲,规范性要素即是我们通常所言的价值规范。但与我们习惯地将价值与规范等同起来不同,确切意义上的规范系统应该是价值规范。其中,价值是涉及喜好或者意愿的概念,它们一起构成了比较与评判既存的组织结构或行为的标准。而规范则具体地指明事情应该怎样做,它们所定义的是实现特定价值目标的合法的方法。因此,结合这两个方面来看,制度的规范性要素不仅规定目标或目的,而且确定力求实现这些目标的适当手段。而规范性要素之所以能够在目标和手段两个方面对组织产生强烈的影响,主要依赖于一种道德规范机制。它通过内部生成道德自律意识或外部强加道德舆论压力的方式,促使组织或个体考虑,在某种情境下,自己被期望做什么,不能做什么,应该怎么做,不该怎么做等问题,从而影响组织行为或结构,使它们成为人们所希望、期待的那样。需要指出的是,制度规范性要素所指涉的道德规范,并不单纯地指伦理道德与社会义务。以往的大部分研究者,尽管给出了各种各样的关于规范的概念,譬如,惯例、习俗、程式、角色、文化、符号、范式、信念、假设等等,但他们的焦点主要放在社会义务与伦理上。其实,随着劳动分工、职业分化以及专业知识的出现和传播,专业规范也成为规范的一个重要内容。而且,这种专业规范并不局限于具体工作岗位之职业道德的描述与规定上,更体现为专家观点的影响力。也就是说,专业知识分子开始成为维持或转变特定规范的重要力量。并且,规范性制度要素的作用不是单向的,它既是组织行为与结构的限制,也为其提供条件和基础。这是因为,规范既确认权力也规定责任,既赋予优势也提出要求,既是一种资格也是一种使命。

相比而言,制度的文化—认知性要素涉及一些更为深层的内容,包括共享的概念、图式、范畴、模式以及理所当然的社会事实等,它们构成了社会实体的属性,提供了意义生成的框架。也就是说,正是因为各种概念、图式、范畴等因素的存在,为我们提供了一个认识事物的剧本和模板,从而使得外部世界和社会对于我们而言，变得可以理解，具有意义。在此意义上，所谓外部世界与社会无非是概念、图式、范畴的反映。但这并不是说世界与社会就是主观性的。因为，人们所用以认识和理解外部世界的概念、图式、范畴，本身即是共享的、被客观化的，它们以符号形式存在，通过知识与文化而发挥作用。显然，这里的知识并不局限于理论化、体系化、书面化的知识，更包括了日常生活中的常识理解与意义认同。同时，这里文化也不再是情感化、评价性的主观信念，而是一个外在于主体的客观的符号系统。无论知识还是文化，最初都是源于客观现实中个体面对面的互动，在互动的过程中人们逐渐形成特定的意义，并最终形成一种相对定型的符号体系。这种符号体系一旦形成，便脱离于面对面的互动，超越此地、此刻主观意向的表达，具有了“可分离性”，成为可以被客观援用的客观化事物。也正是各种符号体系，将事物、活动加以分类和定型，形成了各种理所当然的认识，详细说明了何种组织结构或行为是可以理解，组织结构或行为该怎么才是合适的。

可以发现，规制性要素、规范性要素以及文化—认知性要素基本上构成制度从意识层次到前意识层次的谱系。另外，还需要说明的是，首先，三种要素的划分完全是分析性的，它们并不简单地对应于三种类型的制度，而是同一制度的不同方面，或者说是某种制度比较突出的一面。其次，三种要素之间未必是一团和气的，也可能存在着彼此竞争，甚至是相互冲突。具体来说，制度的竞争或冲突又包括两种情况，一是就同一制度而言，三个要素之间可能存在竞争或冲突。譬如“就近入学”这一制度安排，在规制性要素与规范性要素之间就可能存在冲突，规制性要素宣称的是公平逻辑，而规范性要素则可能坚持自由逻辑。二是不同的制度之间也可能存在竞争或冲突。此外，不同的制度要素往往还与特定的对象相联系，这也使得它们的合法性来源会有所不同。其中，规制性制度要素常常与法规、政策、规则的制定部门相关，其典型代表便是国家、政府及相关的行政部门。规范性制度要素则主要与社会公众、专业组织或特定群体相关。文化—认知性制度要素则涉及范围最广，它主要发生在社会层面。这里的“社会”不仅局限在一国范围内，在世界交往频繁、便捷的情况下，它还包括了整个世界社会。这些不同的合法性来源很多时候也决定了理论分析的层次。在既有的组织制度理论中,各种理论分析的层次或者说考察制度发生影响作用的范围主要有世界体系—社会—组织场域。本研究对组织制度的研究主要限制在组织—公安组织场域中。组织场域是由与特定组织发生直接的、相对紧密关系的各个组织或群体所组成的。就公安机关而言,它的组织场域就包括其他政府机构、警察家庭、人民群众、媒体、警察教育培训机构、警用装备提供单位、上或下一级层级的公安机关、同级层级的其他公安机关等等。

二、制度保障

通过对资料的扎根理论的编码研究而得来的制度保障属于组织制度理论中的规制性要素,规制性意味着有明确的调控过程:设立规则、监控、奖惩活动,并且通过高度形式化的规制性要素可以约束、规制和调节组织群体行为。然而,在实际的公安工作中存在着制度设置不完备、规则设立不全面、权责保障不对等等问题。

首先,在警察的职责范围上,前文提到通过质性资料的分析发现,警察职责过载、泛化的情况比较突出,这一问题从深层次来说是因为在制度设置上公安机关的意定职责还有待进一步明确。“基层两年,最大的愿望就是所有部门都能像公安这样 24 小时有人值班,24 小时让老百姓有地方提出申诉,并且该是自己部门管辖的事情不要推到公安”,“政府部门的很多事宜都要由警察来承担,最后出了事,警察买单”,“有人会问,为什么会处理不好老百姓的诉求,其诉求为什么得不到解决呢? 因为要‘依法执政’,简单地说,法律规定的事我们能做,法律没规定就不能做,法律规定怎么做就该怎么做。但是,我们国家的法律还在完善中,稍滞后于社会的发展,由此会产生很多矛盾,最后由警察承担”,“我认为警察应该有更加先进的公关机构,因为很多事情警察都挡在前面,鸡蛋白菜首先砸在警察的脸上,如果是警察的错,警察就做检讨。如果不是,就不应该背黑锅”。

其次,在警察的执法权威保障上还存在保障不利的问题。如近年来,民警执法遇阻,被辱骂、被殴打事件多发,面对依法执行勤务的警务人员,在众目睽睽之下,一些违法人员袭警辱警,而事件发生后对警察的保障还不到位。

2020 年 12 月 26 日,第十三届全国人民代表大会常务委员会第二十四次会议通过《中华人民共和国刑法修正案(十一)》,这里首次设立袭警罪——《刑法》第二百七十七条第五款修改为："暴力袭击正在依法执行职务的人民警察的，处三年以下有期徒刑、拘役或者管制；使用枪支、管制刀具，或者以驾驶机动车撞击等手段，严重危及其人身安全的，处三年以上七年以下有期徒刑。"这也是我国第一次以法律的形式保障警察的执法权益。在这之前，法律层面对警察执法权益的保障往往以采用《刑法》中的"妨害公务罪"，法定最高刑期仅仅为三年，三年的有期徒刑，尚不足以震慑那些伸向执法中的公安机关人民警察的黑拳与刀子。虽然故意伤害执法中的公安机关人民警察造成其轻伤以上或者死亡，或者故意杀害公安机关人民警察的，应当以故意伤害罪、故意伤害致人死亡罪或故意杀人罪定罪处罚，但是这仅仅是理论，在司法实践中这样操作的案例少之又少。同时，由于行政处罚自身的特点，基于对行政权的限制，行政拘留最长仅仅能设定为 15 日，但是这短短的 15 日的行政拘留甚至使那些阻碍人民警察依法执行职务行为的人有恃无恐。为了弥补我国当前的法律法规在公安机关人民警察执法权益保障中的缺位，2019 年 2 月 1 日《公安机关维护民警执法权威工作规定》开始实行。这份条例结合当下的纷繁复杂的执法环境，为维护公安机关人民警察的执法权威提供了具备实际操作能力的法律依据。同时，该规定也将公安机关人民警察的近亲属和警务辅助人员纳入了保护范围中，这也是对民警权益保障的一大进步。2020 年 1 月 10 日，最高人民法院、最高人民检察院和公安部发布了《关于依法惩治袭警违法犯罪行为的指导意见》，该指导意见对属于暴力袭警的情况做出了明确，并且明确了各种法定从重处罚的情形，该指导意见填补了司法实践中关于暴力袭警的认定问题的空白，同时对暴力袭警的行为做了具体的明确与细化，为从刑事法律层面保障公安机关人民警察的权益提供了意见。2021 年 3 月起开始实施的《中华人民共和国刑法修正案（十一）》进一步从法律层面上保障了警察的执法权益。

最后，公安机关人民警察在执法过程中存在权责不对等的问题。人民警察作为最基层的"街头官僚"，所谓"街头官僚"，即指处于基层同时也是最前线的政府工作人员，直接和公民打交道。"街头官僚"这一概念的出现比人们对街头官僚这一现象的研究晚。1977 年，李普斯基发表《建立一个街头官僚理论》一文，才开始出现"街头官僚"这一概念。1980 年，李普斯基正式出版了《街头官僚：公共服务中个人的困惑》一书，标志着街头官僚理论正式建立。根据李普斯基的观点,典型的街头官僚包括警察、公立学校的教师、社会工作者、公共福利机构的工作人员、收税员等等。直观地说,街头官僚就是那些在街头巷尾执勤或巡逻的执法者,或是那些走街串户上门服务的基层官僚。这些也是让人直接联想到的街头官僚的形象。然而事实上,大部分街头官僚是在办公楼或办公室里与公民打交道的。因此,街头官僚中的"街头""绝不是某种确定的坐标体系,而是积极活动的身体面向任务的情境定位"。"街头"不是一种对工作环境的直观描述,而是对街头官僚与公民直接打交道时的工作界面的一种高度抽象。基于此,可将其分为两种类型,一种是相对固定的办公场所,可以称之为"窗口空间";一种是流动的或不定型的空间,可以称之为"街头空间"。因此,街头官僚包括"窗口官僚",具体的窗口空间包括各级政府部门中的行政服务中心、市民服务中心、边检口岸、接待室,以及公民前来办理具体事务的办公室等。对于街头官僚的权责规定,西方理论界强调是在权责一致的前提下强化责任,责任大就需权力大。在本研究中,通过对质性资料的分析发现,当前公安机关民警的职责广泛,然而,公安机关所配套的资源,特别是警力资源、技术资源非常有限。使得公安组织不得不"在人少事多的情况下要把警力优先放到更重要的地方","很多时候来报案的,盗窃诈骗的算是最多,我们最多只能给做个材料笔录,记录一下你这个盗窃、诈骗信息,就目前派出所这个科技水平来说,实在是不可能对于盗窃、诈骗这类案件尽快破案或者找到赃物。当然他不这样觉得,他觉得,我来报案了,你警察就必须帮我找到东西"。由于各种资源的限制,公安机关不可能时时满足人民的报警预期。

三、组织管理

本研究中的组织管理特别指代的是公安组织层面对公安民警所给予的待遇层面的保障和绩效考核的方式。

首先,在组织层面的待遇保障上。待遇保障主要指的是公安民警的工资水平。工资制度具有保障、激励和调节作用。工资以货币化形式支付给公务员,可以保障公务员正常的生活,稳定情绪,使得公务员工作有序稳定。同时,工资可以激励公务员内在的工作动力,激发工作热情。工资只有和考核、奖励和晋升等制度结合起来才能有效地形成激励机制,促进公务员提高工作效率，满足更高需求。另外工资作为一种调节手段，可以调节积累与消费，工资标准作为一种管理方式，可以对公务员的工作环境、职业选择和流动等起到一定的调节作用。当前，公安民警的工资由职务工资、职级工资、工作性津贴、警衔津贴等组成，相对比较固定，工资的变动主要根据民警的工作年限、警衔、职务的变动而变动。在企业管理领域，人们往往建立各种激励机制以调动员工的积极性，最常见的一种方式是加薪。然而，公安部门所从事工作的特殊性，使得很难将企业领域的管理措施直接复制过来。甚至从根本上说，通过升职加薪来刺激和鼓励普通警务人员本身很难奏效的，而且也很难惠及广大普通警务人员。身处一线的基层公安警务人员目前的工资收入与付出比近年来得到了很大的改善，但少数地方仍存在不成比例的情况，极大影响了相关工作人员的工作积极性。“工资是比一般公务员多个警衔、特岗等几个津贴，但付出与收获完全不成正比”，“警察是这样一个满身是伤的群体，在付出回报严重不平衡的大环境下，咬牙坚持着”，“警校毕业时就没敢留北京，倒也不是因为太忙，实在是有自知之明，北京警察的工资买不起北京的房子”。

除了工资水平外，还包括民警的职务职级晋升的空间有限、渠道有限。基于文本资料发现，大部分人员都表示公安系统的晋升比其他同层次的行政机关公务员晋升困难得多。主要是人多职数少，“警察的晋升空间是很小的，人多职位少”。以某县局的刑侦大队为例，作为一个正科级机关，共有正式编制人员 76 人，含正科职数 2 人：大队长、教导员各 1 人，副科职数 8 人：副大队长 3 人、业务中队中队长 5 人，横向对比同县的基层业务量较大单位，某县民政局，同样作为正科级机关，共有正式编制人员 34 人，其中正科职数 2 人：局长、党委书记，副科职数 6 人：科室主任 6 人。

其次，公安机关的绩效考核方面存在问题。公安绩效考核指的是对于公安部门以及警察来说，他们的工作效能对社会产生积极的效果，通过考评体系对其进行评价。公安绩效考核管理体系，一般包括公安系统的思想政治素养、执法执勤情况、工作态度情况、工作成效情况等。通过科学准确的考核数据对警察进行全方位考核，得出定量结果并予以公示。考核出的结果可以作为年终奖金、晋升、奖励的依据。同时可以反映公安机关的工作效能。通过建立考核目标和考核标准，管理者可以对公安相关部门员工进行考评,同时,自己也可以进行自评,部门领导可以对于本部门员工进行考核。让所有的考核结果反映在考核系统中,定量的考核结果为改进工作作风和工作方式方法提供依据。

通过分析发现,当前公安绩效考核主要存在以下问题:

基层公安部门所谓的绩效考核缺乏明确清晰的法律依据和详细规定,考核体系还不太能成体系。由于上级考核的压力,致使基层民警普遍在指标指挥棒下运转,为了短期目标而急功近利而将长期目标置于不顾。"公安民警为完成考核绩效,不得不'想尽各种办法'。"

考核结果不够透明,考核方式方法客观性比较薄弱。领导对于下属的考核,其主观印象占主要因素,某种程度上失去了考评的公正性。而且各个部门之间只公布最终的考评结果,并没有公布考评过程和考评数据,这样的考评结果有失公正性。考核指标单一,考核内容不够明确。公安机关普遍使用的考核管理体系比较陈旧,考核可量化的数据只有考勤和教育培训。某些警种对于考核内容不清楚,只能根据比较模糊的考核指标来指导自己的工作,这样不利于工作绩效的提升。"绩效指标决定用警方向,日常先干要紧的绩效指标","所以按照指标办事,那些指标不看重的就会被疏忽,然后大家不满意,所以这种指标制度应该修缮"。

考核结果使用率低。有些公安机关的绩效考核结果并不与年终绩效、年终奖金相挂钩,更不与职务晋升进行挂钩。这样会导致大家结果都一样,干多干少工资都一样,不利于调动公安民警的积极性。

除了各种日常化的考核以外,针对公安基层部门的各种大量临时性考核实际上也并不合理。据实地调研来看,基层派出所经常需要向上级多个部门汇报工作,由上而下的各种专项任务衍生出的临时机构往往将既有的业务部门抛在一边。然而临时机构的检查标准与常设性机构并不相同,各种各样的评比监察使得基层公安部门耗散了大量的时间和警力资源。不同上级部门要的考核要求相互打架,为了应付考核,不得不浪费大量警力用于工作内容的录入。所谓"工作不细没问题,台账不做没成绩"。基层公安机关在承接各种指标任务的同时,必然要接受相应的考核,但目前精细化的指标考核取向并未在根本上提升和优化业务完成效率,相反只是造成了人力资源的浪费,并且导致基层公安机关人力资源的职业倦怠。

第七章　警察职业认同的影响因素作用机理分析

上一章通过文本资料的扎根分析，总结出影响警察职业认同的因素主要集中在个体表现、工作生态、社会环境和组织制度四个方面，那么，这一章则具体分析这四个方面的因素如何作用。

第一节　各因素对不同维度的贡献度分析

通过 Nvivo12 对影响因素的主范畴和构成维度的副范畴进行矩阵分析，以职业认同的维度：职业情感、职业声望、职业信念、职业信仰和职业形象为行选择项，以影响因素：个体表现、工作生态、社会环境和组织制度为列选择项，进行运行查询，挖掘数据中潜在的结构性差异，最后结果如表 7－1 所示。

表 7－1　矩阵编码分析表

	个体表现	工作生态	社会环境	组织制度
职业情感	2	24	18	19
职业声望	18	10	30	6
职业信念	4	29	18	6
职业信仰	4	10	17	6
职业形象	15	33	33	17
合计	43	106	116	54

一、职业情感的影响因素分析

通过表 7-1 可以发现,在职业情感的影响因素相关分析中编码最多的是工作生态,其次是组织制度和社会环境。

(一) 工作生态

工作压力过大是导致公安民警职业倦怠、影响公安民警对警察职业的认可和热爱的主要因素。任何工作都不可能没有压力,适当的压力并不是坏事,可以变成做好工作的动力,但是当压力超出认识水平和承受能力而成为一种负担时,就会导致职业倦怠,甚至是心理情感的崩溃。和其他职业不同的是,公安民警在日常工作中承受着巨大的工作压力。通过对文本资料的分析发现,警察的压力主要来源于工作本身。当前我国的警民比低于世界其他国家的警民比,并且在不同区域的省份、同个省份的城市区域和乡村地区的差别较大。当前,公安民警高危险、高负荷、高压力的工作状态已被大家所熟知,"7、24"的工作时间(即公安民警每周工作七天,每天待岗 24 小时)给民警带来很大的身体方面的生理压力以及心理层面的压力;另外,日常的工作量巨大,公安民警已然成为人民群众的"问题终结者",警察的职责泛化现象十分严重,工作烦琐程度以及工作量的负荷,远远超过了民警的承受范围,给民警造成了极大的压力,严重影响了警察的职业情感。

(二) 公安组织层面的因素

一是公安民警的角色定位和职责角色模糊,职责不明会严重弱化警察的工作满意度。虽然公安部相关文件对警察的角色和职责作了明确规定,但在实际工作中,警察特别是一线警察的角色定义和职责却变得模糊,一线民警成了 "万金油""打杂的",谁都可以安排任务,什么事都要牵扯其精力,额外的职责负荷给警察增添了很多额外的负担,大大减少了对警察主业时间和精力的投入,让一线民警穷于应付,觉得疲惫、迷茫、无所适从。

二是收入待遇。收入待遇是外部环境认可度的一项指标,收入待遇低意味着职业和工作社会认可度低,从而影响人的职业认同和职业发展。虽然警察工作属于一份稳定职业,有一份稳定的收入,但是由于警察的工作很难量化评价,加上公安机关的绩效评价机制还不尽完善,警察经济上获得的只是一种低程度的满足,投入和收入不成正比。在普遍高房价、高生活成本的一二线城市，公安民警的经济压力比较大，收入待遇不高会让警察的职业情感降低。

三是职业发展。职业发展是树立职业信心，形成积极职业情感的重要因素。警察的职业发展可以“两条腿走路”，既可以走非领导职务的职级序列、也可以走领导的职务序列，这种职务和职级并行的职业发展通道确实让民警看到职业发展的希望。但是公安队伍相较于其他的公务员队伍，人数偏多，特别是基层公安机关压职压级现象还较突出，不管非领导的职级序列还是领导职务序列，在基层公安机关基本都是选择性的择“优”晋升，并且各地评价“优”的标准不尽完善，缺乏科学的规范，依然存在论资排辈等现象。此外，在基层公安机关行政职级、职务的晋升发展也面临尴尬的境地，副处以上职位设置有限，绝大多数警察到正科级就止步不前了。职业发展的限制，是造成警察发展目标不明确，对职业的未来预期缺乏信心，职业情感较低的一个重要原因。

（三）社会环境因素

社会认可度是影响警察职业情感的一个重要因素。拥有较高社会认可度的职业，往往具有较高的职业自豪感、荣誉感和成就感。社会上对警察职业的认可度不高，主要是对警察职业不是特别了解，有偏见、有误解，大多群众认为警察的工作技术含量低，似乎谁都可以做。事实上，当前警察队伍的准入门槛逐年提升，选拔过程经过重重考核、选拔，最终在众多竞争者中脱颖而出。在整个公安队伍中，硕士研究生、博士研究生也不乏少数。但是警察入职时的自豪感与社会的认可度之间形成了强烈的反差，也容易让警察心理失衡、情绪低落，因而会影响到警察的职业情感。

二、职业声望的影响因素分析

职业声望是评价某一职业社会地位的一项基本指标，警察职业声望的高低将会直接影响到警察工作的热情、警察劳动的效率、职业自豪感、职业幸福感，也会影响到人们对这一职业的认同感、择业意愿、职业结构及警察的社会形象。通过文本资料的编码矩阵分析发现，职业声望中有关社会环境的编码最多，即社会环境因素对职业声望的影响贡献度最高；其次是个体表现；最后是工作生态和组织制度。

（一）社会环境因素

社会环境属于警察的职业环境,除了社会环境,警察的职业环境还包括自然环境,自然环境包括工作的条件、空间环境和劳动强度等;社会环境包括社会对警察认可度、警民关系、警察执法公信力等。当前,警察的执法公信力不高,警民关系还在提升的路上,警察和社会之间基于相互信任的社会资本还没有形成。当前的社会环境中,部分媒体带有主观偏见的肆意报道,一些群众对警察的误解和偏见,直接反映和影响着警察的职业声望。

（二）个体表现

首先,有些警察专业信念淡薄。有些警察仅仅把自己所从事的警察工作看作维持生计的手段,警察这一职业并不是他们的所爱和首选,因此并不能给他们带来太多精神上的满足。他们所关注的不是公安的改革、人民的需求,而是他们的待遇和他们所认为的发展机会。试问,作为一名国家的执法者、人民群众的守护者,如果对于这份职业没有长远的规划,对于职业发展的各方面要求也不想深入钻研,没有激情,没有信念,没有追求,仅仅把它作为暂时委曲求全的栖身之所,那怎么可能真正得到群众、媒体及社会各界的认同与赞赏呢?

其次,部分警察专业技能缺乏。警察的专业知识和专业技能是警察职业专业化的前提和基础,而有一些警察平时不注重维护自身形象、提高自身素质,往往给人们留下大大咧咧、粗鲁、头脑简单、四肢发达等形象;良好的体能是警察所应具备的职业条件,但部分警察不思进取、不坚持锻炼强身健体、职业信念淡薄,认为警察工作仅仅是维持生计的手段;更为严重的是,因为工资待遇的不平等,产生了敷衍了事的心态,导致一些警察通过降低自己的工作投入来抚平心里的不满,出现了“身在曹营心在汉”的现象;沟通能力低下,在和群众进行沟通时没有耐心;安于现状,将时间消磨于日常的琐碎工作中,不为自己争取学习机会,毫无上进心。这些因素在很大程度上抑制和破坏了警察职业的长远发展。

（三）工作生态

工作生态属于职业环境中的自然环境,即工作的条件、空间环境和劳动强度等;警察作为和平时期牺牲人数最多的职业,工作条件危险程度可想而知,工作客体复杂,工作面对的多为社会的黑暗面,劳动强度极高。工作生态通过影响民警的个体表现来影响警察的职业声望。

（四）组织制度

组织制度包括工资收入、福利待遇和晋升机会、培训机会等。警察在日常工作中不仅工作量多，而且工作范围较广。除了正常的工作以外，公安民警还要参加一些大型活动的安保任务。特别是外勤警察，一年之中有很长的时间是处于室外风吹日晒的恶劣环境中。尽管他们整日劳累，但工资收入、福利待遇在整个公务员系统中并不占优势，很多警察直呼：当警察性价比太低。并且，在进修、培训等机会上相对其他公务员也难以得到公平对待。

三、职业信念的影响因素分析

通过文本资料的编码矩阵分析发现，职业信念中有关工作生态的编码最多，即工作生态对职业信念的影响贡献度最高；其次是社会环境。

公安机关的管理制度、文化环境以及人际关系等都不同程度地对警察职业信念有着一定的影响。公安机关的管理制度是保障公安系统正常运行的重要机制，合理的管理制度有利于公安工作的运行，同时，也能充分发挥警察的能力。文化环境是警察信念的核心与工作氛围，甘于奉献、积极向上的警察文化促进警察的专业发展，从而加深对警察职业及其价值的认识，坚定自己的职业信念。反之，消极的文化环境，会影响警察的工作积极性，打消警察的职业热情，从而动摇警察的职业信念。人际关系是影响警察职业信念的另一重要因素，良好的人际关系有利于警察产生职业归属感，协调好与群众、领导以及同事之间的关系也是警察的一项重要工作任务，关系的好坏影响着警察的工作质量与成就感。

从社会层面来看，社会认可、工资待遇以及相关政策对警察职业信念的影响较大。有学者研究发现，外部认可和物质待遇是影响警察职业信念影响因素。工资待遇是警察职业生活的基本保障，如果一个人的工资待遇不能满足自己的生活需要，那么警察很难坚定地从事警察工作。其实，警察的工资待遇也反映着警察在社会上的一种地位。Arumanil 在研究职业信念和社会地位的关系时，发现社会经济地位与职业信念显著相关，较低社会经济地位的个体具有较高水平的消极职业信念。因此，警察的工资待遇是影响警察职业信念的根本因素。外部认可是社会对警察职业及其角色的一种评价,认可程度的高低体现着警察社会的地位,较低的外部认可度,不利于吸引优秀青年进入公安队伍,同时,也会影响警察对职业的认同感、成就感和幸福感。政府出台的相关政策,决定着警察职业的发展方向和前景,因此,在一定程度上对警察的职业信念有影响,促进警察形成对未来职业的深远规划和期望。

四、职业信仰的影响因素分析

通过文本资料的编码矩阵分析发现,职业信仰中有关社会环境的编码最多,即社会环境对职业信仰的影响贡献度最高;其次是工作生态。

警察的工作性质是属于以群体和他人为中心的社会型工作,警察的职业信仰作为警察对于所从事职业的内容、意义与发展方向的极度信任与崇拜,是警察在工作中的行为准则与精神力量,是警察在工作中奋斗的力量源泉。职业信仰是一个人信仰在职业中的集中体现,它把属于精神层面的信仰与实际的工作联系在一起,在职业中,在追求利己的同时,更高层次地追求利人与利群的高度统一。警察职业信仰在文本资料中体现比较明显的首先是社会环境。改革开放初期,为了增加国家的经济实力,国家的经济战略有所调整,由计划经济调整为市场经济,随着市场经济体制的确立和发展,我国的经济实力逐渐增强,市场经济大潮中的竞争机制,激发了一部分人的工作热情以及创业热情,极大地推进了我国社会进步和经济发展;同时在市场经济的利益原则驱动下,人们敢于维护自己的正当利益,由此衍生出来的问题也越来越突出,人们越来越看中自己的个人价值,随着社会竞争日趋激烈,这种个人的利己主义越演越烈,这直接或间接地影响到警察的价值取向。另外,警察的职业信仰还受到社会思潮的不良侵蚀,网络时代的到来,人们的交流方式逐渐增多,交流的空间逐渐扩大,人们可以通过各种方式来了解社会、了解国家、了解世界,人们可以足不出户去了解自己想要了解的所有事情,扩展了自己的视野,扩充了自己的信息,与此同时,西方的各种思潮随之涌入,网络话语的不负责任,随意攻击警察权威,极大地影响了警察的职业信仰。其次是工作生态。信仰是警察择业的根本,是推进警察发展的内在动力,但是内因在琐碎、超负荷的工作量以及高度危险的工作生态环境下，日益消磨。

五、职业形象的影响因素分析

通过文本资料的编码矩阵分析发现，职业形象中有关工作生态和社会环境的编码最多；其次是个体表现和组织制度。

在我国由计划经济向市场经济转型的过程中，由于社会生产力不断发展，社会关系不断丰富，原有的制度系统越来越缺乏活力，越来越僵化，从而导致社会转型时期制度有效供给不足问题。这个状态在我国社会转型期已经屡见不鲜，甚至成为社会环境的一大缺憾。制度环境的不完善和人们对制度规范的不适应也可以导致行为的失范。制度是社会生活需要的产物，每个人的存在和活动，要获得安全自由的领域，就必须确立某种看不见的界线，制度就是确立这个界线的基础。如果制度建设出现问题，社会发展和人的行为就会受到影响。改革的深化必然要引起社会各方面利益更加深刻的调整，为此，思想领域的斗争，又往往是在人们不同利益的基础上进行和展开的，有时也会表现得十分尖锐和激烈。与此同时，整个社会也处在各种矛盾日益凸现的转型期，人们的价值取向呈现重新定位和多元化选择的混乱状况，这就很容易产生价值的“失范”或盲目。许多思想观念正以不可低估的力量影响和冲击着人们已有的行为准则，包括警察的职业道德，这些影响和冲击是警察职业道德产生问题的重要原因。其对警察职业形象的影响表现在以下几个方面：一是市场经济把人与人之间的社会关系物化为商品货币关系，使拜金主义有了滋生的土壤。二是市场经济的竞争原则强调个体意识刺激了投机心理和不正当竞争行为，容易助长个人至上观念，滥用职权达到个人目的。三是市场经济易使等价交换原则渗透于警察执法管理中，导致权力商品化。四是市场经济的开放性和经济全球化使腐朽意识形态和各种丑恶现象渗透进来，一些警察受腐朽糜化生活方式侵蚀，导致享乐主义抬头。

警察管理体制对警察职业形象的影响。长期以来，由于警务工作繁重、工作压力大等原因，警察工作后很少有接受各种职业规范教育培训的机会。部分公安机关专注业务有时忽略队伍的思想工作，没有及时掌握警察思想动态，不能及时帮助警察消除疑虑和模糊认识，对在新的社会条件下如何开展队伍思想政治工作研究不够，采取措施针对性不强，等问题成堆了、领导批示了、媒体曝光了才去抓，结果积重难返，严重影响警察职业形象。具体表现为：

首先，一些公安机关重业务轻教育，忽视警察职业形象建设。

其次，警察制度不完善对警察职业形象建设产生的负面导向。警察制度体系对警察个体的职业修养的作用和影响是不容忽视的，而警察制度不完善也就会对警察职业形象建设产生负面影响。主要体现在以下方面：警察录用考核制度的不完善，立法、司法制度的不完善，管理体制的不完善。

最后，经费保障制度不健全对警察职业形象的影响。近年来，各级财政部门加大了对公安工作的支持力度，给公安机关增加了不少经费。但是，从实际情况来看，有些地方现有的公安经费与公安机关日益增加的执法办案的实际需求差距仍然很大。特别是财政分级管理体制，地方经济发展和财政收入的不平衡，客观上造成了一些基层公安机关经费保障困难。经费局促造成公安民警思想上种种疙瘩，客观上造成了警察心有所忧，精力分散，工作分心，所以外界物质诱惑和刺激一旦进入警察视线就有可能引发丧失职业防线，导致违法违纪案件的发生。

第二节　不同群体案例节点编码交叉分析

本研究所基于的材料中有明确身份的群体，包括警察群体、警察家属群体以及社会群体，针对不同群体进行案例节点编码交叉分析，结果如表 7 - 2 所示。

表 7 - 2　案例节点编码交叉分析表

	个体表现	工作生态	社会环境	组织制度	合计
警属群体	10	27	13	4	54
警察群体	36	116	71	58	281
社会群体	43	23	16	18	100
合计	89	166	100	80	435

由表 7 - 2 可以看出，对于警察群体，关于工作生态的编码最多（116），对于警察家属群体来说也是关于工作生态的编码最多（27），而对于社会群体来说，则是关于个体表现（包括个体行为和个体素质）的编码最多（43），也就是说对于警察群体以及警察家属群体来说，当前警察职业的工作生态（包括工作压力和工作属性）是影响他们职业认同的关键因素，而对于社会群体来说，主要是警察个体的素质和行为影响了他们对警察职业的认识（主要是建立警察形象和对警察职业的评价）。

一、警察群体

警察群体本身对警察的职业认同是指公安民警对警察职业（包括目标和社会价值）以及内化的警察职业角色的积极的综合体验和认知，也可以认为是警察个体的自我认同（警察个体对警察身份的认可），警察个体在从事警察职业时对警察职业的积极肯定的态度。成为警察的个体，就要以一个全新身份驻扎进警察这个职位所在的社会关系之中。每个人的生活经历、社会体验不尽相同，每个人“赖以生存的故事”[①]都为其从事警察工作提供了独特的视界，选择了警察职业，就意味着个人选择以警察的职业身份经营自己的一段人生之旅，从个人成为警察的那一刻起，警察的自我认同就发轫了。在当前公安工作中，警察群体中存在自我认同危机，即警察个体对自我不确定性的一种疑虑，它最终会将警察个体引导至自我身份感及自我价值感丧失的状态中去。现代社会的巨变对警务工作模式提出的新要求使得警察个体必须快速适应这种境况，在外部环境与内部压力的双重影响下，警察在其职业生涯中充满了诸多自我认同问题，警察愈发缺乏对自我的审视与反思。处于“失语”状态的警察往往更容易产生焦虑心态，更容易产生对警务工作本身的倦怠，从而影响执法与服务的热情与效果，警察个体对自我认同的茫然不知蕴藏着极为危险的趋势，如果警察个体在变动的社会环境中轻易丧失原有的确定性体验，那么当他独自面对自我身份的分裂时，警察个体就会遭遇自我认同危机。更为严重的是，伴随这种认同危机，警察的道德框架也陷入分裂的状

① “赖以生存的故事”指的是个体或整个社会的认知结构，这种认知结构影响了人们行为方式，本书特指个体的认知结构。

态,甚至产生了对警察事业本身的信仰危机。这些危机的产生严重影响警务实践,影响警察自我的建构与生成,影响我国公安事业的发展。

面对复杂多变、日新月异的外部环境的改变,警察个体在履行其职责时,其行为方式不可避免地显现出颇多不适,也因此时常表现出自我否定、自我矮化的现象,这种从内心生发的警察权威的崩塌更是严重制约警察自我认同的实现。首先,在警务工作模式上需要更多依靠大数据、云计算等现代技术力量来实现警务目标,这与之前的工作模式大相径庭,给警察个体的工作带来巨大冲击;其次,社会生活的多样化趋向导致了警务工作的复杂性上升,大量法律规制的出台与细化虽然有利于公民参与社会生活,规范行业发展,但也使警察个体在从事警务工作时必须及时更新知识储备、强化技能训练。处于实时变化的警务工作中,警察个体只有不停学习进步才有可能适应现代社会中的工作任务,这些无形中强化了警务工作的专业属性,也对警察个体和警察队伍提出了更高的专业要求与专业态度,当原有的自我难以适应这种改变并显现出负面影响,就会产生警察自我认同危机。

二、警属群体

由于职业的特殊性,警察的工作—家庭冲突已成为不可忽视的问题。其工作特殊性具体体现在:第一,工作强度大。通常为“白加黑”“5+2”工作,无休息日;许多部门需要随时出警,严重透支了个人、家庭生活。第二,警察角色在不断丰富,角色超载现象严重。随着服务型政府的推进,警民关系由“管理”和“被管理”之间的关系变成了“服务”和“认同服务”的关系,并且大量非警务活动占用了大量警力。第三,日常面对人群的特殊,即经常面对犯罪分子等需要再社会化的人,因而他们的情绪需要及时调整。第四,工作危险性大。第五,工作边界性强。当工作与家庭发生冲突时,通常是家庭做出让步。在这些工作特殊性的影响下,警察家属对警察职业的认同程度也较低,其工作生态是首要因素。

(一)时间因素

时间是一种“零和”资源,在一个领域的时间充足,就意味着在另一个领域时间相对不足。我们可以从正式的工作时间和非正式的工作时间两方面分析基于时间产生冲突的原因。从正式的工作时间来看,警察作为行政机关公务员的一种，在正式的工作时间上当然相对固定并且必须遵守。尤其在一些窗口部门，很多都是朝九晚五制。并且由于政府近年来在向“服务型”政府转变，一些窗口部门都是全年开放无休息日，周六周日轮流只休息一天。因此，在正式的工作时间上自然是不能自主控制时间的起始和时间的长短的。非正式的工作时间主要指在家待命或突然被召回工作等。在家保持待命状态或突然被召回工作会降低警察的家庭时间充裕度。家庭时间充裕度是指个体直觉到自己拥有足够时间可以陪伴家人的控制感。这种控制感的降低会使得实际家庭生活中本可以与家庭成员互动的时间被消耗，或者使警察及其家人不能放松投入家庭互动中。因此，警察群体低水平的工作时间控制挤压了家庭时间，从而产生了工作家庭冲突，影响警察家属的职业认同。

（二）工作压力

不断延伸的警察职责产生的工作压力溢出到了家庭。个体—环境匹配模型的第二种匹配形式即环境的要求与个体的能力之间的匹配认为，当环境要求高于个体能力时，个体的压力感就产生了。随着市民社会的发展，警察制度的改革和警务风格的转变，对警察这一职业要求越来越高，包括定量的、定性的甚至社会建构的。

工作本身的危难险重。首先，警察工作的危险性众所周知，常常会在打击犯罪过程中受伤甚至牺牲，在访谈过程中我们也了解到每当他们执行任务时，家人都会很担心，甚至使他们的配偶很没有安全感。其次，工作任务繁重，在接处警、执法办案、社区警务、基础工作、专项行动、大型安保、战时任务、服务群众以及围绕地方党委政府不同时期的中心工作等方面承担了大量的警务与非警务工作。近年来，随着规范执法的高要求，在警察一线执法过程中经常会出现突发状况，而已有的执法标准和操作规程常常没有具体的对应解决标准，甚至现实中常出现轻微暴力妨碍执法导致民警受伤的现象，这就需要民警除了警械和执法记录的完整装备，还要提高自身的裁量、判断能力，综合现场执法情势判断并积极探讨改善应对策略的能力。此外，面对群众轻微暴力妨碍执法时，民警情绪往往难以控制，这又要求他们有较强的情绪控制能力，这么多工作能力的要求无疑使警察在工作中产生大量负面情绪和压力。

"服务"与"认同服务"的警民关系。社区民警的考核标准为"群众见警率、情况熟悉率、'打处'贡献率、群众满意率",可见这都是要密切关心和高度了解所辖群众的。部分窗口部门的工作考核为"业务办理速度、接待群众态度、出错率",也是从为群众服务的目的出发。然而这种考核机制势必也给民警带来工作压力,并且时常遇到素质较低的群众还会产生纠纷。因此,如此多的工作要求使得警察产生压力,而工作领域的负面结果会溢出到家庭领域发生冲突。

(三)职业同一性带来的努力行为与家庭角色所期待的角色行为不兼容

职业同一性指的是个体的职业对其人生的中心性,是职业动机的方向维度。每个人在特定的工作角色中会拥有特定的行为模式,这种模式称为角色内行为。高水平的职业同一性将会让个体拥有更多的角色内行为。职业同一性主导下的努力和任务导向的行为,会与家庭角色所期待的角色行为不兼容,从而导致基于行为的工作家庭冲突。警察的职业同一性受到物质刺激、职位晋升以及荣誉的影响。与企业员工工资和绩效挂钩、多劳多得不同的是,警察工资与加班费是分开的,额外的加班不去的话会扣加班费而工资不会减少。因而对警察个体当下物质追求不是很需要时,是不会做出更多的角色内行为的。但是,公务员更多追求的是政治前途,职位决定待遇,并且工作绩效会影响政治前途,所以有晋升需求或有延迟满足能力的警察将会有更多的角色内行为。因此,有职位晋升需求和刺激物需求的警察会有更多的职业内行为,而任务导向的行为与家庭角色所期待的角色行为不兼容导致了基于行为的工作家庭冲突。

三、社会群体

警察职业的特点有社会期望较高、社会责任大、职业压力较大等特点。首先,社会期望方面,国家安危,公安系于一半,在国家长治久安方面公安民警被寄予厚望。其次,公安民警是一个高负荷、高危险和高应激的职业,承受的职业压力巨大。

公安工作的最主要工作对象是人民群众,人民群众的支持是公安机关最不可或缺的社会支持。公安治理的方式主要以协作为主,人民群众是公安民警获得社会支持的重要源泉。亚里士多德对警察有一段经典的论述:

“良好的秩序、城市的管理与组织、对人民的支持，是给予人民所有礼物中最伟大、最重要的。”以上论断说明警察这一国家机器在草创之初就奠定了对人民（公民）负责、为人民（公民）服务的观点。人民群众蕴含的能量是巨大的，人民群众所能提供的社会支持也是不可估量的。唯物史观认为人民是历史的创造者。一直以来，公安机关始终坚持群众工作路线，充分保持着同人民群众的血肉联系。公安工作的群众性和社会性的特点，更是将公安工作与群众支持紧密地联系在一起。公安机关在为人民服务的同时，也在获得人民群众广泛的支持。维护国家安全和社会治安秩序，既是公安民警的职责所在，也事关人民群众的根本利益，这也决定了人民群众既是公安民警的服务对象，也是公安民警在公安工作中的可以互相帮助与支持的合作伙伴。人民群众与公安民警的相互合作与支持具体主要体现在两个方面：一是提供信息支持；二是促进公安民警工作的改进。

近年来，公安机关推出的一系列改革措施，可谓准确地把握了新时代人民需求的变化，得到了人民的肯定与认可，大大提升了人民群众对公安民警和公安工作的满意度。人民群众有所呼，公安机关就有所应，这是公安工作和警务改革令人民群众满意的最主要原因。成效显著的公安改革，不仅让人民享受到了“改革红利”，也在一定程度上密切了人民群众与公安机关的联系，加深了人民群众对公安机关的感情，对营造和谐的警民关系有巨大作用。但是，也不能忽视在公安队伍中还存在一些民警个体素质不高，行政行为及执法行为存在不规范的现象。公安机关作为国家机器的重要组成部分，物质方面的支持主要来自国家财政支持，而情感上的支持则来自群众、同事、朋友以及家人，其中最主要的是群众。对于直接接触人民群众的警察个体，在公安机关改革的浪潮中应不断提升自身的素质、规范自己的行为，进一步提升群众的满意度和认可度，进而提升人民群众对警察的情感支持。

第三节　各因素间的作用机理分析

通过对文本资料的主范畴之间的典型关系结构（第四章图 4－2）分析发现，个体表现（包括个体素质和个体行为）并不直接影响警察职业认同，而是通过影响社会环境来间接影响警察职业认同；工作生态一方面直接影响警察职业认同,另一方面通过影响个体表现(特别是个体行为)进而影响社会环境最后影响职业认同;社会环境一方面直接影响职业认同,另一方面对个体表现有“反哺”影响;组织制度一方面通过影响工作生态来影响职业认同,另一方面又直接影响了职业认同,同时还可能通过个体表现影响职业认同(需要进一步验证)。各因素相对应于警察职业认同的各维度来说,工作生态因素对职业情感、职业信念的影响贡献度最大;社会环境因素对职业声望、职业信仰的影响贡献度最高;在职业形象中工作生态和社会环境是具有同等贡献度的两大影响因素。

一、个体表现的作用机理

警察是典型的一种“街头官僚”,根据利普斯基的定义,街头官僚是指处于基层同时也是最前线的政府工作人员,他们是政府雇员中直接和公民打交道的公务员;典型的街头官僚包括警察、公立学校的教师、社会工作者、公共福利机构的工作人员、收税员,等等。街头官僚处于官僚系统的末端,其工作直接面向公众,涉及公共事务的细微之处。正是由于基层工作的复杂性和特殊性,法律规章无法事无巨细地规定街头官僚工作的每个环节和步骤,因此也就给其执法设置了相应的自由裁量空间。在街头官僚的管理活动中,行政自由裁量权是保证其管理正常进行以及为广大人民提供服务的重要前提。行政自由裁量权是指行政机关和政府官员在一定法律法规的规范之下从事行政管理活动所享有的自由酌量完成任务的方式和解决问题的权力,即有条件的行为选择权。然而,街头官僚的行政自由裁量行为在实际运作中会受到诸多因素的影响,所以不一定能达到设定自由裁量权的初衷。近些年来,部分公安民警在执法过程中出现的一些执法失范极端案例把警察群体推向了舆论的风口浪尖,也使街头官僚这一行政队伍中的重要力量引起了社会的高度关注。公安民警的素质和执法、行政行为直接影响着社会群体对警察的期望、态度和评价。

随着法制建设的进步,公安民警的工作正面临着越来越多的约束、挑战和风险,甚至动辄得咎,引发各种形式的争议、纠纷甚至诉讼。同时,稀缺的组织资源难以对警察提供充分的正面激励,失误或错误很容易招致麻烦和责任,安全和自我保护的动机就不断驱使他们在照章办事的官僚主义逻辑中寻求免责的"避风港"。因为形式化的规章制度，既可以作为指导警察的行动清单和行为标准，也可以是确保其安全的行为底线，还可以作为避免责任追究、抵制外部压力和要求的"防火墙"。这样，严格遵守规则和程序既可以说是依法行政的要求，体现了程序正义，可以让工作更加公正和公平，富有成效。但，这样躲在规则的夹缝中，也能做到避免错误，远离责任，因为"对程序的依赖（也）是公务员逃避责任的一种方法。当发生什么错误的时候，他们至少可以主张是严格按照既定程序进行的"，而且"规则的泛滥抹杀了规则本身，规则繁多形成了官僚主义权力的基础"。一味地遵循规则也导致文牍主义、形式主义和保守主义，而那些需要用积极行动去实现的公共利益往往就被照章办事的名义给取消掉了。"以规则为本"而非"以结果为本"做法的一个结果就是，形式正义侵吞了实质正义。

所以说警察这一"街头官僚"的典型代表，位于官僚系统的末端，其工作直接面向公众，涉及公共事务的细微之处。公安民警的素质表现和日常执法行为影响外部社会执法环境的建构。

二、社会环境的作用机理

本研究中的社会环境主要包括公安组织对警察的期望、评价和态度。首先，社会期望方面，社会群体也分成了不同的阶层，而各个不同的阶层对于警察的期望也是不一样的。总的来说，社会公众对于警察的期望一方面表现对警察工作行为和表现的价值取向上，另一方面也表现在对警察素质要求的评价上。工作表现的价值取向，群众最希望警察的"公正"，对素质要求的期望则是要求警察"为人民服务"的意识。除了这些正向的期望，还有少许社会公众和媒体在一些涉警负面事件中表现出自己"负面期望"的印证效应。其次，社会评价中，当前社会群体对警察的评价多以负面为主，究其原因，一部分是某些媒体为了吸引眼球，对公安机关、警察执法活动或警察个体进行大肆地负面报道和宣传。有警察网友自我调侃说"20 年前遇到打架斗殴的警情，只要大喝一声'我是警察'，几十人的打架斗殴事件能很快平息，而现在，只要大喝一声'我是警察'，几十人会一起殴打喊'我是警察'的警察"。社会的负面评价除了使得执法活动如履薄冰，还使得一些群众对警察的信任度降到冰点，因此，一些警察大呼"下班的第一件事就是脱下警服”。最后,有学者研究发现积极的社会态度对警察的公信力和警察执法效能有正向影响作用。然而,当前社会公众对警察的态度不容乐观,这又负向影响警察的执法效能。

三、工作生态的作用机理

工作生态是有关警察职业认同最直接的影响因素,前文已经提到过,工作生态这一范畴包括工作环境和工作性质组成的工作属性以及工作负荷、心理压力和职责过载组成的工作压力。根据生态系统理论,工作生态系统是影响警察职业认同最为直接的微观系统。工作中警察工作所处的社会文化、政治、法律等工作环境,警察职业本身的工作性质,以及工作中警察的职责规范程度、工作量大小以及工作中所遇到的工作压力,一方面直接影响警察本身的职业认同,另一方面,通过影响警察个体的职业行为和个体素质间接影响警察职业认同,在这个作用中,警察的工作生态和个体表现都起到中介作用,其中,从分析的文本来看,个体表现还起到些许的调节作用——“人民予警察以信任,警察还人民以忠诚。人民不予,忠诚依旧。因为忠诚是警察的魂。”

四、组织制度的作用机理

根据组织制度理论,组织制度中包括规制性要素、规范性要素和文化—认知性要素,警察由于职业的特殊性,占主要地位的是规制性要素,即规制警察行为的各种法律法规、政策规则,以及相关督察制裁等。规范性要素强调的是社会生活中约定俗成的、评价性的、义务性的规则。简单讲,规范性要素就是警察工作中所遵循的价值规范。比如当前警察执法的规范性要求、公正性的价值要求以及透明的执法程序等都是规范警察行为的价值规范。文化—认知要素是更为深层次要素,指的是内化于警察群体的概念、图式、范畴、执法模式以及有关警察的社会惯性认知事实所组成的符号体系。在公安组织制度中,这些要素表现为刚性的制度保障和柔性的组织管理方式,这些组织制度一方面直接影响警察的职业认同,另一方面,通过影响警察的工作生态来进一步发挥作用。

第八章　研究启示及建议

上一章介绍了四个主要影响因素的作用机理，明确了不同群体所关注的因素不同，不同影响因素对警察职业认同的不同维度影响程度不同。在明确警察职业认同维度的基础上，结合各种不同影响因素声望作用机理，本章将明确梳理本研究带来的研究启示及有针对性地提出警察职业认同提升的对策。

第一节　研究启示

一、厘清认同维度，有的放矢地培育警察职业认同

虽然公安机关已经意识到警察职业认同感对于警察队伍建设的重要作用，但由于并不清楚警察职业认同的构成维度（目前的很多做法仅仅是借鉴其他职业的认同维度，基于警察实证资料抽象总结的警察职业认同维度还很欠缺），以及缺乏对警察职业认同影响因素的系统掌握，因此，当前的公安实践还有进一步改进的空间。本研究通过扎根理论方法，厘清了警察职业认同的维度，提出警察职业认同维度包括职业情感、职业声望、职业信仰、职业信念、职业形象五个方面。因此，公安机关可以将警察职业认同的培育目标分解为培育职业情感、塑造警察职业声望、坚定警察职业信仰、坚守警察职业信念、改善警察职业形象。针对这五种维度分目标来构建警察职业认同提升策略，才能真正有效地培育警察职业认同。

二、重点关注综合贡献度高的因素

警察职业认同的影响因素主要集中在警察个体表现、工作生态、社会环境、组织制度四个方面。通过贡献度分析发现，四个维度的影响因素中，社

会环境的综合贡献度最高，工作生态次之。这两个层面的影响因素一方面直接影响警察职业认同，另一方面通过影响警察的个体表现来间接影响警察的职业认同。因此，对于公安机关来讲，一是组织要重视社会环境的塑造，而社会环境的优劣又在一定程度上和警察的个体表现相关，所以应通过加强自身行为和素质建设来优化社会环境；二是要关注工作生态的影响，改观当前警察工作的高风险、高负荷、高应激、高压的状况，规律警察的作息、加强心理干预、强化后勤保障。

三、警惕警察职业内部认知与外部认同的错位

在资料的编码过程中，警察的职责过载、超负荷的工作压力是影响警察职业内部认同的突出因素，此因素可以解读公安机关的职责还有待进一步明确，警察在承担执法与服务的各种混淆的职能中疲惫不堪，警察群体所追求的是面对不同的警务客体承担不同的角色，在执法领域做突出权威性和强制力的执法管理者，在行政服务领域做突出服务性的“人民公仆”——服务者。而对于社会公众而言，认为警察职业应当凸显服务性。所以当前警察内部对职业的定位与社会公众对警察职业的定位并不一致甚至错位，这种错位需要引起公安机关的高度重视，在日常的工作中，注意分析社会公众的心理倾向，加强和社会公众的有效沟通，主动对社会公众的评价进行系统的分析和定位，融合警察群体和社会群体的价值观念认同，力求统一警察职业内部认同和外部认同。

第二节　警察职业认同的提升建议

一、理念层面：坚持党的绝对领导，践行为人民服务

（一）进一步加强对公安民警的理想信念教育

加强公安民警理想信念教育是公安机关保持其先进性的内在要求。加强公安民警理想信念教育，增强教育的针对性、实效性显得尤为重要与迫切。首先，在思想上高度重视民警理想信念教育。2014 年 1 月，习近平总书记在中央政法工作会议上指出，“必须把理想信念教育摆在政法队伍建设第

一位”。如前面章节所述，随着我国改革开放的不断深入，人们的思想观念发生了深刻的变化，价值取向多元化，拜金主义、利己主义、享乐主义在社会上有所蔓延。受其影响，有些民警出现了宗旨意识淡薄、责任感不强、追求享乐等问题，严重影响公安工作目标的实现。这就要求公安机关必须高度重视民警理想信念教育，不断提升公安队伍的思想政治素质。其次，在教育内容上强化警史教育。回顾公安事业的发展历史，从瑞金到延安，从新中国成立到今天的中国特色社会主义建设，无数公安英烈们用自己的鲜血和生命捍卫了人民的利益。通过了解人民公安的光辉历史，引导民警深刻理解新时代人民警察担负巩固中国共产党执政地位、维护国家长治久安、保障人民安居乐业的神圣使命。最后，在教育方法上注重理论联系实际。第一，理想信念教育与民警的实际工作相结合。每个民警的本职岗位就是实现中国梦的平台，应当引导民警把个人的理想追求融入对中国特色社会主义共同理想的追求之中，融入完成党和人民赋予公安机关的历史使命上来，立足本职，在为实现中华民族伟大复兴的中国梦而奋斗的过程中实现个人理想。第二，解决思想问题和解决民警的实际问题相结合。民警的思想问题有思想认识方面的误区，更多的往往是由现实问题引起的，因此，要加强调研，及时准确掌握基层民警在工作、学习和生活中存在的思想问题和实际困难，把解决思想问题和解决实际问题有机结合起来。

总的来说，各级公安机关要持续不断地加强公安民警理想信念、警魂意识培养，强化人民警察核心价值观学习实践。引导民警认识到选择了一种职业，就是选择了一种生活方式，警察职业就是一份需要用理想信念和拼搏精神支撑的职业，就是一种默默奉献、不计得失、没有规律的生活方式。教育民警把个人追求与职业理想结合起来，提升认同感。同时，引导民警理性看待当前公安机关、公安民警面临的执法环境，特别是要认识到，公安机关是具有武装性质甚至能依法剥夺公民人身自由的特殊公权力行政机关，公安民警执法行为甚至日常的言行理应接受社会公众的监督和评判，“权力必须在阳光下运行”，这是建设法治国家的要求，也是社会进步的一种标志。

（二）切实增强民警的使命感、责任感和自豪感

新时代警察职业认同感，就是职业使命感、责任感和自豪感。它是公安民警担当使命、履行职责极为重要的思想保证。首先，增强职业使命感。第

一，要深刻理解公安工作的重大意义。新时代公安机关承担着巩固中国共产党执政地位、维护国家长治久安、保障人民安居乐业的重大政治和社会责任。公安工作任务艰巨，使命光荣。第二，要处理好付出和回报的关系。由于地方经济发展的差距，使得有些地方民警的工资待遇还很难得到大幅度提高，需要每位民警为了社会的和谐稳定、百姓的幸福安康做出奉献和牺牲。其次，增强职业责任感。第一，要增强事业心。公安民警都要把自己的本职工作当作一项事业来做，主动学习，不断提高职业的专业化程度，使自己的工作让党放心，让群众满意。第二，要严格执法。民警都要始终对法律怀有敬畏之心，对生命怀有敬畏之心，切实维护社会的公平正义。第三，要敢于担当。工作要迎难而上，敢于负责，面对群众危难挺身而出，做人民的保护神。最后，增强职业自豪感。要增强民警的职业自信心。民警要树立干一行爱一行、干一行成就一行的信心，无论在什么岗位上，都要找到工作的突破点和兴奋点，不断激发工作热情，在工作中找到乐趣，在快乐中做好本职工作。

（三）培养、激发警察积极的职业情感

如前文所述，职业情感（occupational emotion）指的是人们对自己所从事的职业所具有的稳定的态度和体验。有强烈的积极职业情感的人，能够从内心产生一种对自己所从事职业的需求意识和深刻理解，因而热爱自己的职业和岗位，并善于克服各种困难，表现出强烈的职业责任意识，能以极大的精力付诸行动。警察积极的职业情感，指警察职业的行为主体对从事警察职业的激情和热爱。我们在实际工作中，首先应通过科学的思想教育和引导，让警察更好地认识到自身的价值和岗位责任，意识到自己职业的社会价值非同一般，以此来培养其积极的职业情感。警察职业维护的是国家的安全、社会的稳定，保护的是合法的公共利益和个人利益，其工作意义涉及人民群众工作、生活的方方面面。更为重要的是，社会对警察寄予了更多的期盼，并把警察视为可信赖和依靠的职业群体，赋予警察职业崇高的意义，每一个警察应为选择了警察职业而感到自豪和光荣。深刻认识警察职业的深刻内涵及社会价值，可唤起他们对警察职业的强烈认同感，激发出他们对警察职业的神圣感、荣誉感和责任感。其次，积极引导和培养警察自觉将其职业作为自我生命价值发展与展现的载体，将个体潜能的充分发挥和发展定位在出色履行警察的职责上，保持良好的心态和稳定的情绪，圆满完成工作任务，以实现职业与生命意义的高度融合和完美结合。

（四）培养和不断增强警察的职业信仰

公安机关一般可采取专题报告、思想教育和组织管理等多种教育形式，引导警察群体正确地看待警察这个职业。如大力开展组织学习《中华人民共和国警察法》等法律文件，明确使命与责任，端正从警动机；邀请一线优秀民警来座谈，做先进事迹报告 举办公安题材的影展，播放警察主题的影视或视频，潜移默化地培养警察的警察意识；在警察中开展核心价值观讲座、选修课程或论坛，引导警察学习和探讨警察核心价值观的内涵和意义，对于某些具有共性的理论问题和现实问题，可组织警察广泛开展讨论，让大家在研讨中明辨是非、形成共识；还可开展以打造警营文化为主题的公安组织文化活动，如在办公区开展墙廊文化建设，让每个办公室的警察写出一句警言贴在办公室的门上，使每一面墙都会“说话”，每一块宣传板都能“育人”，将警察意识教育和职业道德教育融入警察的日常学习生活中去。通过各种形式加强政治教育和培养，引导警察正确地看待警察这个职业，鼓励他们为成为一名优秀的警察而努力学习，形成“忠诚、为民、公正、廉洁”的崇高职业价值观，激发其因选择成为一名警察的神圣感和自豪感，唤起警察对从事警察这一职业的认同感和荣誉感，努力将自己塑造和培养成政治合格、作风过硬、品质优良的忠于党和人民的人民警察。

（五）打牢思想基础

孔子说：“道之以德，齐之以礼，有耻且格。”道德启蒙人心，通过改变人的主观世界进而规范人的具体行为。在实践中不断培养警察的职业精神和职业道德，是改善职业认同感的根本途径。习近平总书记强调：“要按照政治过硬、业务过硬、责任过硬、纪律过硬、作风过硬的要求，努力建设一支信念坚定、执法为民、敢于担当、清正廉洁的政法队伍。”公安机关必须坚持党的领导不动摇，引导人民警察树立共产主义的伟大理想，通过开展“为何从警、如何做警、为谁用警”等一系列讨论活动，让民警产生职业自豪感。基层民警在工作过程中，会对职业产生稳定的心理感受，即职业情感。较高的职业情感能促使警察在面对工作时心情愉悦，态度认真，对职业更加认同。因此，警察机关和基层民警个人应该通过各种形式培育警察积极的职业精神，让基层民警充分认识到警察职业对与社会和公众的重要性,自己对待工作的态度将直接或间接地影响到社会的安定和人民的幸福。在实际工作中,要充分将积极的职业情感转化为切实行动,通过思想和实践的合二为一切实提高警察的职业认同。

职业认同作为个体对所从事职业的肯定性评价,是克服了职业的外在性、异己感而把个人的价值和意义同所从事职业的价值和意义内在地统一起来的结果,它所形成的职业工作的动力更具有自觉性和主动积极性。总之,通过培养、激发警察积极的职业情感,力求使警察认识到社会对其从事职业的价值认定,感受到自我的生存价值,在情感上对警察职业产生归属感和荣誉感。同时,将成就职业价值视为彰显自我生命的力量和价值,保持强烈的进取心和高度责任感,做好本职工作,完善警察生涯。

二、个体表现:培育素质,优化行为

(一)警察的素质培育

加强警察的素质培育是提高他们职业认同水平的关键因素。毛泽东同志指出:“政治路线确定之后,干部就是决定的因素。因此,有计划地培养大批的新干部,就是我们的战斗任务。”加强警察思想政治素质培育和职业素质培养是公安队伍建设的重点,培养警察的综合素质则是各级公安机关的重中之重。警察富有激情活力、渴望自我价值实现。各级公安机关要充分挖掘他们的潜在能量,为他们创造干事、创业、成长的有利条件,通过加强常态化的思想建设、专业化的培训和开展丰富多彩的警营文体活动,帮助他们建立职业生涯规划,提高公安队伍凝聚力,为增强警察职业认同奠定基础。

1. 入警时指导其做好职业规划

青年警察进入警队工作以后面临着和其他单位截然不同的工作环境,对于公安机关的工作性质和工作特点是一个逐步学习和掌握的过程,因此应该加强对警察职业生涯的指导,帮助他们尽快掌握公安工作的特点,通过建立切实可行而又有侧重点、针对性的职业生涯规划指导,通过增加警务技能学习、提升警务技能水平,最终实现自身综合素质的提高,为其长远的职业生涯发展夯实基础,从而增强其工作信心,缓解其在工作中由于能力欠缺带来的压力。每个青年的情况不尽相同,有来自地方院校的毕业生,也有来自公安院校的毕业生，因此要根据其自身的不同特点来作出规划。建立警察职业生涯规划可以分成新警培训、警衔晋升培训、日常教育等几种方式。首先，对于新入警的警察在新警培训期间就要详细介绍公安机关的特点，让其了解公安机关的晋升体制和管理制度，使其清晰地掌握未来工作的上升渠道，制定明确的职业生涯规划。其次，要建立“以老带新”机制，当好警察的人生向导。要引导他们认真总结前次职业规划和实际工作的差距，根据自身工作情况和理想，引导警察制定切实可行的职业生涯规划。由工作成绩突出的老民警带领青年警察，形成“传帮带”这一传统，引导他们树立正确的人生观、价值观、世界观，提高他们的工作能力。再次，要积极开展选树“英模”活动，发掘警察身边的先进典型，积极培养和引导典型人物，加大正面宣传的力度，用正能量引导警察创先争优，实现自我价值。最后，要加大日常教育力度，以“坚定理想信念，规划职业生涯”为主线，积极开展丰富多彩的日常思想政治教育活动，通过采取适合青年特点的活动，促进警察职业生涯规划的合理调整，调剂其紧张的工作，丰富其业余生活，从而使警察职业生涯规划得以朝着有利于构建和谐警队的方向健康发展。

2. 加强警察的技能培训

公安机关开展的培训活动，有利于为公安队伍培育一批综合能力强的业务骨干，有利于增强公安系统的实力，把公安系统的能力建设落到实处。构建专业的警察队伍需要专业的警务技能作为支撑，各级公安机关都要在警务体制改革的过程中围绕“警务实战化”做文章，着力构建符合实战要求、体现实战特点的现代警察队伍，进一步提升警务实战能力和水平。在落实改革的过程中要加强对警察的技能培训，牢固树立“一切面向实战、一切为了实战”的理念，坚持“打得赢”标准，坚持问题导向，全面深化改革，着力解决基层公安机关实战能力不强、基层民警实战技能不高、警务装备实战性能不足等问题。坚持向教育培训要警力、要战斗力，重点实现以“仗怎么打、兵就怎么练”为指引，创新教育训练机制，健全完善教育培训工作体系，进一步增强教育训练工作的针对性、时效性，努力实现“向民警素质提升要警力”转变。各级公安机关团组织可以组建由 35 周岁以下、有培养潜力的警察集体学习团队，推动警察提升理论素养，领会警务工作精神，明晰发展思路。通过学习公安系统内部刑事技术、网络视频技术等各个领域专家、能手的讲课内容，外出考察爱国主义教育基地和人文景点等形式，使青年人才见世面、开眼界，能够站在更高层面思考、谋划所在公安机关的发展。针对警察的特点，开展针对性较强、有益于激发进取精神的教育活动，让广大警察在活动中充分展示自己的才艺。要大力推进青年人才培养工作。要建立警察“成长、成才、成就”的人才培养机制。要针对不同岗位不同层次的警察积极开展岗位培训，帮助他们拓宽视野，提高工作实践技能。要特别注意设计灵活多样、能够满足不同需要的培训新载体，提升学习效果；各级团组织要配合政工部门充分了解每一名警察的特点，建立和完善“青年人才库”，通过贴近实战的技能培训，最终达到人尽其才的目标。

（二）确定自身的职业价值观和职业目标

警察职业政治性特点比较突出，明确提出警察职业价值、职业目标、从业人员价值观非常必要，并且应当将此理念融入选拔、培训、管理之中，努力达到公安机关内部对价值理念的高度认同。首先，做好警察职业自身定位、社会环境发展需要与公众需求分析。对于组织自身角色的定位与公众环境的准确分析，是战略目标设计的重要前提。警察在现代社会中扮演的角色，就是警察在现代社会中被期待表现出来的活动或行为，其主要期待来源于警察组织、法律及民意(环境)。警察与这些期待来源整合程度愈高，警察角色与有关方面的冲突相对就较低，而受认同程度越高。警察组织作为国家权力机关，其行为代表国家公权力与政府形象。充分考虑公众利益，在满足“公意”基础上以公众利益与组织利益进行最佳结合，是现代警察公共关系发展与生存的最基本思路和理想选择。由此，对于公众环境的准确分析与判断，对于公关战略的制定有着重要的“起步”意义。在我国现阶段，我们应特别注意对于媒体、公众的心理倾向分析与合理导向。同时，要巩固基层组织赖以生存的社区关系，对于种类繁多、涉及面巨大，对警察组织存在着不同感受与要求的广大社区公众，在合理定位与准确分析的基础上进行有效的沟通与导向，要在最基层的环境中树立公众对于警察形象的良好认同。

警察职业的特殊性注定了其对于使命与责任的更高要求。使命感所包含的品质，是成为一个理想警察所应该展现出来的风貌，是一般民众也是警察自身对于警察“严格执法，人民公仆”等形象的要求，要具有强烈的责任感、体现公正等人格魅力，以及严格自律。一个责任感强的警察才可能在工作中，面临困难时坚持不懈，对于自己没有完成的工作感到强烈的内疚，从而全力以赴完成自己的职责。另外，警察可能会面对社会黑暗面和很多外来诱惑，只有具备了强烈的敬业精神、坚定的职业价值观，才能够在这些挑战面前把握住自己，自我约束、服从工作的要求，为警察职业与公安队伍赢得社会认可。

（三）培养良好职业心理素质，促进警察个性与职业要求协调发展

警察职业心理素质是指警察职业对其从业人员所要求具备的心理因素的总和。良好的职业心理素质有利于促进警察个性与职业要求的协调发展，有利于指导警察有效地进行角色实践。培养警察良好的职业心理素质需要做好以下几个方面的工作：第一，要做好入警心理素质的考核，确保警察职业心理素质发展的良好条件。入警心理素质需要考核的内容，包括认知特征、个性特征、情绪情感特征、社交能力、应激反应能力、职业兴趣、职业技能等方面。重视入警心理素质考核，确保警察个体心理素质质量，是警察职业心理素质良好发展的前提和基础。第二，重视心理教育和培训，为警察职业心理素质发展提供良好的外部条件，这是警察职业心理素质提高的主要途径。结合我国的实际情况，有必要成立全国性和各地警察心理素质培养与训练机构，将心理素质训练纳入警察教育培训体系中，设置阶段性的心理素质训练课程并作为警察初任培训、警衔晋升等各类训练中的重要内容，并将此作为警察的终身教育内容之一。同时，建立警察心理服务网站和热线，将心理服务深入到基层警察组织，把服务对象扩展到每一个警察。第三，建立科学的警察职业心理素质考评体系，加强对教育培训过程的全方面监督，实现教育培训效果的最优化。第四，开展积极有为的警务活动，增强警察个体职业心理素质发展的动力。科学的心理观认为，心理是在实践活动中产生和发展的，警察的职业心理素质是在警务活动中形成的。积极有为的警务活动，可以使警察个体不断转变观念，强化职业意识，运用职业技能，调整职业价值取向，激发个体产生职业心理素质发展的动机，为职业心理素质的发展提供动力。参与积极有为的警务活动，既能培养警察个体工作的主动性、创造性，产生成就感，又能在活动中培养职业自豪感、荣誉感，增强职业价值认同，使警察职业心理素质得到健康发展。

(四) 加强公安民警职业认同的职业素养,优化其职业行为

职业认同感很大程度上来源于个体对职业的胜任感,而胜任某种职业取决于其职业素养。在各级公安机关加强警察职业化建设的过程中,民警职业资格培养是一项基础性工作。警察的职业认同是不断变化的,通过几年的时间就会出现较大的差异,不同的工作环境会有一定的影响,同时个人的自我锤炼和磨砺起到关键的作用。警察职业需要终身学习,警务技能和法律调整也会与时俱进,个体自我修养的提升,要通过学习、学习再学习到实践、实践再实践的过程。青年民警正处于经验积累和探索学习的起步阶段,提升个人职业素养,对其不断进步起着重要作用。因此,必然要加强青年民警的自我道德修养和职业素质修养,为提高自己的职业认同感奠定心理基础。

1. 培育强烈的职业自豪感

任何职业都有其存在的社会价值,警察职业的社会价值不同于一般职业,它维护的是社会主义制度、人民民主专政的地位、社会治安大局的稳定。它不仅关系到人民群众工作和生活的各个方面,而且还承担了社会各阶层的期盼,全社会都把人民警察视为忠诚可靠的群体,并且在法律和道德层面都赋予了崇高的社会意义。因此警察职业不仅能得到生存的物质利益的回报,更能获取作为精神财富的社会高度认同的回报。每一个民警应为选择了警察职业而感到自豪和光荣,热爱警察职业,并在得到必要的物质利益回报的同时,将人民群众的要求、期盼转化为自身履行警察职责的强大动力,化作加强警察自身素质和提高认同感的内动力,必须自觉抵制各种消极因素的影响,正确认识个人与社会的关系,从而提高警察的责任感和使命感,进而达到献身警察事业的终极目标。同时还必须加强警务技能培训,通过提高工作能力,解决工作中的一系列问题和困难,并得到社会的肯定,从而提高社会对警察职业的认可,保证有较好的状态,迎接各种挑战,实实在在地完成本职工作,实现对警察职业从职业认同感向职业归属感的转变。

2. 培育强烈的职业荣誉感

公安机关作为人民民主专政国家的暴力机器,承担着维护社会主义制度和保障社会公平正义的责任,警察的职能和价值很大程度体现在政治意义上。在新的历史条件下,公安机关担负着巩固中国共产党的执政地位的

责任。人民警察是承担政治社会责任的行为主体，保护的是国家和人民的最高利益，使命光荣而神圣，这是社会对警察职业价值在政治高度上认定。培育强烈的职业荣誉感，就是要以高度的政治意识和职业责任意识，努力做到职业动机纯正明确，职业素质优良过硬。具体表现为在思想政治上，要具有坚定的政治立场和理想信念，保持强烈的信仰追求；在工作状态上，要具备良好心理承受能力，不惧困难，不畏挑战，始终保持不甘落后、积极进取，勇于开拓、全力奋进的敬业激情；在职业规范上，要具有强烈的自律意识、养成意识和执行意识，能以严格的制度、规范、纪律调整、控制职业行为；在职业能力上，要全面掌握从事警察职业的必备技能、扎实的业务功底，确保业务能力高超、职业水平良好、履职效果明显。在新媒体时代，网络媒体的作用越来越重要。在正确把握舆论导向的前提下，利用政府网站、公众号、微博等媒体开辟人民警察宣传阵地，抓住警察队伍中的闪光点进行宣传，使他们的行为、事迹得到民警队伍和广大公众的广泛认同，提高青年民警的荣誉感。

3. 培育强烈的职业敬业感

职业敬业感，本质上是对自己生命的自重自爱，是指以职业为载体，通过尽善尽美的职业生涯，彰显生命的价值。同时，通过成就职业本身的价值，放大生命的力量。培育良好的职业敬业感，首先，要引导青年民警树立正确的世界观、人生观、价值观，淡泊名利，尽力从职业中体现价值，获取认可。其次，要营造良好的发展环境，引导民警对自身能力和才干作出科学认定和评估，正确面对职位的升迁和政治上的发展。公安民警个体不能以获取职业地位为评判潜能发挥和发展的唯一标准，要努力将警察职业当成人生价值的目标，将个体的发挥定位在履行职责上，必须保持健康的心态，从而实现生命与职业的完美融合。

4. 树立正确的情感倾向性

情感倾向性的差异使同一情感具有本质不同的意义。如憎恨的情感，如果指向敌人，就成为鼓舞人建立功勋和创造英雄业绩的高尚情感；如果指向守法的公民，则成为一种不良的情感。警察首先应当很好地把握自己情感的倾向性，使其成为推动和鼓舞自己的工作动力。其次应加强情绪管理。情绪调控也是作为一个警察所必备的能力品质，因为警察的情感和精神世界可能会面对来自多方面的压力——家庭、社区、社会,既要面对犯罪分子,又要面对普通大众。面对如此多的需求,如果没有很好的情绪管理手段,就很容易导致冷漠,乃至出现身心耗竭。最后要加强意志品质的培养。精力和毅力取决于人们对所从事活动的认识与态度,这也是一个人具有高度理智感的表现。这种品质是长期生活中锻炼而成的,警察职业的特点是要求人民警察具备百折不挠的坚韧性与超乎常人的自制力,以意志的自觉性为基础,以克服内心矛盾冲突和外部困难为条件,抗拒外界诱因的吸引、困惑和干扰,自觉遵守纪律,令行禁止。

5. 建立完善的智能品质

能力品质的高低程度将直接决定个人的工作绩效,而绩效的好坏又反作用于警察对自身的认同度,影响社会群众对警察的态度和看法。警察工作是我们能够想象出来的最"多面手"的一种职业。一个警察可能被求助完成的不同任务的数量几乎是数不清的:解决交通事故,追捕疑犯,转告死讯,解决家庭纠纷,出庭作证,完成不计其数的文件报告,这些只是一般的警察可能要解决的问题。更甚者,还有更多的挑战性的任务等待警察去完成。因此,公安民警应不断充实自我,提升自己的能力水平,完善自己的智能品质,更好地承担警察职责。

三、组织制度:以人为本,深化改革

公安机关作为政府部门,国家应出台相关规定明确公安机关在整个行政体系的定位和警察的职业职责,改变当前公安机关职责模糊状况。其次,在从严治警的同时,要切实落实从优待警政策。工资薪酬的设定上(研究中发现组织制度层面的原因中公安民警对待遇保障关注最多,有 57 处参考点数),重点考虑警察工作的强度和环境挑战,提高警察福利待遇,制定有别于其他公务员的工资制度,做到警察的付出和获得相匹配。民警个人权利方面,面对材料中出现的问题,要切实落实民警的休假制度,保障民警的休息权;对于因公负伤的民警,要完善医疗保健制度进行相应的补贴,保障民警应享有的抚恤;对于出现的心理压力,要完善公安机关心理干预制度,帮助公安民警应对公安工作的压力挑战,保障民警的心理健康。具体而言,主要从以下几个方面落实:

（一）实施从优待警，促进警察职业发展

从优待警，是凝聚警心的温情之举，是稳定队伍的坚强保障，更是焕发激情的重要动能。2017年5月19日，习近平总书记亲切会见全国公安系统英雄模范立功集体表彰大会代表并发表重要讲话。习近平总书记指出，各级党委和政府要关心和支持公安工作，关心关爱公安民警，加大综合保障力度，落实从优待警各项措施。截至2020年，在党中央重视支持下，公安部和各级地方党委、政府不断出台暖警惠警措施，大力推进从优待警，不断增强民警的职业认同感、归属感和荣誉感，不断提升队伍创造力、凝聚力、向心力、战斗力，使广大民警辅警更专注地投入本职工作，以最佳状态护航社会经济发展。

从优待警，不仅包括改善公安民警的生活条件，提高其工资福利待遇，而且还包括对民警政治上的关心、人格上的尊重、精神上的鼓励、工作上的爱护。从优待警是思想政治工作的重要组成部分，是新形势下加强警察队伍管理的基本方针，是坚持以人为本管理理念的具体体现，也是增强民警的职业认同感和提高工作积极性的策略和途径。可以通过以下途径落实从优待警的政策：

首先，各级领导要带着深厚的感情来优待、厚待和善待公安民警，通过其真情实意来解警忧、暖警心、凝警力。如此温情之举，相信会比“高压严管”的效果好得多，广大民警也一定会备感鼓舞、备受激励，并付诸实际行动。

其次，从政治待遇和物质待遇两方面落实从优待警的举措。政治待遇包括：第一，对民警的政治信任。相信他们在工作中具有坚定的政治信念，具有坚定的政治立场，敢于同一切危害国家和人民的言行作斗争。以此来增进民警的信心，激发他们的政治责任感。第二，及时给予民警政治荣誉。这既是奖励，也是鼓励，可唤起民警的上进心，激发他们的敬业精神和奉献精神。物质待遇包括：第一，建立民警家属就业、特困家庭子女帮扶制度，切实为部分家庭困难的民警解决实际困难。第二，各种福利的实施，如伤亡保险福利、医疗补助福利等。公安部多次强调，要切实关心关爱民警，合理调整警务部署，做到政治上关心、思想上关爱、生活上体恤，着力解决基层一线存在的实际困难，不断激发队伍的生机和活力。我们要把民警的呼声和需

要作为第一考虑,最大限度地满足民警的需要,大力营造以警为本、关爱民警的良好氛围,使其从警察职业中获得物质和精神享受,激发他们的“乐业”精神,并不断提高他们的职业认同感。

最后,要维护警察的执法权威。马克思、恩格斯指出:“文明国家的一个最微不足道的警察,都拥有比氏族社会的全部机关加在一起还要大的‘权威’。”①现代文明国度的警察,其执法尊严,承载的是国家法律的尊严和权威。人民警察舍生忘死同犯罪分子作英勇斗争,在血与火、生与死的考验面前赴汤蹈火、流血牺牲。他们像老黄牛一样辛勤耕耘,在平凡的工作岗位做出不平凡的业绩;他们不知疲倦、无怨无悔地为社会治理甘当“螺丝钉”,为人民安居乐业呕心沥血。警察执法应当受到保障,人民警察应当受到尊重。然而,现实生活中辱警袭警、暴力抗法行为一再发生,严重侵害民警人身安全,给警察执法尊严和正常社会秩序带来了严峻挑战。针对近期相继发生的公安民警、辅警遭遇辱骂殴打、正常执法执勤受到暴力阻挠的事件,公安部也非常重视,以 2021 年 3 月开始实施的《中华人民共和国刑法修正案(十一)》为契机,一方面法办袭警人员,另一方面专门派出工作组看望慰问遭遇暴力抗法的民警、辅警,引起社会广泛关注和点赞。民警士气为之一振,纷纷感慨:“感谢上级对基层一线的信任和关怀!”“有法律撑腰,我们会做得更好!”对涉及侵害民警执法权益的(案)事件,组织上要敢于、善于为民警撑腰,及时处理;特别是诬告的,应及时予以澄清,依法公开处理,不让民警流血又流泪。这样切实维护警察的执法权威,可以让民警敢于依法执法管事。除此之外,还可以积极探索构建独立于公安机关之外的社会工作机制,以增强民警维权的公正性、公开性、权威性,做到既维护了民警合法权益,又摆脱因公安机关内部维权给社会公众或媒体带来“官官相护”的借口。

可以说,切实维护民警执法尊严,事关法治秩序和国家法律尊严,事关社会公平正义和人民生命财产安全。党的十八大以来,从中央到地方,从各级党委政府到各地公安机关,都高度重视维护民警执法权益,坚决为民警执法撑腰打气,绝不让民警流汗流血又流泪。党的十九大为新时代公安机关赋予了新使命、对新时代公安工作提出了新要求。公安机关要立足新的历

① 马克思,恩格斯.马克思恩格斯选集:第四卷[M].北京:人民出版社,1972:167-168.

史阶段，切实担负起党和人民赋予的重大使命。使命光荣，任务艰巨。如果说关心关爱民警是一项爱警暖警的系统工程，维护民警执法尊严则是这项工程的基石。首先，推动维护民警执法尊严的法律政策落地生根。其次，旗帜鲜明地惩治辱警袭警行为。各级公安机关特别是公安机关领导要把维护民警执法尊严作为爱警暖警的基础工程来抓，"该严格执法的没有严格执法是失职，该支持和保护严格执法而没有支持和保护，同样是失职"；为民警配备精良装备，强化警务实战训练和应急防护演练，进一步提升一线民警应对处置突发情况、抵御不法侵害的能力水平。最后，加强法治宣传教育，培育公民守法意识和法治文化，积极引导社会舆论，培育社会正能量，为广大民警严格规范公正文明执法营造良好的法治环境和舆论氛围。《中华人民共和国刑法修正案（十一）》颁布后，各地公安机关及时启动维权机制，第一时间严肃查处违法犯罪行为，第一时间救治慰问负伤民警辅警，第一时间为受到不实投诉、诬告陷害的民警澄清正名，有力保护了民警辅警的工作积极性。

实施从优待警，提高警察的职业幸福感。从优待警是当前公安机关真正落实"以警为本"的警察管理理念的根本体现，它能大幅提高警察的职业幸福感，对于调动警察的工作积极性、增强其职业认同感具有重要意义。那么，如何来具体实施从优待警策略呢，可以从警察的工作、生活两方面来落实。工作上，首先，要加强警察的职前和职后教育，将专业知识与技能的培训落实到每一位民警的整个职业生涯中，帮助警察更好地适应日益提高的警察职业要求；其次，要加大资金投入，改善警察的办公条件，保障警察的装备配备水平；最后，要给予民警充分的政治信任，以此激发其政治责任感和信心，同时应建立一个科学的干部人事制度，保证人事调整的公平、公正，最大可能地拓宽警察追求职业发展、实现人生价值的空间与渠道。生活上，通过提高警察的物质待遇提高警察的职业幸福指数。首先，从广大警察的现实生活状况及工作辛劳程度出发，适当地调整和改善警察群体的工资与福利待遇，增强其职业归属感和幸福感；其次，在充分落实公务员公休假制度基础上，建立合理的调休制度，使广大警察的身心获得调整和放松；再次，做好民警定期体检工作，为保持民警的身心健康提供条件和保障；最后，建立完善诸如伤亡优抚制度、特困警察家庭帮扶制度、补充养老保险制度、补充医疗保险制度等多种警察福利制度,为警察的生活条件提供多重制度保障。

从优待警是消除公安民警后顾之忧的重要举措。人民警察是捍卫党的领导、国家安全和社会主义制度,促进经济发展和社会和谐稳定的中坚力量,责任重大,使命艰巨。人民警察虽然享有崇高的道德责任和道德美名,但是每天生死一线,背后付出的辛苦汗水非一般职业能比。职业的认同感来源于一种外在的肯定,也源自内心的满足。从公安机关制度的角度看,落实从优待警,加强队伍建设,是对人民警察队伍的职业关怀,公安机关要通过公正公开的立功奖励制度,褒奖优秀个体成员和群体队伍的表现,激发民警创造力的发挥。建立对网络舆情的反应机制,维护和提升人民警察的形象。建立规范的执法机制,消解民警执法的畏难情绪。完善保障体系,缓解民警的办案经费压力,保证公安民警的医疗和救助,给予家有困难的民警照顾,缓解民警的后顾之忧,对因公牺牲和受伤的民警抚恤及时到位,使他们能安心于维护社会安定,打击违法犯罪。国家也需要出台相关的配套政策,让警察获得合理的回报和福利待遇,大力营造以警为本、关爱民警的良好氛围,激发他们的“乐业”精神,带给他们真正的价值认同和内心愉悦,促使他们对自己职业前景的形成良好预期。

(二)改善组织管理制度

1. 健全绩效考核制度

绩效考核应从工作者的职能、成果、工作难易程度、重要程度等多方面进行综合考量,用单一的评判准则确定工作者的绩效是不够客观的。因此,对不同警种应采用不同的考核标准,采取“定量”和“定性”相结合的模式对民警的工作做出中肯的评价。

合理的绩效考核机制,不仅有利于公安民警自身能力的提高,激发自身的干劲、闯劲、拼劲,还有利于促进个人发展与组织目标的契合,真正做到干好干坏不一样、干与不干不一样,切实提高队伍精气神。健全和完善民警的考核机制,除了按照预定指标完成度进行考核,还需要注重考核标准的差异化,针对公安工作业务繁多、任重繁重的现实情况,考核时必须要抓住主要矛盾,做到有的放矢,要综合各方面因素尊重和支持基层公安机关发挥主观能动性,充分考虑基层治安状况和民警数量等因素,更重要的是要避免考核与使用之间的脱节,提高考核评价在职务晋升中的比例,向基层一线倾斜。

首先，加强顶层设计，量化公安民警评价制度和考核标准，建立公平的薪酬体系，让薪资分配有法可依、有章可循；其次，正确处理好显绩和潜绩的关系，在考核过程中，不仅要考核打处等业务数据，还要注重源头的风险控制，注重基础数据采集的考核；最后，引入公众参与机制，真正把公安工作的评判权交给群众，构建立体化的绩效考核模式，增强公众的参与意识和主人翁精神，拉近警民关系。

2. 改革职务序列，完善职务晋升制度

职业发展定位是影响公安民警职业认同的重要因素，通过改革和完善职务晋升机制对公安民警职业生涯和人生规划意义十分重大。当前，公安机关各部门、各警种、各层级的岗位特别是基层派出所的领导岗位十分有限，有限的领导岗位与众多的新生代警力形成鲜明的对比。很多老一辈民警尽管年近花甲，即将退休之际其身份依然是基层小科员，这在很大程度上导致了很多不作为、慢作为、懒作为现象的滋生。以某市某派出所为例，全所共13位正式民警，其中仅有2人为副科职，其余民警皆为科员。这其中也有一些工作年限超过二十年的老民警，但是由于编制问题，很多民警到退休都还可能只是一名普通科员。民警深感职业前途渺茫，难免会工作懈怠、敷衍了事，甚至有可能会出现其他违规违纪行为。因此，调整晋升制度对提高民警特别是基层民警职业认同感来说意义重大。完善晋升制度的前提是必须有一个全面、客观的绩效考核体系，将绩效考核与晋升制度直接挂钩，引入竞争机制，让基层民警感受到适当的工作压力。此外，要紧密结合新时代公安民警的个人特点，把健全和完善公安民警的晋升机制摆在公安队伍建设的全局位置，继续深化公安民警“能上能下”竞争轮值换岗机制。在遵循警务人才成长发展规律上，要继续突出实绩考核，注重优质政策向基层一线倾斜，建立区别于其他国家机关工作人员，体现人民警察特点的职务序列，科学设置职务职数比例，实行级别与职务适当挂钩，逐渐拉大公安民警职务晋升的空间，进一步健全和完善公安民警职业发展路径，切实解决基层公安机关队伍基数大，职数少的问题。可以说，职务晋升制度的改革不仅点亮老一辈民警职务晋升的希望，更重要的是激荡起公安民警主力军的一池活水，充分鼓舞了公安民警工作的积极性和战斗力，增强从警幸福感，对公安民警职业认同的提升起到一个很好的促进作用。

3. 落实工资、警务经费、医疗保健等保障制度

首先,建立与警察付出相适应的工资制度。适当提高警察的工资收入,使警察的付出和收获保持平衡。其次,保证正常警务活动运行的相关经费支撑,改善警察工作条件。再次,保证基层一线民警的合法权益。现今执法环境复杂恶劣,一线民警作为直接同人民群众接触的人员,其人身权益和法律权益最容易受到侵害,上级公安机关应对遭到诬陷的民警提供法律援助,保证警察的正当利益。最后,从其他各个方面落实从优待警,例如各级公安机关切实落实民警休假制度、对因公负伤的民警进行慰问和补贴、从医疗保健制度上给予民警便利感和生活幸福感等,此外,出台"团圆计划",让因工作两地分居的民警夫妻能得到团聚。诸如此类的措施可以让基层民警感受到来自组织的温暖,从而强化职业认同感。

4. 制定职业生涯规划

制定职业生涯规划首先要明确自身的职业锚,职业锚是个体选择和发展自己的职业时所围绕的中心,倡导在人力资源管理中实现个人价值与组织目标的有机统一。职业锚理论认为,只有当个体职业锚与其从事的工作岗位充分匹配时,才能充分调动个体工作的积极性和潜力。公安工作充满复杂性和多样性,对于公安机关的管理者来说,根据民警的不同性格特点,如何把公安民警摆在合适的岗位,如何充分挖掘、激发他们的潜能,人尽其用,是摆在管理者面前一项严峻的课题。依据职业锚理论帮助公安民警进行职业生涯发展规划,明确职业发展目标,勾勒职业发展蓝图,克服公安民警的职业倦怠,化解工作上的负面情绪,以"阳光心态"开展公安工作,进而实现公安民警与单位组织之间建立良好的心理契约关系。

(三)创新队伍建设模式,推进"以警为本"战略发展

1. 充分肯定组织中人的重要性

根据组织制度理论,好的管理技术、组织架构和制度可以促进组织的发展,但组织中人的作用更为关键,人的思想、情绪和心情能够直接影响个体的工作效率和创新性,更重要的是,也会对职业认同感的形成与发展具有重要作用。要想增强队伍的战斗力和凝聚力,管理者需要从关爱民警身心需要的角度出发,采取人性化的管理方式,通过积极有效的引导学习和关怀激励,能持续有效地激发民警工作热情。一是依法从严治警与从优待警相结

合。警察队伍是一支纪律部队，依法从严治理是队伍建设的必然要求，但只一味地压制与严管往往难以使警察个体轻松高效地工作。只有对每个警察实施人性化管理，严宽结合、恩威并重，才能使警察获得最大的组织归属感。二是要实现情感互动。即充分注重对每位民警的个性化关怀，在遇个体重要节日时给予组织慰问和祝福，如，在民警生日、从警纪念日、立功受奖时相关部门可以通过手机短信、内网公告等方式，送上组织的慰问和祝福，表达组织的关怀，增强广大民警的幸福感。三是要“保障”激励。作为执法人员，警察既有刚强的一面，也有脆弱的一面，就高风险、高负荷的工作特点而言，警察时刻需要组织的支持和激励，通过沟通了解民警需要，帮助其解决最关心、最实际的问题，关注民警面临的困难和疾苦，多关心年轻民警吃、住、行等个人的具体困难，努力帮助一线民警舒缓一下心理压力，化解一些思想疙瘩。

2. 深化公安机关管理体制和人民警察管理制度改革，激发队伍活力

2015 年，《关于全面深化公安改革若干重大问题的框架意见》中提到根据人民警察的性质特点，建立有别于其他公务员的人民警察管理制度和保障机制。按照职位类别和职务序列，对人民警察实行分类管理。根据该意见和各地方的实际情况，应当根据警察的职业特点提高保障体系。

(1) 深化干部人事制度改革，各级公安机关要以深化公安改革为契机，进一步推行和完善竞争性选拔任用干部方式，坚持从基层一线公平遴选干部，不断优化领导机关干部队伍结构，真正形成优胜劣汰的干部选拔任用的长效机制，给公安民警提供一个向上发展的公平公正的平台。

(2) 加快推进分类管理体制改革，积极落实警员和警务技术职务序列改革政策，合理确定各级公安机关警官、警务技术职务层次，按照不低于其他行政部门公务员平均水平的标准，科学设置职务职数比例。建立符合职业特点的职务晋升和交流制度，同步实行职务与职级并行制度，切实解决基层公安队伍基数大、职数少的问题，让干部成长进步的路越走越宽，让干部干事创业的劲越鼓越足。

3. 出台倾斜基层的政策措施

引导民警愿意扎根基层。公安工作的重心和主战场在基层，公安队伍的主体在基层。调查反映，现有制度机制下，倾斜基层的政策、制度、机制不给力，基层对警察的吸引力过低，警力下沉主要依靠行政强制，无论是职级

待遇、经济待遇、工作强度、家庭生活方便度等，基层都不具有根本性的吸引力，一些偏远山区和农村更甚。各级公安机关应积极争取党委、政府的政策支持，在福利、职级待遇等方面为基层民警扎根创业提供制度保证；同时，在自身职责权限内，充分利用公安机关现有经济政治资源，制定倾斜基层一线和偏远岗位、“冷门”岗位的经济政治待遇，最大限度让基层民警得到实惠，真正形成让民警愿扎根基层的政策导向，为基层队伍建设注入吸引力，注入源源不断的人员活力。

4. 强化教育训练，有效提升民警适岗履职能力

公安教育训练只有贴近实际贴近实战才会有生命力。教育训练要遵循“才能为本、情境为本、处事为本、问题为本”的“四个为本”训练原则，坚持训练动作就是实战动作、课程规范就是执法规范，真正做到学为用、练为战。首先，完善训练体制加强各级公安机关对公安院校、训练基地的“一体化”管理，推动实战单位与公安院校、训练基地的人员轮岗交流，提高教育训练工作制度化、规范化、实战化水平。其次，突出实战导向、强化民警实战训练，加大执法应用、办案技能、安全防护、应急处突等职业能力训练；采取案例式、情景式、体验式、对抗式和小班化的教学模式，做到实战引领训练、训练服务实战。最后，健全育用衔接，严格培训标准和考核评估制度，建立健全考核不合格停职续训机制，并将教育训练考核结果与晋职晋级、奖励惩处等挂钩，变“要我训”为“我要训”，提升民警的训练动力。

5. 加强基层公安政工干部队伍建设

如果把警察意识比作参天大树，那么公安政工干部就是辛勤培育警魂的园丁。要重视基层政工干部的积极作用，认真贯彻《基层公安机关思想政治工作规范》，进一步细化出台一些保障其履行职责开展工作的刚性制度，如政工干部任职资格制度、任职必训制度、任职竞争性选拔制度、定期工作例会报告研讨制度、岗位职责规范、岗位技能比武制度、评比表彰制度等，把人选好配强，把基层思想政治工作制度刚性化经常化，把竞争激励机制建立完善起来，使基层政工干部成为民警团结凝聚的主心骨，让民警时刻能找到“娘家人”。

6. 适应自媒体时代发展趋势，处理好与媒体之间的关系

在自媒体时代背景下，人人都可以成为信息发布者，信息的传递变得极

其便捷与迅速，而警察的言行一直都是各媒体关注的焦点，因此公安机关处理好与媒体的关系显得尤为重要，这对于为警察创造一个放松的社会氛围、形成良好的职业认同感具有重要意义。加强警媒合作，积极创新对外报道模式和表达方式，有利于警媒的共赢发展。公安部门必须把握时代脉搏，重新布局警务工作，勇于和善于同媒体沟通，真正利用好媒体的信息传播优势。各地公安机关在与媒体的合作和沟通过程中，一方面要及时通报警务工作，做到尽早讲、准确讲、持续讲、反复讲，不断维护公信力、提升影响力、增强引导力，增进与媒体及公众的理解与互信。另一方面也要有包容之心，出现舆情危机时，既尊重新闻规律，又充分发挥公安机关独特的资源优势，博得先机，积极回应。

（四）重视组织文化的塑造作用，将以文化人落到实处

公安机关担负着打击违法犯罪、维护社会治安秩序的重任，但警力不足，使得警察尤其是基层民警超负荷工作成为常态；同时，当前少数公安组织内部凝聚力、向心力还有提升的空间。通过开展形式丰富的警营文化活动，创建积极欢快的警营文化氛围，可以激发民警活力，使民警身心得到最大程度的放松，同时也能凝聚全员力量，使组织在无形中形成自身的核心价值观。这对于民警职业认同感的形成与增强具有重要意义。警察文化的基本内容本身包括警察精神、警察道德、警察作风、警察形象以及警察价值观，作为一种无形的警察资源，它无时无刻不在影响着每一位警察。文化的基本功能就是“培育人”“感化人”，同样，公安文化可以陶冶民警的情操，培养人文关怀，在培育职业认同感和荣誉感方面能够起到潜移默化的作用。公安文化要将公安精神文化与中华优秀传统文化和红色文化有机结合，传承与创新相结合。通过文化讲座、文化交流、书画展演和文艺活动，营造积极进取、团结合作，互助友爱的氛围，滋养人民警察的心灵世界。通过文体活动，可以密切融洽上下级关系，增进了解，促进民警身心的健康。还可以进行人民警察与人民群众的文体互动，拉近警民的距离，密切人民警察和人民群众的鱼水关系。发挥公安院校的作用，创建交流互动平台，实现校局对接，拓展文化交流的领域。以网络为载体，通过报纸、杂志或自媒体，正面引导警察树立职业意识和践行公安精神，引导民警正确发声，在交流经验和分享体会中发扬公安机关的传统，最终内化为人民警察的核心价值观。可以

说,警察文化以一套自成体系的价值观念和规范,通过关心人、理解人、尊重人,引导警员树立正确的人生观、价值观和道德观,并通过文化舆论氛围,使警察产生一种自我心理约束和自我行为控制的力量。警察文化所特有的亲和力与凝聚力可以更好地加强成员对于队伍的强烈认同感,也可以对外展示警察队伍的良好形象与专业素养。

四、工作生态:明确职责,优化机制

(一)法律层面:明确公安机关职责权限

党的十八届四中全会作出了全面推进依法治国的顶层设计,将依法治国纳入我国全面深化改革的总目标之中。党的十九大对新时代全面推进依法治国提出了新任务,描绘了到2035年基本建设成法治国家、法治政府、法治社会的宏伟蓝图。法治是治国理政的基本方式,在全面依法治国的大背景下,全面深化公安改革,推进非警务活动处置的法治化建设,是维护社会秩序、促进社会公平正义的必然要求。然而,现阶段非警务活动处置工作依然存在诸多问题。从实践效果来看,在于没有从根本上解决公安机关与其他行政部门职责交叉、权限不明等诸多问题,联动机制没有形成一个强有力的约束机制。想真正的理清非警务活动的分流处置工作,就要从立法上完善相关法律法规,明晰公安机关的职权边界,完善非警务活动处置相关法律体系,从根源上解决目前非警务活动分流联动机制所存在的诸多问题。

理清公安机关的职权界限,建立完善相关机制,规范警务活动范围,结合基层工作实际,加强对非警务工作处置应对和分化剥离的研究,同时明确公安机关必须参与处置非警务活动的必要条件、具体范围,这是依法行使职权的需要。我国目前对公安机关接处警工作诸多内容的规定较为笼统,比如公安机关的职能定位不清、职责范围不明;为了分流处置非警务活动而建立的社会应急联动缺乏可操作性和强制执行效力,日益增加的非警务活动处置行为没有相应的法律法规进行规范,这在依法治国的大背景下,与依法行政的时代要求不相适应,因此应该完善相关法律法规,从法律层面对该类活动的处置行为进行完善规制。

1. 明确公安机关职责权限范围

当前,在警务运行的过程中,由于公安机关职权规定不明造成职权泛化，导致有限的警务资源被占用的现象屡见不鲜。在所有的权力机关中，公安与公众的接触最为密切，各种非警务活动使得公安机关与群众的接触面较大，也更容易产生摩擦和矛盾。有限的警力资源无法解决好群众“无限”的诉求，公安机关无法每一件事都能按照群众的诉求处理好，导致群众对公安机关的不满，极易损害公安民警形象，造成警民关系危机。2019 年 5 月，习近平总书记在全国公安工作会议上指出，各级党委要高度重视公安工作，加强对公安工作的领导，支持公安机关依法行使职权、履行职责，帮助解决公安工作中遇到的实际困难和问题，为公安机关依法履行职责创造良好条件。依法履行职责对警察来说显得尤为重要，明确职权并加以规范是公安机关依法用权的基石，也是防止执法过程中滥用职权的关键。因此，应当辩证地看待公安机关承担的非警务活动，应当严格禁止违法违规的非警务活动，但是不能绝对化认为所有的非警务活动都要减少或者杜绝，可以通过法律界定公安机关职权，比如按照法定程序对《人民警察法》第二十一条中纠纷范围进行明确或者做出立法解释，从法律层面为依法履行职权和规避违规违法非警务活动提供保障。减少公安机关的非警务活动，推进执法规范化建设首先要将公安机关的职责职业定位清晰，在公安机关的职能和职责得到明确的前提下，才能将公安机关与各行政部门之间的关系理清，因此可以通过对公安机关的性质、职能、任务、受理范围等重新立法定位，降低民警参与非警务活动的频率，实现公安机关职能定位和职责回归。

2. 明确界定公安机关接处警范围

一方面，要明确界定接处警范围，有关部门应尽快制订出规范公安机关接处警范围方面的法律法规，建立确定非警务活动具体内容及标准界定机制。另一方面，由于公安机关职能泛化导致的非警务活动增多现象，不可能在短时间内得到有效解决，因此，民警面对非警务活动时，要有所取舍且能够妥善处置，对于应该通过其他职能部门处理的非警务活动或者不属于紧急状态的报警求助，如果不予出警，接警人员在说明清楚公安机关的接处警范围的前提下，同时告知其应负责的其他政府部门的具体联系方式，以争取群众理解。

3. 完善公安机关行政协助机制

完善公安机关行政协助的制度设计与实践操作，不仅执法实践有需要，而且中央政策有要求，我国许多地方部门立法笼统的为公安机关设定了行政协助义务，相关程序规定不够具体，目前公安机关的有些非警务活动来源于行政命令的干预，公安机关及民警对于是否应该处理一些非警务活动，并没有决定权，导致一些地方依然存在随意召唤公安机关参与处置非警务活动的问题。公安机关应该接受社会各界的监督制约，这是肯定的，但是具体的公安工作不应受各方随意调动，这也是毋庸置疑的。规范警察权的行使，避免权力滥用，有重要的现实意义，应当立足我国国情，坚持问题导向，科学且系统地完善相关法律法规，具体有以下建议：一是明确其他行政机关要求公安机关配合执法的形式，严格限制要求公安机关提供协助的条件，如果基于不正当理由，公安机关有权利拒绝提供协助。二是从法律上细化公安机关拒绝提供行政协助的理由，同时可以通过地方立法以及与《人民警察法》配套的部门规章或其他形式，统一规定行政协助的争议解决、责任认定、经费保障等内容。三是完善追责条款，避免行政命令非法干预。把《人民警察法》规定的人民警察有权拒绝执行非法行政命令的原则落到实处。要追究发出非法指令者的法律责任，以减少及避免警力被随意调用的现象，从而保障公安机关进行警务活动的独立意识，避免行政命令的非法干预。

4. 加强公安规范化建设

"法乃公器，民为邦本。"对于法治社会而言，执法权威不容诋毁和降低，执法规范化建设需要不断深化。执法规范化是在依法治国的大前提下，统一执法思想、完善执法制度、优化执法主体、规范执法行为、强化执法监督的系统工程。分析民警执法的畏难情绪产生的原因，优化人民警察执法的社会生态环境，强化正面舆论宣传，加强舆情引导，培树法律权威。人民警察执法得到社会的支持和理解，才会使得法律发挥威慑力，社会公众和人民警察才会产生职业认同。执法是权力和责任的统一体，人民警察首先要明确"为谁执法、为谁服务"的核心问题，不徇私情地公正执法，做到理性、文明、公正、规范，依法行使警察权力。

（二）针对非警务活动的机制建设

1. 非警务活动规范化处理流程

正如前文所言，目前公安机关接处警实践工作中，很长一段时间内，由于职能泛化导致公安机关过多地承担了非警务活动的处置工作，现阶段无法从根本上对非警务活动进行大量分流及妥善处置，同时不同类型的警情，存在大量的不确定性，因此，在程序上规范警察力量的非警务运用就显得尤为重要。可以通过出台工作条例、部门规章或通过下达正式文件和命令等形式，建立规范化、标准化的非警务活动处置流程，以程序的规范来促进实体上的规范。程序的规范主要包括对接报、处理、结束处理各个环节的处置程序进行详细的规定。

首先，接到报警环节，要对接报事项的性质有初步的判断，分门别类地进行处置。对于法律法规明确规定属于公安机关管辖的警务类警情，毋庸置疑，由公安机关处理。对于求助类情况，如涉及社会公共设施类、群众个体及家庭事务等，要明确向群众说明不属于公安机关管辖范围，同时将相关职能部门的电话告知群众或帮助报警人推送到有管辖范围的部门解决；对于接到的绝对服务类警情，例如问路、修水管等情况，可以直接告知报警人自行寻找社会服务机构进行处置；对于接到的类似送早餐、开门锁、送快递等无理要求，应当予以回绝并警告报警人。

其次，处置警情环节，对于接报的警务类警情，由公安机关按照法定程序依法进行案事件的受理初查工作，而对于非警务类活动，留下接警记录根据事项性质进行转办。在处置过程中要坚持的基本原则体现为：一是服务性，以维护秩序、服务大众为原则；二是客观中立性，比如在处置纠纷类警情时，公安机关作为第三方要保持中立，而不能有所偏袒，否则容易损害群众的合法权益；三是效率性，处置时要考虑到该处置行为获得的社会效益与执法服务成本之间的平衡关系，对非警务活动进行快速高效处置；四是协助性，虽然公安机关在前期对非警务活动进行了先期处置，但是要明确自身的法律定位，在适度范围内做好辅助性工作进行处置，而不能越位代替其他职能部门成为执法主体。

最后，结束警情环节，对于可以在自身能力范围之内进行且不影响本职工作的求助类和纠纷类警情，可以对求助提供帮助或者对纠纷双方进行调解,对该类警情处置完毕后登记信息结束工作,对于公安机关来说,这种帮助和调解不是义务范围;对于属于其他行政职能部门管辖的非警务警情,要做好移交工作,如果不能及时有效移交给相关职能部门,民警要对该情况及先期处置情况做好登记记录工作,并通过社会联动机制热线等方式为报警人做好联系处理工作;对于公安机关明显无法处置的非警务类警情,或者明显属于其他政府职能部门管辖且执法主体具有排他性的非警务警情,要明确告知报警人其诉求的受理部门,同时对于公安机关的不予受理做好解释工作后,可以强制结束该类警情的处理。

2. 完善非警务活动的处置机制

随着我国法治建设的健全和完善,确保各职能部门尽职履责、依法行政,是非警务活动得到分流处置的重要保证。在依法治国和全面推进公安改革的背景下,解决非警务活动的分流处置,公安机关可以主动向政府呈请,请政府牵头联合各职能部门形成联动,助力推动形成“综治平安靠大家”的局面。

通过地方政府立法工作完善社会应急联动工作体系,让各联动部门广泛参与,形成高效快速的联动处置机制。第一,明确各级政府对发展社会联动体系的责任义务,推行社会联动机制中心建设,受理各种咨询类、求助类服务,并列入政府效能监察;第二,研究建立社会联动工作的执法依据和地方法规,针对性地制定参与联动工作的各政府职能部门、社会组织的工作标准、处置流程、答复时限、监督机制、法律责任等方面的分解细则;第三,明确相关部门和单位在社会联动中的职责任务、运行模式和基本要求,同时明确追责范围和措施;第四,明确公安、司法、法院、街道办事处的管辖权限和职责,完善各行政职能部门依法行政保障。切实发挥好组织领导、统筹协调、考核奖惩作用,确保一旦发生问题时相关职能部门能各司其职,合力应对,实现政府各职能部门权限及责任的法定化,推进社会治理的精细化,构建全民共建共享的社会治理格局。

除了政府部门之间的高效联动,还要注意和群众的合作,构建创新群防群治工作机制,比如“朝阳群众”“西城大妈”等力量的形成,是实现群防群治的成功经验。全面推行以人民调解工作室为主、相关职能部门调解衔接为辅的工作机制,全面覆盖医疗纠纷、劳动争议、消费纠纷等多领域的行业性调解组织，拓宽利益诉求渠道，尽可能地把各类矛盾纠纷引导到法律框架内去表达、去协调，充分地发挥人民调解在矛盾调处工作体系中的基础作用。另外，可以借助“互联网＋”时代的优势，通过开展创新型的智慧警用 APP，设置警民互动功能模块，帮助报警人认识公安机关管辖的警情类别及范围，同时还可以开通微信报警、举报投诉、网上信访、扫黑除恶有奖举报等多个互动服务事项，报警人可以通过自主操作解决问题，完成非警务活动的有效分流处置。例如南京市公安局指挥中心开发的自助移车平台，当群众有移车需求时，登录其开发的警务APP，通过“微警务”平台中的“自助移车”模块，通过自主操作解决问题，系统通过给车主发送短信的方式通知车主前来移车。这种方法突破传统警务理念和警务方式的瓶颈，以更加便捷的方式从终端上对报警信息进行分流。

（三）营造宽松职业生活环境

警察作为国家武装性质的执法力量，担负着打击刑事犯罪、维护治安秩序的重任，日常工作任务十分繁重，尤其是基层所队，警力严重不足，相当多的民警常常处于超负荷的工作状态。正是如此，许多基层民警不管是身体还是心理都处于亚健康甚至是不健康状态，对于警察职业本身也存在着不同程度的抱怨和不认同。因此，帮助民警恢复体力、调整到最佳精神状态，营造一个宽松的职业生活环境，丰富民警的业余文化生活，是各级公安机关应重视的问题之一，也是帮助民警获得职业认同的途径之一。具体方法包括以下几个方面：

首先，各级公安机关要妥善处理民警工作与休息的矛盾，解决休假难的问题。俗话说：“文武之道，一张一弛。”公安机关要尽量避免民警因工作而导致张弛失衡、劳累过度，要采取灵活政策，通过适当安排民警休假及培训充电等方式来缓解他们的职业压力。

其次，均衡组织内部运行。当前公安机关在日常的运行中，存在忙闲不均的情况，因此，组织层面要注重对于警察个体的分工及其工作运行进行干预、调整和控制，并将全部的警务活动纳入其价值体系引导和可以控制的范围之内。通过刚性的制度与严格的纪律以及柔性的宣传与文化确保组织内部运行的公正与平等，这种保障过程的公正是警员对组织认同最直接的依据。

再次,优化绩效评估体系。警察个体作为职业认同的主体,其对于职业的认同并不是直接发生在职业的价值观或责任感之上的,而直接发生于具体的警务工作中以及自己的警务工作绩效是否得到了组织的认可与回报。绩效也是组织体系运作的直接回馈,这种反馈强化或弱化着警员对于职业与组织的认同程度。同时,科学而透明的绩效评价体系也同样建立在较高认同的基础之上,而绩效优化的运行体系,又反过来巩固了成员对于组织的良好认同。

最后,建立科学的警察职业评估体系。警察职业评估体系要做到全面、公开、动态、合理,第一,要重视信息采集和分析,科学分析警察职业认同的现状,了解人民警察的职业处境,推动人民警察职业评估机制信息化建设,如重点考察忠诚度和思想道德现状,考察不同职能和专项工作的协同关系。第二,要重视调研和回访,考察人民群众对公安工作的了解和对公安组织评价,以此优化执法、管理和服务的社会生态环境。在以上分析的基础上,加强对职业的评估,这样,一方面可以形成良性公平的职业竞争,另一方面可以帮助民警找到工作的不足,发现可供交流的经验,弥补短板,从整体上提升公安队伍素质。

五、社会环境:内部提升和外部正强化

人的成长与社会环境相关,一方面,“人改造环境”;另一方面,“环境改造人”。对于警察这种社会性特别强的职业尤其要优化社会环境,以促进警察的发展。并且,社会支持理论认为,社会支持网络可以使警察个体减轻压力,缓和倦怠感的产生。如前文论述,社会支持主要指的是具有血缘、姻缘、地缘、职缘关系的人们之间的相互依存、相互信任、相互帮助和支持,社会支持能缓冲人们的紧张情绪。警察如果缺乏必要的社会支持,那么个体对职业的认同将大大降低,所以建立必要的社会支持网络至关重要,具体来说,可从以下几个方面入手:首先,社会公众要对警察职业有一个比较正确的认识,对警察工作持有合理的期望。警察职业作为当今社会上的一项承担任务重、工作责任大、危险程度高的职业,一方面他们常常处于社会矛盾冲突的爆发点上,担负着维护社会治安的重任;另一方面,警察的社会性又要求警察要为人民服务,人们对于他们的期望往往是只能成功而不能失败,其压

力也就可想而知了。其次,应加强社会与媒体的正确合理的舆论导向,警察作为正义的化身,是社会良好秩序的维护者,社会绝不可以将极个别的警察个体的不良事件与整个职业混同,职业的发展也需要循序渐进地完善,而不可能一蹴而就。

由影响因素的模式可知社会环境一方面直接影响警察职业认同,另一方面可作为中介因素,在个体表现和职业认同中起作用。所以,在社会层面的改进策略应从公安民警个体表现的提升(公安机关内部)和社会环境塑造(外部正强化)两个层面进行。

(一) 公安机关的内部提升

1. 提升警察个体综合素质

警察工作的行为和态度影响外部的社会环境,特别是稍有瑕疵的警察行为和稍有不善的态度会负面强化不良的社会环境,所以要改变当前的社会环境,内部提升是关键。根据阿杰增(Ajzen)和菲什拜因(Fishbein)的计划行为理论(theory of planed behavior):个体的态度、知觉到的社会规范和控制感共同决定了个体的动机,从而指导行为;其中个体的态度即个体内部心理因素(对行为结果的认识及价值的估计),社会规范即主观标准(社会参照因素:对准则的认识以及与他人意见保持一致的动机水平),控制感即感知行为控制(个体对某件事能否完成的控制力)。而社会伦理学家罗伯特·布朗(Robert Brown)说我们的自我定义并不是在自己的头脑中构造的,而是我们的行为锻造,即我们的行为也会反过来影响我们的态度。所以态度的改善,一方面作为前因,要强调警察群体对警察职业价值认同的理性回归:强调警察个体在职业中的个体价值,重视警察职业的社会工具价值,兼顾职业中警察群体价值,以价值理性的认同改善态度;另一方面作为结果,要重视公安机关与社会的资源交换关系和“交互”影响效应,公安民警要认识到警察的权威性与外部对其职业认同的程度与其所提供服务的质量、数量、效率、效果及价值性存在着紧密的正相关,外部倒逼警察改善态度。而警察行为的改善,需在改善警察态度的基础上,注意反馈社会公众、媒体、公安内部、其他政府部门等主体对警察执法和服务行为的评价,形成社会参照因素,使警察感知所产生的压力,从而形成自己的主观标准;同时,通过积极开展业务培训及轮岗交流机制,提升民警的自身素质和实战能力,增强公安民警在工作中的信心和动力,提高其对警务活动的完成控制力。总的来说是通过改善警察个体的态度、明确主观标准和提升完成警务活动的控制感共同改善警察行为。

2. 实现组织内部价值认同

职业价值、职业目标和从业人员价值观需要在警察内部达到认同,需要通过内部公关活动,营建良好的警队文化,通过文化氛围来获得价值理念的融合。这样的融合并非简单之事,需要一个过程,需要在管理制度和管理文化两个层面来促成。警察文化既是构筑警察公共关系的重要内核之一,又是其重要的展示手段。警察文化的基本内容本身就包括警察精神、警察道德、警察作风、警察形象以及警察价值观,作为一种无形的警察资源,它无时无刻不在影响着每一位警察。文化的基本功能就是“培育人”“感化人”,警察文化以一套自成体系的价值观念和规范,通过关心人、理解人、尊重人,引导警员树立正确的人生观、价值观和道德观,并通过文化舆论氛围,使警察产生一种自我心理约束和自我行为控制的力量。警察文化所特有的亲和力与凝聚力可以更好地加强成员对于队伍的强烈认同感,也可以对外展示警察队伍的良好形象与专业素养。

3. 实现公安组织内部价值理念转化为组织形象

内部价值理念是组织形象的内在核心。而将这些内在理念通过警察个体的行动表现在组织行为的方方面面,就构成了组织形象。当然,这首先有个组织形象设计和塑造的过程。因为内部价值转化为组织形象一定是以组织当前的形象为起点的。这就需要做深入的分析,分析现有形象中与价值理念一致和相悖的,其中一致的继续保持,相悖的就要思考如何去转变。另外,组织形象的设计具有一定的超前性,是将价值理念体现出来后完成的目标,这个目标的设计应尽可能兼顾多方利益,在社会、公众与公安机关(包括警察个体)的利益交集中寻找一个认同的平衡点。因为目标本身的设定与导向同样是加强控制的手段之一,利用目标对整个公安机关的公关活动进行引导、制约与促进,以准确把握活动的进程和方向。在个体目标的设定上要注意对于不同的主体要采取不同的目标设定,从而增强计划的针对性。同时,注意组织目标设定中的层次性,由具有战略性总揽意义的总体目标到距离跨度较大的长期目标,再到可直接操作的具体目标,分级分层逐步展开。这样通过个体目标和组织目标的实现，来切实地实现公安组织内部的价值理念转化为外在的组织形象。

（二）社会环境的外部正强化

外部正强化即提升社会群体对警察群体履职的认同、给予正面的积极评价、支持和配合警务工作。具体可从以下几个方面改进：国家层面，尽可能清晰公安机关职责，减少非警务活动，减少因职责不清而发生与社会公众的摩擦，从而塑造良好的警民关系。公安机关角度，一方面要加强宣传，加强与社会公众的沟通、了解，形成良性互动，引导群众理解、支持公安机关的工作；另一方面要重视社会公众的利益诉求和价值追求，公安行政工作中树立以群众为本的服务观念，以“同理心”尊重人民、服务人民，以在公众中树立良好的形象。社会公众角度，在自身法治意识觉醒的基础上，真正树立法治意识，客观认识公安机关的定位及职责使命，意识到与公安机关的“互利”关系，正向期望和评价公安工作。技术互联网层面：根据 2019 年 8 月的第 44 次《中国互联网络发展状况统计报告》显示：“截至 2019 年 6 月，我国互联网普及率达 61.2%，网民规模达 8.54 亿，网民使用手机上网的比例达 99.1%，手机网民规模达 8.47 亿，我国在线政务服务用户规模达 5.09 亿，占网民整体的 59.6%。”在这种背景下，首先对于作为互联网中传播信息的重要主体——媒体，要正确认识其在树立警察职业形象方面发挥着极其重要的作用，通过引导、合作，积极发挥媒体传播信息中“议题设置”的作用。其次公安机关要利用网络平台（微博、微信、QQ）提高公安机关在线政务水平，主动同群众开展信息交流，回应群众新期待，以赢得社会公众的支持和配合，从而改善外部环境。

1. 从整体上建构人民警察的社会形象

所谓职业组织的社会形象，是指社会特定职业组织的内在精神的外在反映，展现出的外观面貌、行为风格和价值理念。人民警察的内在精神包括：人民警察的核心价值观、服务理念、职业道德准则、职业精神等。警察的外观面貌包括：公安机关的规模实力、警力配给、整体警容风纪等。意识决定行为，警察的内在精神状态也决定了警察的外在面貌。因此，一方面，要加强警察的思想政治建设，提升警察整体素质树立牢固的职业精神；另一方面，要加强公安机关的软硬件建设，规范警察管理制度，配套相应的法律法规,规范警察行为和开展警容风纪教育,全面构建与理性有序的社会治理体系以及公平正义的政治生态相配套的警察社会形象。

2. 建设和维护良好的警察公共关系,实现外部价值认同

警察公共关系是公安机关为实现发动全社会力量参与社会综合治理、强化社会治安控制的目的,通过运用宣传、沟通的方法协调与公众的关系,影响社会公众舆论对警察组织的看法,塑造警察队伍良好形象,优化警察行政和执法环境的活动。警察公共关系的目的即在于提高警察自身影响力,本身是一种客观存在的、自觉的活动。建立良好而持续的警察公共关系(包括与公众、媒体以及其他政府部门),是获得社会对于警察职业认可与赞同的重要途径。

建设和维护良好的警察公共关系可以从以下几个方面进行:第一,加强信息收集和舆论环境监测,充分了解目前外部公众对警察职业的看法。第二,通过宣传等各种途径,有针对性地让社会公众理解公安机关的价值目标,并在与组织的交往中认同组织。第三,在信息研判的基础上制定警察公关的战略目标和策略。从长远的角度把握和实现社会公众、媒体、其他政府部门对警察职业的认可。

3. 内外多途径开展实践体验活动,强化心理感受

公安机关内部应该鼓励民警互相交流,互相学习,开展多种多样的实践活动。比如开展换岗实践活动,体验不同警种的工作状态,了解工作内容,在体验中得到职业感悟;组织民警进行跨区域的实地调研,增进不同地域警察的交流,培养感情。作为公安工作走在全国前列的东南部部分省份,也可以对中西部一些偏远、落后区域的公安机关开展定向扶持,在帮助他人的过程中收获自身的满足。近年来,山东、江苏等省份开展的"最美警察"的评选,向警察群体展示当代工作得力、道德品质高尚的民警的先进事迹,很多民警在观看之后都表示,在同行感人励志的故事中得到了启发,在工作和生活方面感受到积极的力量。2016 年,江苏省公安厅在全省范围内展开"最美警嫂"的人物评选,让全省公安民警感受到来自组织的温暖和关怀,加强职业认同,有助于形成具有号召力的警营核心价值观。

在与社会公众的交往中,可以探索多种形式的警民互动交流活动,比如警民恳谈、我到警务室做客等活动,或者通过开展警民合作的民主警务或通

过家园卫士工程等有效载体，一方面既让民众更多、更真实地了解公安民警和支持公安工作，建立公安民警与群众良性互动的新型关系，增强公安工作和人民警察的亲和力；另一方面，也能在很大程度上激励公安民警端正自己的入警动机，树立正确的职业价值观，积极向典型学习靠拢，提升公安民警满意率和职业认同感。

4. 加大典型宣传，发挥榜样的引领作用

人民警察肩负着维护社会安定的重要任务，既要不断强化基层民警的职业精神，又要树立先进模范典型，用榜样的力量带领基层民警不忘初心，努力工作。从最艰苦的基层公安机关中评选先进典型，从最危险的刑侦、特警等队伍中评选先进典型，并用他们自己的真实经历和切身感受帮助其他民警克服心理上的畏缩、倦怠等不良情绪。同时，评比活动也可以激励民警争当先进，对提高整个队伍的战斗力具有重要作用。

5. 提升媒介素养，改变应对媒体的观念

为了获得更多的流量或博得更多的关注，现在舆论界的部分媒体容易出现以偏概全，故意抹黑的情况。作为执法者，首先，应该清楚地认识到虽然部分媒体对公安机关存在负面报道，但其本意是为了监督警察权利的行使，促进警察队伍的进步和成长。因此，对于负面报道，一定要保持心平气和的态度，允许他人指出自己的不足之处。应该提高自己的媒介素养，学会利用媒体的力量将自己的立场态度传递给公众，让社会公众看到公安机关的真诚和努力。其次，公安机关要注意舆论中的“以我为主”，掌握舆论的主动权，树立“全警公关”的意识并根据实际情况建立“新闻发言人”制度。在警察形象危机出现之后，由代表公安机关的、专业的人员主动向公众发布真实情况，灵活应对媒体的提问。再次，公安机关应主动强化民警的沟通交流能力，加强基层民警在实践中的不断学习，积累应对媒体的技巧。最后，在新媒体逐渐普及的时代，应利用网络平台如抖音、微博、微信、QQ 等手段，多渠道主动开展同群众的信息交流，回应群众新期待。

第九章　研究结论、贡献、不足及展望

第一节　研究结论

一、警察的职业认同构成维度

警察职业的认同维度包括：职业情感、职业信念、职业信仰、职业形象和职业声望，其中对于职业情感的认同能体现出指警察对警察职业的热爱或不热爱、是否有荣誉感，从而形成并且维持警察是否继续从事警察职业的心理投入；对于职业信念和职业信仰的认同能体现警察这一职业是否和原有自我建立一致性，警察将警察职业要求内化为自我的一部分，在工作中自觉自我卷入；对于职业声望和职业形象的表达能体现职业规范内化后的表现是否得到社会的认同，警察职业是否从中获得认可。

二、警察职业认同的影响因素分析

警察职业认同影响的 4 个主要因素为个体表现、工作生态、社会环境和组织制度；4 个主范畴下面包括 9 个副范畴：个体素质、个体行为、工作属性、工作压力、社会评价、社会期望、社会态度、制度保障和组织管理。对于 4 个主范畴中的个体表现（包括个体素质和个体行为）并不直接影响警察职业认同，而是通过影响社会环境来间接影响警察职业认同；工作生态一方面直接影响警察职业认同，另一方面通过影响个体表现（特别是个体行为）进而影响社会环境，最后影响职业认同；社会环境一方面直接影响职业认同，另一方面对个体表现有“反哺”影响；组织制度一方面通过影响工作生态来影响职业认同，另一方面又直接影响了职业认同，同时还可能通过个体表现影响职业认同（需要进一步验证）。各因素相对应于警察职业认同的各维度来说，工作生态因素对职业情感、职业信念的影响贡献度最大；社会环境因素对职业声望、职业信仰的影响贡献度最高；在职业形象中工作生态和社会环境构成了同等贡献度的两大影响因素。

三、不同主体所关注的因素不同

研究主要基于三种明确身份的知乎用户的评论资料，将三种身份用户建立三个案例，通过交叉分析发现警察和警察家属群体最关心的是工作生态（工作属性、工作压力），而对于社会群体来说，最关注的是警察群体的个体表现（个体素质和个体行为）。这也和当前的社会现状相符，一方面警察面临巨大的工作压力，一方面可能由于一部分警察不恰当的个体行为和有瑕疵的个体素质而造成的社会公众给予的不太光鲜的职业形象和职业声望。

第二节　研究贡献

本研究的贡献在于：首先，在研究方法上，以往的有关研究多数是借鉴其他行业的研究结论设计量表、进行大样本调查的量化研究方法进行。本研究则首次运用质性研究方法进行了探索性研究。基于评论资料，应用扎根理论技术有利于更全面地梳理警察职业认同的维度及影响因素的相关变量范畴。其次，警察职业认同的研究较少，鲜有学者提出警察职业认同的维度，对于影响因素的研究也存在泛泛而谈的现象，并且认同维度与影响因素二者整合起来进行研究的文献非常少见。本研究则基于数据将这两个方面整合起来进行研究，并建构和发展了警察职业认同维度及影响因素作用模型，这也是本研究的一个主要贡献。

第三节　研究不足及展望

本研究运用扎根理论对警察职业认同维度及影响因素进行探索性研究，囿于理论积累和知识储备，扎根理论的初始编码、范畴提炼及模型构建可能存在主观性和片面性。同时由于构建的警察职业认同理论模型以及警察职业影响因素模型是基于知乎社区的回答、评论,资料中对于主体没有显示地域之间的差别,不同的年龄层次、教育水平、从警时间等属性,所以这些属性影响没有考虑在内。另外,结论是经由质性研究得到,小规模样本研究结果的普适性未经过大样本的检验,所以今后可针对构建的理论模型中的维度概念,开发测量量表,通过大样本数据的量化分析来检验理论模型确定的各维度间的影响机理。

参考文献

[1] 马克思,恩格斯. 马克思恩格斯文集:第一至四卷[M]. 北京:人民出版社,2009.

[2] 毛泽东. 毛泽东文集:第一至二卷[M]. 北京:人民出版社,1993.

[3] 毛泽东. 毛泽东文集:第三至五卷[M]. 北京:人民出版社,1996.

[4] 习近平. 习近平谈治国理政:第一卷[M]. 2 版. 北京:外文出版社,2018.

[5] 习近平. 习近平谈治国理政:第二卷[M]. 北京:外文出版社,2017.

[6] 全国干部培训教材编审指导委员会. 全面加强党的领导和党的建设[M]. 北京:人民出版社,2019.

[7] 巴比. 社会研究方法:第十一版[M]邱泽奇,译. 北京:华夏出版社,2018.

[8] 麦基. 管理学:聚焦领导力[M]. 赵伟韬,译. 上海:格致出版社,2017.

[9] 博登斯,博特. 研究设计与方法:第 6 版[M]. 袁军,等译. 上海:上海人民出版社,2008.

[10] 鲁宾 H J,鲁宾 A S. 质性访谈方法:聆听与提问的艺术[M]. 卢晖临,连佳佳,李丁,译. 重庆:重庆大学出版社,2010.

[11] 布劳. 社会生活中的交换与权力[M]. 李国武,译. 北京:商务印书馆,2012.

[12] 夏建平. 认同与国际合作[M]. 北京:世界知识出版社,2006.

[13] 吴刚. 工作场所中基于项目行动学习的理论模型研究[D]. 上海:华东师范大学,2013.

[14] 刘世勇. 高校辅导员职业认同研究[D]. 武汉:中国地质大学,2014.

[15] 魏淑华. 教师职业认同研究[D]. 重庆:西南大学,2008.

[16] 罗鹏. 青年民警职业认同研究[D]. 衡阳:南华大学,2015.

[17] 周媛,梅强,侯兵. 基于扎根理论的旅游志愿服务行为影响因素研究[J]. 旅游学刊,2019(6):43-62.

[18] 贾旭东,衡量. 扎根理论的“丛林”、过往与进路[J]. 科研管理,2020(5):151-163.

[19] 张丽萍,陈京军,刘艳辉. 教师职业认同的内涵与结构[J]. 湖南师范大学教育科学学报,2012(3):104-107.

[20] 李志,布润,李安然. 基层公务员职业认同特征及其对工作绩效与离职倾向的影响

研究[J]. 重庆大学学报(社会科学版)，2020(3)：176－188.

[21] 胡雪梅. 人民警察职业认同的社会生态学解析[J]. 辽宁警察学院学报，2017(1)：102－105.

[22] 张佳佳. 对提高警察职业认同感的思考[J]. 湖北警官学院学报，2012 (7)：157－159.

[23] 李欧. 警察职业认同量表的编制[J]. 中国健康心理学杂志，2018 (2)：268－271.

[24] 汤芙蓉，汤华军. 论警察职业发展心理[J]. 湖北警官学院学报，2012 (5)：9－11.

[25] 李志刚，张泉，何诗宁. 家庭触发型裂变创业的模式分类：扎根理论方法的探索研究[J]. 经济管理，2020(2)：75－91.

[26] 姚伟，吴淑娴，柯平，等. 基于 TSC 理论的网络社区中知识动员模式研究[J]. 情报理论与实践，2020(4)：47－54.

[27] 王建明，贺爱忠. 消费者低碳消费行为的心理归因和政策干预路径：一个基于扎根理论的探索性研究[J]. 南开管理评论，2011(4)：80－89，99.

[28] 姚伟，孟盈，陈劲，等. 实践社区中知识动员演化模型研究[J]. 科学学研究，2018(8)：1455－1465.

[29] 姚伟，韩佳杉，宋新平，等. 基于模因论的社会化媒体情报分析模型在 CI 中的应用[J]. 情报学报，2016(6)：605－616.

[30] 阳先荣，李红浪. 高职教师专业发展意愿的实证研究：基于计划行为理论视角[J]. 职教论坛，2016(14)：5－9.

[31] 王金风，魏冰. 警察职业认同研究现状及发展趋向分析[J]. 新疆警察学院学报，2016(3)：43－47.

[32] 林虹萍. 基层民警职业认同构成及调查研究：以江苏省南京市为例[J]. 中国人民公安大学(社会科学版)，2016(5)：129－133.

[33] 李欧. 我国警察职业认同研究综述[J]. 云南警官学院学，2014(2)：125－128.

[34] 李云昭，黄晓平，刘亚虹. 云南省公安民警职业认同感调研报告[J]. 云南警官学院学报，2016(2)：78－82.

[35] 刘志宏，曹卓，叶向阳. 公安民警职业认同感问卷的编制和信效度检验[J]. 中国人民公安大学学报(社会科学版)，2016(5)：122－128.

[36] 张佳佳. 公安院校大学生警察职业认同感的现状调查与对策：以四川警察学院为例[J]. 四川警察学院学报，2013(3)：119－125.

[37] 曹卓. 警察职业认同感探析[J]. 山西警官高等专科学校学报，2014(10)：48－52.

[38] 张莉. 试述如何提高公安民警的职业认同感：基于 A 省民警职业认同感有关情况的

调查[J]. 江西警察学院学报,2018(5):124-128.

[39] 岳珺雅. 基层民警职业认同感弱化的原因与对策:以泰州市公安局为例[J]. 法制与社会,2016(4):184-188.

[40] 马克斯,里候科斯,拉金,等. 社会科学研究中的定性比较分析法:近25年的发展及应用评估[J]. 国外社会科学,2015(6):105-112.

[41] 汤国杰. 普通高校体育教师职业认同与职业生涯规划关系研究:一个假设理论模型[J]. 浙江体育科学,2010(6):47-49,58.

[42] 龚伟,张正光. 高校辅导员职业认同机制建构:基于施恩职业发展运动形式理论的视角[J]. 思想理论教育,2017(2):101-106.

[43] STRAUSS A L. Qualitative analysis for social scientists[M]. Cambridge:Cambridge University Press,1987:16-20.

[44] CHARMAZ K. Constructivist and objectivist grounded theory[M]. CA:SAGE Publications Ltd,2000.

[45] CHARMAZ K. Constructing grounded theory:A practical guide through qualitative analysis[M]. CA:SAGE Publications Ltd,2006.

[46] MCCALL G J, SIMMONS J L. Identities and Interactions: An Examination of Associations in Everyday Life [M]. New York: The Free Press,1978:52-63.

[47] BEIJAARD D, MEIJER P C. Reconsidering research on teachers' professional identity [J]. Teaching& teacher educating, 2004(2):107-128.

[48] KNOWLES J G, HOLT-REYNOLDS D. Shaping pedagogies through histories in pre-service teacher education[J]. Teachers college record,1991(1):87-113.

[49] SAMUEL M, STEPHENS D. Critical dialogues with self: Developing teacher identities and roles-a case study of south student teachers[J]. International journal of education research,2000(5):475-491.

[50] PENICK N I,JEPSEN D A. Family functioning and adolescent career development [J]. Career development quaterly,1992(3):208-222.

[51] BERRIOS-ALLISON A C. Family influences on college students' occupational identity[J]. Journal of career assessment,2005(2):233-247.

[52] HARGROVE B K, CREAGH M G,BURGESS B L. Family interaction patterns as predictors of vocational identity and career decision-making self-efficacy[J]. Journal of vocational behavior,2002(2):185-201.

[53] GOODSON F, COLE A. Exploring the teacher's professional knowledge :

Constructing identity and community[J]. Teacher education quarterly, 1994(1): 85-105.

[54] MORGAN J M. Tales from the fields sources of employee identification in agribusiness[J]. Management communication quarterly, 2004(17): 360-395.

[55] BURKE P. The self: measurement requirements from an interactionist perspective [J]. Social psychology quarterly, 1980(1): 18-29.

[56] STRYKER S. Symbolic interactionism: a social structural version [J]. Benjamin cummings publishing company, 1980(2): 53-67.

[57] DE CARUFEL A, SCHAAN J. The impact of compressed work weeks on police job involvement [J]. Canadian police college journal, 1990 (2): 81-97.

[58] LAMBERT E, QURESHI H, et al. The association of job variables with job involvement, job satisfaction, and organizational commitment among Indian police officers[J]. International criminal justice review, 2015(2): 194-213.

[59] DIEFENDORFF J, BROWN D, et al. Examining the roles of job involvement and work centrality in predicting organizational citizenship behaviors and job performance [J]. Journal of organizational behavior, 2002 (1): 93-108.

[60] JÄRVINEN J. Shifting NPM agendas and management accountants' occupational identities[J]. Accounting, auditing & accountability journal, 2009(8): 1187-1210.

[61] LONNIE M. The impact of the police professional identity on burnout[J]. Policing: an international journal of police strategies & management, 2018(1): 129-143.

[62] MEYER J P, ALLEN N, SMITH C A. Commitment to organizations and occupations: Extension and test of a three-component conception[J]. Journal of applied psychology, 1993(4): 538-551.

[63] MILLER V D, ALLEN M, et al. Reconsidering the organizational identification questionnaire [J]. Management communication quarterly, 2000(4): 626-658.

[64] NIXIN J. Professional identity and the restructuring of higher education[J]. Studies in higher education, 1996(1): 5-16.